L'ARDEUR

Jacques Chaban-Delmas

L'ardeur

Stock

1

Des signes dans le ciel

Au déclin de l'autre siècle, un peintre en bâtiments poussait la romance sur son échafaudage à l'angle des rues Porte-Dijeaux et Sainte-Catherine, à Bordeaux. Sa voix fruste, mais d'une exceptionnelle qualité, attira l'attention d'une passante, professeur de piano de son état :

— Ah ! mon ami, quel joli timbre !

C'était une demoiselle montée en graine, sèche, point belle, mais douée d'un regard pénétrant. Elle paraissait grande dans sa tenue de mince bourgeoisie : corsage pincé, jupe longue, toque et manchon de fausse fourrure ; elle s'adressait à l'ouvrier chanteur avec l'exacte nuance de réserve qui convenait à leurs positions respectives.

Lui riait, découvrant des dents éblouissantes. Il était petit mais bien découplé et portait la tête haute.

— Connaissez-vous le solfège ? poursuivit la demoiselle.

— Qu'est-ce que c'est ? demanda l'autre.

— Eh bien, vous devriez l'apprendre. Si vous voulez, je vous donnerai des leçons.

Elle tint parole, et lui enseigna effectivement le solfège et le chant. Joli cadeau, qui allait faire de lui un des meilleurs chanteurs de son temps ; passant par l'Opéra de Paris, la Scala de Milan et Covent Garden, sa carrière serait prématurément interrompue en raison de son caractère difficile.

Lui, sans doute, ne voulut pas être en reste avec son professeur. Il l'épousa. Une fois la bague au doigt, elle lui donna un garçon.

Ainsi naquit mon père.

Le piquant de l'histoire est que je n'ai connu que beaucoup plus tard cette racine bordelaise. Je l'ignorais encore, ou l'avais oubliée, lorsque, devenu maire de Bordeaux, je découvris au hasard d'une conversation familiale que j'étais un enfant revenu au pays.

Ma vie est jalonnée de ces rencontres. Je n'ai rien entrepris d'important qui ne fût marqué de quelque signe. Assiégé de coïncidences frappantes comme des symboles, il m'a bien fallu convenir que certains chemins m'avaient été désignés à l'avance. Il n'est pas d'action, politique ou autre, qui puisse se passer de sortilèges.

A l'automne 1940, comme j'atteignais ma vingt-cinquième année, le second mari de ma mère, Maurice Legendre, constata qu'il ne pouvait plus vivre à Paris. L'arrivée des Allemands l'avait empli d'une fureur et d'un chagrin noirs ; il lui fallait fuir la capitale profanée.

Son magasin d'ameublement fermé et son personnel recasé, il partit avec ma mère à la recherche d'un point d'ancrage, si possible à la hauteur de l'île d'Oléron où vivait ma grand-mère maternelle. Ils le trouvèrent sur la ligne de démarcation. Non loin de Ribérac, en Dordogne, mais tout près de la Charente, à deux kilomètres à vol d'oiseau de la rivière Lisonne qui sépare les deux départements, vivait un hameau d'une trentaine de feux : Fontaines. Le dominant de quelques dizaines de mètres, une gentilhommière appelée la Ligerie, qui avait sans doute connu bien des avatars depuis ses origines. « Lige », en vieux français, signifie vassal ; la Ligerie avait dû être le repaire de quelque hobereau ayant prêté allégeance à un seigneur du Périgord, mais l'histoire était passée par là, et avec elle, l'usure des mémoires et des choses.

Imaginez une robuste maison de pierre, à un seul étage, blanchie à la chaux, trapue, flanquée d'une part d'un corps de ferme, de l'autre de bâtiments bas, reliés à une tour ronde, sans doute seul vestige d'un ancien château fortifié. La cour est enclose d'un mur solide mais bas. Une pelouse ovale l'occupe en son milieu, plantée d'un vieux buis. En figure de proue, vers le couchant, un grand ormeau déployé qui sert de signe à la contrée tout entière. Les champs descendent en pente douce vers le hameau et la rivière. Au détour du chemin bordé de haies, une chapelle romane flanquée de l'étroit cimetière où repose Maurice Legendre après tant de combats et de peines. Egalement trente hectares, avec une ferme située en zone libre, alors que la maison était en zone occupée.

Mes parents jugèrent cette situation intéressante. Ils furent séduits aussi par le paysage, ample mais divers. Vallonnements doux, diaprure de champs, de prés, et de bois où le regard s'apaise. Un horizon comme humanisé. Baignant tout cela, une lumière de peintre, dorée l'été, poudreuse l'hiver, toujours très douce.

Bref, ils acquirent cette Ligerie et y vécurent en sécurité, autant qu'il était possible en ces temps de périls.

Or, en 1942, un camion allemand du génie arriva au domaine, précédé d'une voiture d'officier. Sans autre cérémonie, les soldats entreprirent de creuser à la base des murs des trous visiblement destinés à recevoir des charges d'explosif.

— Qu'est-ce que cela signifie ? demanda mon beau-père au lieutenant qui dirigeait l'opération.

— *Heraus !* dit l'officier.

— Mais pourquoi ?

— Ici maison de Gaulle. Boum !

— Vous êtes fou ! Ici maison Maurice Legendre. Venez voir.

Mon beau-père était un homme de forte carrure morale, de qui émanait une autorité indiscutable. Le lieutenant le suivit jusqu'à la salle de billard. Au mur étaient tendus deux emblèmes à croix de fer, récupérés sur un avion allemand abattu en 1917. Le lieutenant rectifia la position, salua les croix, salua mon beau-père, et devint attentif.

Il ne pouvait s'agir que d'une méprise. Le témoignage du maire fut invoqué, puis celui du curé. Ils vinrent en renfort, avec le sous-préfet. Après de longs palabres, tout le monde convint que l'organisation allemande avait dû être abusée. L'officier claqua des talons et partit en s'inclinant devant ma mère, qui, de toute cette scène, n'avait ni prononcé une parole ni seulement levé les yeux sur lui.

Le lendemain, le notaire par qui la vente s'était faite, un peu confus, déclarait à mes parents :

— Je ne vous l'avais pas dit ? Comment ai-je pu oublier ? C'est exact : votre vendeur avait acheté la propriété en 1925 à M. de Gaulle, le père du général qui parle à la radio de Londres...

Cette Ligerie, c'était celle où Charles de Gaulle, ses frères et ses sœurs avaient passé leurs vacances d'enfants. Celle où lui-même était revenu abriter ses premières permissions, puis ses premiers bonheurs de jeune marié. Quelle invraisemblable série de coïncidences n'avait-il pas fallu, à une époque où je ne connaissais pas encore le général de Gaulle, mais où déjà il tenait un si grand rôle dans ma vie, pour que mes parents, mes enfants, ma femme vinssent ainsi se réfugier dans ces lieux connus et aimés de celui en qui s'incarnait pour moi la France combattante...

Lui-même en fut frappé lorsque, plus tard, il connut cette rencontre. Avec lui, je tentai de démêler comment les Allemands avaient pu apprendre l'existence de ce domaine et des liens cachés qui le rattachait à sa famille. En avait-il fait mention publique ? Le recueil de ses discours n'en portait pas trace.

Quand je reçus le Général à la Ligerie, où il était naturellement chez lui, nous évoquâmes une fois de plus ce mystère. Il finit par considérer que, selon toute vraisemblance, il avait dû évoquer la Ligerie au cours d'une des nombreuses allocutions qu'il avait été amené à improviser devant des auditoires divers, à Londres et ailleurs. Oppressé par le poids de l'exil, il avait pu laisser échapper une exclamation de colère et de souffrance, du style : « Ah ! la France sous la botte ! Ma pauvre Ligerie elle-même... »

Les Allemands, partout à l'écoute, s'étaient emparés de cette simple confidence. Déployant leur méthode avec une patience de fourmis casquées, ils avaient fini par mettre la main sur au moins une Ligerie. C'était la bonne.

Cette circonstance fut de celles qui donnèrent à nos rapports un tour particulier. Chez cet homme paraissant si peu prodigue de sentiments, quelque chose qui ressemblait à de la douceur m'était en effet réservé. J'en ai eu la sensation tout au long du quart de siècle pendant lequel il me fut donné d'entretenir avec lui des relations qui ne furent pas uniformément sereines, mais que marqua toujours, de sa part, une indulgence particulière, et à laquelle répondait ma ferveur. La confirmation m'en a été apportée en ce jour de novembre 1970 où, ployant sous un deuil trop lourd, nous nous apprêtions, Georges Pompidou et moi, à quitter la Boisserie après nous être recueillis devant le cercueil de Charles de Gaulle. Comme je m'inclinais devant Mme de Gaulle, elle retint ma main dans les siennes :

— Il faut que vous le sachiez : il vous aimait bien.

Paroles toujours présentes. Oui. J'ai été favorisé.

Chaban et la chance. Longtemps, elle m'a comblé pour sembler un jour se détourner de moi. Il faut y regarder de plus près. Ce que d'aucuns appellent la chance n'est-il pas le mariage heureux du hasard et de l'attention ? Bien des êtres marchent sans y prendre garde à travers des fortunes bonnes et mauvaises. Certains, d'instinct, savent les reconnaître, les trier, et en tirer parti.

En fait, j'ai toujours aimé occuper des positions où il me fût possible d'introduire à la seconde voulue des actions ayant pour elles le maximum de probabilités, parce que fondées sur une vue générale des êtres et des choses. Des actions, aussi, qui ne soient pas limitées à leur propre signification, mais insérées dans un ensemble. Certains aiment agir, et n'aiment que cela. D'autres préfèrent regarder, ou qu'on les regarde. Il me plaît d'être à la fois acteur et spectateur.

A l'école, où je me plaçais le dos aux casiers du fond pour pouvoir, du haut de mes cinq ans, embrasser du regard toute la classe ; dans la Résistance, quand je prenais du champ afin de mieux orienter nos actions ; au « perchoir » de l'Assemblée nationale, d'où j'apercevais dans son entier le paysage politique, et le moindre mouvement de troupes derrière le plus léger repli de terrain — toujours et partout j'ai considéré d'abord les ensembles. Toujours, je me suis contraint à prendre le temps qu'il fallait pour décider, en connaissance de cause, si je devais ou non engager une entreprise ou y participer.

C'est ma façon de pratiquer le sport qui rend le mieux compte de cette tendance profonde. Je le sais, mon personnage sportif m'a parfois desservi. On a voulu n'en retenir que l'aspect bondissant, une certaine fougue qui pouvait passer pour excessivement juvénile. Il est vrai que je suis né pour galoper et que je ne puis voir un escalier, même officiel, sans avoir envie de l'escalader en courant.

Pendant la campagne présidentielle, de trop raisonnables conseillers me recommandèrent de modérer ces élans. Les Français, affirmaient-ils, n'aimeraient pas qu'un postulant aux plus hautes fonctions de l'Etat courût plus vite que la moyenne d'entre eux.

Comme j'ai eu tort de les écouter ! Comme je me suis senti mal dans la peau de ce candidat marchant à pas comptés !

Le sport n'apporte pas seulement l'équilibre physique. Il forme le caractère et peut conduire à la maîtrise des ensembles. Ailier au football ou au rugby, j'utilisais ma vitesse pour me tenir hors d'atteinte, y gagner une vision globale du jeu et, lorsque l'ouverture se présentait, jaillir au but ou à l'essai ; jusqu'aux derniers instants du match, et surtout lorsque la partie semblait perdue.

Je me souviens d'un quart de finale du championnat de France, avec le C.A.S.G. — Club athlétique de la Socété Générale — contre le Biarritz Olympique, au parc des Princes. A cinq minutes de la fin, nous étions menés 10 à 6 lorsque j'interceptai entre notre demi de mêlée et notre demi d'ouverture un ballon que celui-ci croyait déjà tenir, pour me retrouver quelques instants plus tard entre les poteaux de Biarritz. Adolphe Jauréguy, qui avait été un des héros de ma jeunesse et qui devint mon ami, me dit ensuite :

— Le plus bel essai d'ailier que j'aie jamais vu marquer sur un terrain de rugby.

Ce qui témoignait avant tout de la gentillesse de ce grand joueur à mon égard.

Un jour, j'ai raté mon coup. C'était après la Libération, au stade Jean-Bouin. Je commandais l'équipe de Paris-Ile-de-France contre celle de l'Armée française. Le match se terminait et, cette fois, nous disposions d'une avance confortable. A deux reprises, j'avais débordé l'arrière, solide mais un peu lent.

Une troisième fois, l'occasion me fut donnée. Servi dans de bonnes conditions, je me retrouvai à nouveau face à cet arrière. C'est alors que j'aperçus, dans l'axe de ma course, majestueux, se découpant sur le ciel comme le portique d'un jardin de nuages, les poteaux de but adverses. La conviction m'envahit de pouvoir aller déposer la balle entre ces poteaux. Dans la fraction de seconde, j'infléchis ma trajectoire vers la touche pour « embarquer » l'arrière, qui aussitôt se lança à corps perdu dans cette direction trompeuse, puis crochetai vers l'intérieur pour le prendre à contre-pied. Manœuvre réussie. Avec la lucidité rêveuse qui s'empare de vous dans ces moments d'intense action où le temps est comme suspendu, j'aperçus le terrain grand ouvert devant moi. Il me restait dix foulées à accomplir sans plus d'opposition. Déjà j'étais sûr de la réussite.

Je me suis retrouvé sur le dos, rouvrant les yeux pour découvrir au-dessus de moi un cercle de visages qui se découpaient sur le ciel — un ciel bleu mouillé où traînaient des écharpes de brume. J'avais été proprement assommé par cet arrière que je croyais avoir laissé sur place, ayant commis l'erreur de ne pas baisser la tête au moment où je le crochetais. Cet homme, se voyant pris à contre-pied, avait eu le réflexe — punissable, mais trop fréquent pour qu'on puisse le négliger — de lancer son énorme poing pour m'arrêter. J'avais été retourné sur place. Comme une crêpe, m'a-t-il été dit aux vestiaires.

Je me suis relevé. On se relève toujours. Mais j'ai vécu la fin du match dans une sorte de brouillard. Je croquais des débris que je crus être de terre. En réalité, je mâchais mes dents. Certaines d'entre elles ne s'en sont pas remises. Moi non plus d'une certaine façon qui, après si longtemps, me reproche encore cette erreur : avoir sous-estimé la brutalité et les irrégularités de l'adversaire.

Et n'avoir pas su, ou inconsciemment pas voulu, courber la tête.

2

Ma mère et puis mon père

J'ai entrepris de dire qui je suis ; quelles sont donc les origines et quel a été le jeu essentiel de l'enfant et de ses parents, leurs hautes figures penchées sur lui.

Mon premier souvenir, si étonnant que cela soit, remonte à la guerre de 1914-1918. C'est celui d'un bombardement de Paris. Je suis né le 7 mars 1915. J'avais donc quelque trois ans et demi quand sonna l'armistice. Il ne peut s'agir que d'une de ces visions confuses, mais persistantes, que tout être rapporte de sa petite enfance.

C'est la nuit. Nous descendons un escalier qui tourne sur lui-même. En bas à gauche, s'ouvre un couloir de terre battue ; de chaque côté sont alignées des portes à claire-voie. (Il y a quelques semaines, je suis retourné dans ce sous-sol et j'y ai retrouvé exactement mon chemin.) Nous pénétrons dans une de ces caves pour nous y terrer. La lumière d'une bougie accroche un reflet à la couverture dans laquelle je suis enveloppé : elle est rouge. Des bras me protègent, que je sais être féminins, et probablement maternels.

Un deuxième souvenir surgit accroché au précédent. Cette fois, il fait jour et je suis dans la chambre de ma mère, dont la disposition m'apparaît si clairement qu'il me semble ne l'avoir pas quittée. Sur ma gauche, se trouve la porte, à droite une fenêtre d'angle en rotonde, en face une autre fenêtre qui donne sur la rue Coypel. Nous habitons le numéro 7 au troisième à droite. Quand mes parents y ont emménagé, j'avais quelques mois ; ils venaient du boulevard de l'Hôpital tout proche où je suis né, face à la Salpêtrière et dont je ne me rappelle rien.

Je suis debout à côté du lit de ma mère dont le dessus est à la hauteur de mes yeux. J'aperçois sur l'oreiller son visage en profil perdu et la masse sombre de ses cheveux. Des éclatements sourds se font entendre dans le lointain, puis une voix douce explique :

— Ce sont les taubes.

Ainsi dénommait-on les avions allemands qui, au début de 1918, venaient de temps à autre lâcher leurs bombes sur Paris, en alternance avec la grosse Bertha. Ce prénom débonnaire, celui de Mme Krupp, désignait l'obusier géant placé dans la forêt de Saint-Gobain pour envoyer sur la capitale — à cent seize kilomètres de distance — des projectiles d'autant plus terrifiants qu'ils semblaient venir de nulle part.

J'apprends à lire, en cachette, dans une collection d'illustrés de la guerre. Les exploits de Guynemer, de Fonck, la bravoure gauloise des poilus, les cruautés de l'invasion y sont contés en photos sépia que j'appelle des « images ». De ces images, je passe aux légendes avec l'aide d'une jeune oléronnaise de seize ans, Fernande — pour moi Nandette — qui sait épeler ses lettres et me fait profiter de sa science. Un jour, à la surprise de mes parents, je m'emparerai du journal pour en faire à haute voix une lecture encore hésitante.

Cette littérature héroïque m'a tenu lieu de contes de fées, de romans de chevalerie, de récits d'aventures. J'y ai puisé tout naturellement l'amour de la patrie. En 1940, quand d'autres se laissaient diviser contre eux-mêmes par le doute, il m'a été fourni des certitudes foudroyantes. La France était meurtrie, enchaînée, souillée, menacée dans son existence. J'avais le devoir filial de voler à son secours.

Il n'a jamais fait de doute pour moi que la France fût, non une abstraction, mais cette présence charnelle et douce qui vous enveloppe et que l'on doit servir de toutes ses forces. Cette certitude est une des clés de ma vie. Je n'ai jamais cessé d'aimer ma patrie comme on aime sa mère. Il est vrai que celle-ci a été ma première patrie.

Une passion exclusive me liait à elle. Plusieurs années durant, j'ai vécu dans ses jupes en raison d'une extrême fragilité qui fit longtemps craindre pour moi. Une légende familiale affirmait que j'avais été « abandonné par la Faculté ». En fait, le médecin de famille, homme de cœur, voyant qu'au bout de quelques mois je végétais toujours aux lisières de la mort, dit un jour à ma mère : « Ma pauvre enfant, il faut vous résigner. Vous ne l'élèverez pas. » La pauvre enfant se précipita sur moi comme une louve, me prit dans ses bras et ne relâcha son étreinte que quelques années plus tard, après m'avoir une deuxième fois donné la vie.

Je fus cet enfant de sucre filé qu'on protégeait des courants d'air et à qui on interdisait tout mouvement, de peur qu'il n'attrapât un « chaud et froid ». Cet enfant résigné qu'on asseyait sur une chaise du Jardin des Plantes ou du Luxembourg, et qui s'ennuyait interminablement tandis que les autres autour de lui gambadaient en piaillant. Cet enfant d'appartement qui passait les jours de froidure ou de pluie dans la salle à manger de la rue Coypel entre le fauteuil où tricotait, cousait, lisait sa mère, et la pendule comtoise haute sur pattes.

J'entends encore le tic-tac d'insecte de cette pendule grignoter le temps, dans les longs intervalles de silence. Je revois, par la fenêtre qui donne sur la rue Primatice, un haut mur aveugle surmonté de grilles noirâtres où mon regard se cogne : c'est celui d'un vieux dépôt de matériel de la Ville de Paris. Je retrouve sur mes lèvres le goût de sucre de ce nirvâna mélancolique, avec au cœur le désir que cela ne finisse jamais, et que je puisse passer ainsi la vie entière.

Si je suis devenu un homme d'action et de mouvement, qui ne peut voir bondir une idée ou une balle sans que quelque chose tressaille en lui, je le dois peut-être à cette longue immobilité. J'avais des années d'ankylose à rattraper. Ce n'est pas fini.

Ce petit prisonnier de la fragilité et de la tendresse n'avait ni camarade de classe ni compagnon de jeux. Enfance close. Je ne quittais la rue Coypel, pratiquement, que pour aller chez mes grands-parents. Tous quatre habitaient Paris et leurs demeures symboliques sont les repaires de mon enfance.

Rue de Sèvres était le royaume de la musique. Au milieu d'un amoncellement de pianos et d'instruments divers, m'y accueillait un grand bel homme à la barbe encore blondissante malgré ses soixante ans sonnés. Ses yeux emplis de brume bleue me fixaient sans me voir : mon grand-père Barrouin était aveugle. Enfant, il avait perdu un œil dans un accident de jeu à l'âge des arcs et des flèches ; jeune homme, ce qui lui restait de vision par l'éclatement de la culasse d'un fusil de chasse.

Né à Saint-Etienne d'une famille de maîtres de forges, comme on disait alors, mon grand-père Barrouin avait dû, à cause de sa cécité, renoncer à l'industrie. Musicien, il était devenu facteur de pianos. La marque qu'il avait créée sous son nom avait excellente réputation. En marge, il se dévouait sans compter en faveur des œuvres pour aveugles, notamment par la diffusion de la méthode Braille.

Je ne fréquentai pas longtemps la rue de Sèvres. Découragée par les difficultés du commerce, ma grand-mère, selon son expression, « native d'Agen même », convainquit son mari de se retirer. Elle l'entraîna dans l'île d'Oléron, où il mourut lorsque j'avais dix ans et où ma mère possède aujourd'hui encore une maison qui est un de mes refuges, même si la vie m'en a depuis longtemps écarté.

Rue Broca, au contraire, régnait la gêne. Ma grand-mère Delmas y gérait en fourmi le maigre budget qui lui restait de l'activité d'un mari ayant, telle la cigale, chanté tout l'été. Après des années d'argent facile, la bise était venue, ramenant la famille à la modestie de ses origines : des peintres en bâtiments du côté Delmas, une mère receveuse dans les omnibus à chevaux de Bordeaux du côté Marquizeau. La maîtrise avec laquelle ma grand-mère dominait ses difficultés, avec l'aide de mon père, lui permettait de surmonter les emportements du terrible grand-père, dont la voix d'or s'était tue.

En une seule occasion, vers mes six ou sept ans, je fus admis à l'entendre chanter. C'était à Monte-Carlo, où nous étions descendus, de jour, en chemin de fer, et où je fus exceptionnellement autorisé, au lieu d'aller au lit, à passer quelques instants dans les coulisses de l'Opéra. On me fit coller l'oreille à un tuyau, en me disant : « Ecoute, c'est lui ! » Hélas ! je n'ai gardé aucun souvenir de son chant. Il m'arrive encore de tendre l'oreille contre le tuyau, cherchant à retrouver cette grande voix en allée. Vainement. Mon grand-père ne voulut jamais par la suite chanter pour moi qui le lui demandai souvent. « Il ne faut pas lui en vouloir, disait ma grand-mère, il n'aime que la belle ouvrage. »

A quoi ressemblait-elle, cette jeune femme qui fut ma mère et mon refuge de tous les instants ? Je le demande à son visage aujourd'hui encore si beau, comme aux portraits de cette époque lointaine et mystérieusement proche. Elle était mince, quoique épanouie. Elle avait un visage harmonieux, un grand front, des cheveux châtain foncé que tantôt elle laissait pousser, tantôt coupait court, selon la mode et son propre caprice. Belle ? Evidemment. La plus belle ! Mais les mots me manquent. Pour l'enfant devenu homme, l'enfance ressemble à une très ancienne histoire d'amour, qu'un autre aurait vécue pour lui. Il hésite et renonce, le moment venu, à décrire les traits si chers qui lui étaient comme une province.

Ma mère sortait souvent le soir, du moins trop souvent à mon gré. Lui faisait cortège mon père. Il aimait le mouvement, était très fringant, très « cavaliere », comme on disait à l'époque dans les romans de D'Annunzio. Le voici qui s'avance à son tour sur le devant de la scène.

Il était très bel homme. Il l'est resté à près de quatre-vingt-dix ans. Vif, séduisant, artiste, peignant agréablement et, surtout, sculptant d'instinct avec un talent saisissant. Un ami, l'excellent Despiau, qui avait été l'élève de Rodin, lui conseillait de tout abandonner pour se consacrer à cet art. Mais il fallait bien vivre. A quinze ans, mon père avait dû interrompre ses études pour entrer comme apprenti dans l'industrie automobile, où il avait fait carrière. D'abord chez Delahaye où sa vive intelligence et son don de sympathie l'avaient rapidement désigné à l'attention du patron ; ensuite à son compte, dans l'automobile et dans la câblerie. Il en avait retiré une honnête aisance, toujours remise en cause, mais souvent relancée par ses capacités d'inventeur.

Il travaillait beaucoup, ne s'accordant de répit que pour la cérémonie de l'apéritif à laquelle il sacrifiait deux fois par jour dans un café des Gobelins, *La Modèle,* en compagnie d'un conseiller municipal forcément radical-socialiste, d'un ami inévitablement pharmacien, d'un ingénieur lui aussi inventeur, et de quelques autres figures mythiques de la France des années 20. Bien des projets s'ébauchèrent autour du Picon citron ou du chambéry fraisette. Certains se réalisèrent.

Il avait installé son bureau dans l'appartement de la rue Coypel, où l'aidait un secrétaire dont j'admirais l'écriture appliquée lorsqu'il libellait les chèques de fin de mois. Voilà pourquoi j'étais contraint, les jours de mauvais temps, à me réfugier dans la salle à manger et prié d'y faire le moins de bruit possible :

— Chut ! Ton père travaille.

De lui vinrent mes premières frayeurs. Il criait fort, ayant hérité du grand-père Delmas non seulement ses dons multiples, mais son caractère emporté. Aujourd'hui, je comprends mieux les humeurs de mon père. Le duo que nous formions, ma mère et moi, avait de quoi l'exaspérer. Devant cette femme qui traînait son enfant après soi, le protégeant de tous et s'abritant derrière lui, comment le mari, le père, l'homme n'aurait-il pas réagi violemment ?

Ma mère, dont l'amour et le dévouement à mon égard étaient éclatants, pour ce rôle-ci abandonnait tous les autres. Elle se proclamait mère avant tout. Avouerai-je que je me conduisais en fils abusif ?

Nous pleurions beaucoup. Sur les difficultés de l'existence. Sur la mort de Sarah Bernhardt, qui était son idole : elle revint en larmes de ses obsèques, les vêtements déchirés dans la cohue. Sur le fait que j'étais un « pauvre petit garçon » : ce que je me laissais dire avec délice, mais dont je ne fus jamais persuadé. Un fond de bon sens m'en empêchait, qui en toutes choses me préserva.

Ces relations si tendres avec ma mère ne me poussèrent à aucune angoisse castratrice, à aucun désir coupable, ni à la moindre frustration. A la naissance de ma sœur, Nicole, je ne me sentis en rien menacé ou dépossédé. Loin de concevoir de la jalousie, je fus enchanté de recevoir cette petite compagne. Ma mère, qui désormais avait d'autres préoccupations et me jugeait sauvé pour l'essentiel, s'occupa beaucoup moins de moi. Je n'en souffris pas.

Ici commence l'inespéré. Ces débuts auraient pu faire de moi un garçon à jamais souffreteux de corps et d'esprit. Une agressivité vitale me poussa à inverser comme un gant les conditions de mon enfance, à tourner la faiblesse en force, l'absence d'études en appétit d'apprendre, les troubles familiaux en équilibre. L'enfant est un balancier. Tiré d'un côté, il repart de l'autre, et d'autant plus fort qu'il a été plus longtemps retenu.

En Suède, on célèbre chaque année la nuit du grand craquement, au cours de laquelle les glaces cèdent toutes ensemble à la poussée du printemps, et dans un bruit de tonnerre. Mon adolescence en a connu l'aube. Elle a vu les ruisseaux gelés se remettre à courir après le long figement de l'hiver, et les bourgeons éclater dans une allégresse irrésistible.

3

Cette rigueur cachée

Mes relations avec les dossiers ont toujours été d'une grande facilité, d'où une rapidité dans le travail, précieuse pour moi, et souvent inquiétante, voire irritante, pour les autres. Mes méthodes sont simples, à base de concentration et de mémoire : je lis beaucoup et m'imprègne comme par contagion de ce que je lis, courant à l'essentiel, et là encore, considérant les ensembles. Cela va vite. Dès l'école se manifesta ce pouvoir d'imbibition. Je lisais ce qui me tombait sous la main et en retenais plus qu'il n'y paraissait. Mes études contrastées ne m'empêchèrent pas de glaner quelques lauriers, ni surtout d'accéder à une connaissance intuitive.

Ce privilège qui m'a été donné, je le dois à la nature, mais aussi à mon milieu. L'enfant qui s'éveille à la vie dans une famille où la culture coule comme le lait possède un avantage décisif. Devenu Premier ministre, je m'efforçai d'accélérer le processus de démocratisation de l'enseignement, pour essayer d'égaliser, dans la mesure du possible, les chances des uns et des autres. Le manque de temps m'empêcha d'aller aussi loin que je l'aurais voulu. La France doit s'acharner à réduire l'écart injuste qui, dès les premières années de la vie, se creuse entre les Français, selon qu'ils naissent à proximité ou non des cités de l'esprit.

Ma première classe avait été, à sept ans, le cours situé place Jeanne-d'Arc, qui ouvre sur le boulevard Saint-Marcel. Je n'en ai conservé d'autre souvenir que l'odeur de craie, les encriers émaillés blancs, les plumes Sergent-Major crachant sur mes doigts leur encre violette.

Après la naissance de ma sœur, on m'expédia, comme pensionnaire, au lycée Lakanal à Sceaux, en neuvième. Je ne m'habituai pas à la vie d'internat et fus fréquemment malade, si bien que le médecin de l'établissement finit par conseiller à mes parents de me reprendre. Ils m'envoyèrent à Mennecy près de Cocherel, en Normandie, ce hameau joufflu où Du Guesclin vainquit Charles le Mauvais en 1364, et où vécut Aristide Briand.

J'y fis la découverte d'une vie campagnarde dont j'ai gardé le goût. Odeur mouillée d'herbe et de fleurs ; remugle d'étable ; le vent dans les arbres et la respiration d'un ciel de Boudin ; le lait qui sonne au fond du seau ; la chair agaçante des pommes ; les bêtes comme les gens placidement attelés à la divine monotonie des travaux et des jours. J'estime les paysans. Je crois les comprendre.

L'année d'après me valut une aventure plaisante. Au cours d'un premier trimestre, en huitième, à Bossuet, je fus, à la surprise générale, en tête de la classe. Je n'en retombai pas moins malade. Elle est longue, la route de la santé, pour qui a dû disputer ses commencements à la mort. Malingre j'étais né, fragile je restais. Cette rechute me valut de retourner en Normandie pour un complément d'éducation paysanne.

Mon équilibre trouvé, j'allais accomplir un bail de trois ans chez les Bons Pères de Notre-Dame de Boulogne. J'y fus admis en sixième, au mépris de toute logique, alors que je n'avais à mon actif qu'une demi-neuvième, un tiers de huitième et pas du tout de septième. Malgré ce défi au bon sens, je fus de nouveau dans les premiers de la classe. Il est vrai que j'allais ensuite, et jusqu'en rhétorique, rejoindre les derniers rangs. J'avais des excuses. *Mens sana in corpore sano* était une devise largement citée à l'époque, notamment dans les discours de distribution des prix. Mais rien n'était fait dans ce sens, au contraire. Les « profs de gym » étaient, à raison d'un pour mille élèves, un petit groupe de parias rejetés par des collègues dédaigneux de leur discipline comme d'eux-mêmes. Les approcher vous condamnait à être banni de la société des cerveaux ; si bien qu'il fallait être d'un côté ou de l'autre : élève ou brute sportive. Je n'hésitai pas ; n'embrayant pas bien sur l'enseignement, et ne tenant pas en place, je choisis le muscle ; ce qui ne m'empêchait pas de consacrer mes heures d'études aux lectures les plus diverses, le plus souvent sans rapport avec les programmes.

Aujourd'hui, le climat a changé entre les professeurs mais bien inégalement et insuffisamment. Beaucoup reste à faire pour atteindre au développement équilibré des écoliers ; et si l'expérience des sections « sports-études » indique une bonne direction pour une élite, le problème de masse n'a seulement pas été abordé ; sa solution commande la transformation en nation sportive d'une France qui ne l'est pas et qui en souffre bien davantage que ne le croient les Français.

Mes premières ambitions furent cyclistes. Je rêvais d'égaler le joyeux André Leducq, le ténébreux

Antonin Magne, ou Charles Pélissier, pédaleur de charme, dont *L'Auto,* que je lisais de la première à la dernière ligne, célébrait homériquement les exploits. Pendant les grandes vacances, que je passais dans l'île d'Oléron, je transformais en course haletante mes randonnées quotidiennes pour me rendre soit à la plage, soit chez des camarades de jeux, parmi lesquels Kléber et Paul Haedens. A l'aller comme au retour, je luttais contre le vent qui, entretemps, avait tourné, pour arriver épuisé, mais comblé.

Un jour de 1927, ma mère m'emmena à la Faisanderie, au Stade Français, nichée dans les hautes frondaisons de Saint-Cloud. Lacoste et Tilden y disputaient la finale du championnat de France de tennis, que gagna Lacoste. Je fus ébloui par la révélation de ce sport qui est ensemble une course, une danse, une escrime. Les « Mousquetaires », si bien nommés, eurent tôt fait de supplanter dans mon esprit les géants de la route.

Je me mis à pratiquer furieusement le tennis, sans abandonner le vélo — ceci devenant le moyen de cela. Avec l'ami de ma première enfance, Paul Castaigne, nous entreprîmes, au cours de l'été 1929, de disputer le tournoi de Saint-Trojan, tenant tête à des joueurs classés en troisième et même en deuxième série. Pour disputer les épreuves, nous effectuions chaque jour deux aller-retour de quarante kilomètres chacun. Ces vingt lieues, ajoutées aux trois matches quotidiens, nous imposaient, à treize et quatorze ans, un régime dont nos parents ignoraient l'intensité. A ce rythme et à cet âge, on casse ou on devient capable de tout affronter. Je ne cassai pas.

Il me faut évoquer la grande déchirure familiale qui partagea en deux les années de ma jeunesse : la séparation de mes parents, puis, en 1928, alors que j'avais treize ans, le remariage de ma mère avec Maurice Legendre. Dire que je n'en fus pas marqué serait absurde. Tous les enfants le sont en pareil cas. Le divorce n'est jamais qu'un pis-aller. Ce peut être aussi une délivrance pour le petit otage qui assiste, impuissant, aux affrontements de ceux qu'il chérit.

Pourtant, mon père et ma mère, dans la période où il fut avéré que, décidément, ils ne pouvaient plus s'entendre, s'étaient efforcés de m'épargner le plus fort de leurs conflits. Quand le pensionnaire que j'étais revenait à la maison, le samedi soir, ils se donnaient le mot pour s'occuper de moi à tour de rôle. Une semaine sur deux, ma mère m'emmenait au cinéma ou au théâtre. Mon père, au Vel'd'Hiv' ou au parc des Princes. Je m'étais mis à jouer au football, mais n'avais pas encore découvert le rugby, sinon comme spectacle du haut d'une tribune du stade de Colombes pour les matches du tournoi des Cinq Nations. Déjà.

Maurice Legendre était un de ces êtres qu'on dirait fils de personne, tant il paraît évident qu'ils se sont construits de leurs mains. Il avait fait la Grande Guerre comme pilote de chasse et en avait ramené plusieurs victoires homologuées, sans compter quelques autres. Avec pour seul bagage son certificat d'études, il s'était élevé par degrés dans la hiérarchie du meuble, faubourg Saint-Antoine, où étaient établis les parents de sa première femme, morte prématurément. C'était un homme d'une énergie farouche.

Peu de temps après son remariage avec ma mère, il perdit subitement sa situation. Sa vaillance et la réputation dont il jouissait sur la place lui permirent de trouver des capitaux pour fonder une nouvelle maison de meubles dont les magasins s'établirent successivement rue Crozatier et avenue Daumesnil. Ce nouveau départ s'effectua dans des conditions matérielles très difficiles : c'était en 1929-1930, et le vent de la crise soufflait par-dessus l'Atlantique.

Ma mère aida Maurice Legendre à faire face. Elle qui, de sa vie, n'avait travaillé professionnellement, entreprit de passer ses journées à tenir la comptabilité de la firme, avec force soupirs mais non sans efficacité. Quant à Maurice, il travaillait au-delà de ce qu'il est possible d'imaginer. Un roc. Mais doué d'une qualité en plus : la bonté.

Plusieurs années durant, il nous porta à bout de bras, à bout de souffle, ma mère et ses deux enfants. Elle, la jolie femme que la vie avait ensemble protégée et meurtrie, et qui se voyait contrainte d'affronter les réalités. Ma sœur Nicole, en pension à Etampes. Moi, l'avorton, à la recherche de sa croissance. Maurice Legendre joua dans mon développement un rôle essentiel. Je lui dois d'avoir appris à harmoniser enfin la gymnastique de l'esprit avec l'intelligence du corps, et à mener de front les activités sportives et scolaires. Je lui dois aussi d'avoir pu poursuivre mes études secondaires.

A Notre-Dame de Boulogne, un chahut monstre avait semé le scandale du haut en bas de l'établissement. J'en étais l'instigateur. Il fut question de renvoyer la classe entière. Je me dénonçai, comme il se doit. Les Bons Pères me prièrent de regagner définitivement mes pénates. Je réintégrai Lakanal en cours d'année et n'y fis rien de bon, le sport mis à part. Mes parents étaient convoqués à tour de rôle, pour s'entendre dire pis que pendre de leur cancre de fils. Jusqu'au jour où, excédé, mon père trancha :

— Puisque c'est ainsi, il va entrer chez Delahaye, à l'atelier.

Indifférent à mon égard ? Au contraire. Très atteint par la rupture avec ma mère, mon père était d'autant plus ulcéré de ma nullité d'écolier que son divorce lui avait été largement présenté comme accompli à cause de moi. Son caractère emporté faisait le reste. Douloureux, il ne se contenait plus.

La crise fut aiguë. La famille se divisa en deux clans : l'un tenait pour la lime, l'autre pour le lycée. Maurice Legendre prit la tête du second et l'emporta. Grâce à lui, je retournai à Lakanal en qualité de pensionnaire, et devais y rester jusqu'à mon baccalauréat de philosophie.

Entre-temps, j'avais découvert le rugby. Ou bien est-ce lui qui m'a découvert ? Dans la cour de Lakanal, un 1er octobre, j'aperçus un garçon trapu, noir de poil, un costaud qui maniait un ballon ovale. « Tu le veux, le ballon ? » me cria-t-il avec un accent du Sud-Ouest qui fleurait le cassoulet et la blanquette de Limoux. Sans attendre ma réponse, il me le lança. J'étais pris.

Jouer au rugby devint pour moi une obsession. Non seulement pour le plaisir de jouer, mais parce que j'avais la conviction que, si j'y parvenais, je deviendrais un homme. Ce qui n'était pas entièrement faux : dans l'équipe que nous improvisâmes, je me trouvai affronté à des garçons beaucoup plus lourds que moi et qui me piétinaient littéralement. Pouvoir me hausser à leur niveau eut à mes yeux les dimensions d'une de ces cérémonies initiatiques où, dans certains pays africains, les adolescents sont conviés à faire la preuve, en dominant leur peur et leur souffrance, qu'ils ont franchi le cap de la virilité.

Je me souviens d'un de mes bourreaux. C'était un trois-quarts aile, nommé Cals, qui jouait par ailleurs en équipe première au Racing-Club de France. A dix-huit ans, il avait atteint son poids comme sa taille d'homme. Ce colosse me terrifiait d'autant plus qu'une cicatrice lui marquait la tempe et qu'il se protégeait le chef d'un de ces casques d'étoffe, noué sous le menton, comme en portent parfois encore certains avants. Ainsi accoutré, il ressemblait à quelque chevalier du Moyen Age qui eût été à la fois le guerrier et la monture. Ses quatre-vingts kilos passaient sur mes cinquante comme en rêve pour lui, comme en cauchemar pour moi. Je me relevais en capilotade et, à la pensée d'avoir à jouer contre lui, ne pénétrais jamais sur le terrain que la peur nouée au ventre.

Cette appréhension me quitta le jour où je fus capable, à mon tour, de tenir ma place en équipe première et de résoudre, sans trop de mal, les problèmes que posaient les bisons comme Cals. Entre-temps, j'avais acquis, à force d'acharnement, un gabarit acceptable, pratiquant avant la lettre ce qu'on appelle aujourd'hui la musculation, et conquérant par ma volonté un corps endurci, un souffle profond et la capacité de courir plus vite que les autres. Je possédais surtout un démarrage qui laissait sur place les meilleurs : quand il m'arriva plus tard de m'entraîner sur piste avec nos spécialistes du sprint, je découvris que je les distançais régulièrement jusqu'à mi-parcours.

Cette discipline et la joie qu'elle me procura d'une éclatante victoire sur moi-même ont compté pour beaucoup dans ma formation.

Avant que Maurice Legendre eût pris en main mon régime de vie, j'avais fait une première — on disait alors rhétorique — si médiocre que je fus refusé au baccalauréat avec des notes d'infamie. A tel point qu'il fut décidé de ne pas tenter le rattrapage du mois d'octobre. Cela me valut d'excellentes vacances sportives, après engagement solennel de me mettre au travail à la rentrée. Reçu de justesse l'année suivante, j'acquis enfin une marge de sécurité avec la deuxième partie que j'obtins en frôlant la mention bien : des 27 ou 28 sur 30 en philo, histoire et géographie compensaient largement un 7 en sciences naturelles. Arithmétique du succès que le lauréat vérifie et recompte plusieurs fois, comme l'avare ses pièces d'or.

Sans savoir que je recoupais mes traces familiales, ni qu'un jour il me serait donné de m'établir à Bordeaux, j'avais, en marge des programmes, longuement lu et annoté Montaigne, jusqu'à produire, en quarante ou cinquante pages de ma plume, un essai sur les *Essais*. Je n'ose penser à ce que devait être la médiocrité de ce travail, mais je me souviens de m'être reconnu avec ivresse dans les humeurs plaisantes, le goût pour les exercices physiques, la rage de la liberté, le refus des excès en tout genre et surtout l'amour intense de la vie qui caractérisent Montaigne. Je suppose qu'à tout adolescent qui aurait aujourd'hui la curiosité de le lire, il dispenserait les mêmes liqueurs tonifiantes.

J'ai dix-huit ans, en poche ma peau d'âne toute neuve. Je demande rendez-vous à mon père qui, après tant d'échecs scolaires, avait cessé de s'occuper de moi, et que je n'ai pas revu depuis cinq ans. Je vais le trouver à son bureau. Là, tout glorieux de ma réussite, et sans doute odieux, j'affronte son regard pour lui signifier que, puisqu'il se désintéresse de moi, j'entends à l'avenir me désintéresser de lui. Ce ne sont pas des sentiments très nobles. Je les ai nourris avec violence ! Etait-ce à retardement le meurtre rituel du père dont parle Freud ? Non. Je voulais me libérer du poids qui avait alourdi mes premières années, exorciser les vieilles peurs. Cela aussi m'a aidé à devenir un homme.

Notre rupture a duré plus de trente ans. Aujourd'hui qu'elle a heureusement pris fin, je m'en accuse.

On le voit, déjà monte des profondeurs un portrait qui ne ressemble guère à celui dont la légende m'a affublé. Dès l'adolescence, ma vie a été guidée par une rigueur et même une inflexibilité qui n'a rien à voir avec ces joliesses.

Rigueur cachée, je le concède, sous une vivacité, une ardeur de plaire, un goût de l'action immédiate qui sont les reflets de ma fureur de vivre. Je suis tout entier dans ce que je fais et chaque minute pour moi possède une saveur propre, qu'il s'agisse de décider des affaires de l'Etat ou de ma ville, de regarder de la peinture ou du rugby, ou encore de rompre le pain avec mes amis. Le regard froid du cynique n'est pas mon lot. Ah ! Certes, je ne suis pas blasé !

4

Quel goût avait la vie

Dans ma famille, un franc était un franc. Un sou, un sou. Il n'était pas question de laisser une lampe allumée sans raison, ni de ne pas finir son pain. Une porte était faite pour être fermée. On s'essuyait les pieds avant d'entrer dans l'appartement. On vérifiait ses mains et ses ongles avant de prendre place à table. Habitudes qu'on ne perd pas. Je ne les crois pas si mauvaises, ni susceptibles de traumatiser quiconque.

Cette vie simple était confortable. La bonne cuisine y avait sa part. Je m'y intéressais. Mère et grand-mères rivalisaient de soins pour m'initier aux délices de la gastronomie familiale. La raie au beurre noir et la daurade au vin blanc disputaient mes faveurs à l'imbattable colin sauce verte. Les œufs à la neige s'imposaient au dessert. Bref, j'étais gourmand. Je le suis resté. Depuis trente ans, pour demeurer en forme, je m'efforce de n'être que gourmet, mangeant peu et bannissant tout plat cuisiné. Cela me coûte parfois ; mais le jeu en vaut la chandelle.

Enfant, je portais des costumes marins ; écolier, des costumes de golf. Ma mère faisait des folies pour m'habiller chez « Old England », sur les Boulevards. Plus tard, j'achetai moi-même les complets sombres, le parapluie, les gants, et même le chapeau melon que je croyais de rigueur pour fréquenter la Bourse, où m'amenaient mes premières obligations professionnelles, et Sciences Po où je fréquentais la seule conférence de finances publiques, dirigée par Georges Roumilhac. Un jour, celui-ci me glissa, non sans un sourire :

— Vous savez, Delmas, le melon ne s'impose peut-être pas.

Je rougis. Le melon resta au vestiaire.

A six ans, j'ai attendu avec mon père, rue Montmartre devant *L'Auto,* le résultat du « match du siècle », Carpentier-Dempsey. Puis à douze ans, en 1927, l'arrivée à New York des aviateurs Nungesser et Coli dont le quotidien *La Presse* annonça par erreur l'atterrissage et qui avaient péri corps et biens quelque part dans l'Atlantique. Je vécus la fausse nouvelle, la joie, la déception, puis la colère de la foule ; *La Presse* ne s'en releva pas et sombra, elle aussi, abandonnée par ses lecteurs. Quelques semaines plus tard, je vis passer Lindbergh, long jeune homme en costume étriqué, qui, après avoir réussi à franchir l'Atlantique, naviguait désemparé sur les vagues de la foule. Minutes exaltantes. En un temps où la télévision n'apportait pas encore à domicile le spectacle du monde, où la radio en était à balbutier, la rue demeurait le seul théâtre de la liesse ou du malheur populaire. J'en ai vécu les grandes heures. Dans mes relations avec la télévision, entre le fait qu'ayant grandi dans ce monde chaleureux, j'ai eu quelque peine à affronter l'œil glacé des caméras.

En 1939, j'ai vu sans l'avoir cherché, sur les Boulevards, Daladier s'en revenir de Munich, entre deux haies de spectateurs qui le remerciaient avec des larmes d'avoir sauvé la paix du monde. Il était debout dans sa voiture, s'efforçant de saluer la foule à coups de chapeau, de gauche et de droite ; mais sombre, le front lourd, visiblement mal accordé à cette joie.

Plus tard, il me raconta pourquoi. A Munich, il avait eu le sentiment de signer avec Hitler un document désastreux, qui engageait la France dans une voie sans issue, et n'avait pour seul mérite que de lui procurer quelque répit. Mais Daladier se doutait que ce sursis serait mal employé. Comme il voyait de loin la foule massée pour l'attendre, il demanda au pilote d'effectuer quelques passages pour lui donner le temps de se préparer à faire bonne figure : il était convaincu qu'il allait être pris à partie. Les acclamations qui l'accueillirent dissipèrent sa méprise. Mal remis de sa stupeur, il subit comme un calvaire la traversée de Paris en liesse, les ovations, l'obligation de se lever pour répondre à une gratitude qu'il jugeait injustifiée. Tout en accomplissant des gestes d'homme public, il murmurait entre ses dents une expression qui lui était familière et qui scanda pendant plus d'une heure son parcours jusqu'au ministère de la Guerre, boulevard Saint-Germain :

— Ah ! les cons ! Ah ! les cons !

Paris, en ce temps-là, était moins bruyant qu'aujourd'hui, plus lent. Il dérivait au fil des jours et nous dérivions avec lui. En ce qui me concerne, pourtant, j'ai toujours trouvé, sauf dans mes premières années, la vie extrêmement rapide. Peut-être parce que je courais, courais à la surface de mon petit monde, celui-ci me paraissait tourner très vite, même s'il m'arrivait comme à chacun d'avoir l'impression qu'un trimestre scolaire n'en finissait pas ou qu'une fête se faisait attendre. Mais chaque fois que je me trouvais au cœur de l'action, et j'y étais souvent, j'existais intensément.

En une circonstance, la vie se ralentit au point de me rappeler les calmes plats de mon enfance, lorsque, amarré à une chaise du Luxembourg, je regardais s'agiter les autres. C'était l'année de mes dix-neuf ans. J'avais attrapé une maladie redoutable, au nom obscur d'adénolymphoïdite. Elle m'avait valu tout à la fois un goitre et un rhumatisme articulaire. « Ne le quittez pas de l'œil, recommanda le docteur Jacquet à ma mère, il peut passer d'une minute à l'autre. Il a un cœur de vieillard. » Je survécus une fois encore. L'affection ne m'avait frappé que sous sa forme bénigne. Très affaibli, je me retrouvai en convalescence pour un mois à l'île d'Oléron, seul avec ma grand-mère Barrouin.

Je me revois dans la cour où j'avais installé mon fauteuil au soleil de juin. En face de moi, la vieille maison coiffée de tuiles fait doucement bruisser sa jupe de bignonias. Contre un volet vert, le cadran solaire déplace imperceptiblement son doigt d'ombre sur le mur crépi de blanc. Je savoure mon café, en contemplant comme si je ne les avais jamais vus les détails de ce paysage : le chai qui, depuis, a été rasé ; la porte du garage, disjointe, dont une planche est d'un vert plus récent que les autres ; l'ouverture noire de la souillarde où, chaque matin, ma grand-mère va préparer le « manger » des poules et ressort clopin-clopant avec deux bassines fumantes que je l'aide à porter. Et le ciel d'Oléron, un ciel bleu où parfois croisent de grands nuages portant leur toile de rêve.

Là, j'ai pris le temps de me laisser vivre. J'ai apprécié cette navigation tranquille, mais ne l'ai jamais regrettée.

J'allais souvent, le jeudi, au cinéma, la lanterne magique des enfants du siècle. C'était le plus souvent des films à épisodes, des enluminures historiques, ou des mélos qui m'empoignaient. Mandrin, Surcouf, l'aventure déchirante de Louis XVII. J'étais bon public. Je le suis resté. Un film m'a marqué : deux de ses séquences sont présentes à ma mémoire. L'une montre le museau d'un sous-marin qui se faufile sous les eaux à la rencontre de la mine qui va le faire exploser. L'autre est le calvaire du commandant, porté disparu avec son équipage et décoré à titre posthume : il a, en fait, manqué son embarquement pour une raison peut-être légitime, mais qui fait de lui un déserteur. Alors, *to be or not to be ?* Il choisit de disparaître. Revenu incognito à Londres, des années plus tard, il s'embusque pour contempler à travers la grille d'un parc ses enfants et sa femme remariée avec un autre. Puis s'en retourne à son inexistence. Quelle émotion et quel sujet de réflexion !

Comme beaucoup d'enfants de ma génération, je me laissai, vers onze ans, décourager par les exercices au clavier et les leçons de solfège que me donnait la sœur de mon père. Je le regrette. Il me reste la ressource d'aller le plus souvent possible au concert. J'aime passionnément cette musique dont je n'ai pas su vaincre la résistance.

Chaque fois que j'effectue un trajet en voiture, je branche la radio sur *France-Musique* et je roule en compagnie des plus grands.

Je ne ratai pas mon initiation au théâtre. Un de mes camarades de classe était Claude Renoir. Ce futur magicien de l'image avait de qui tenir. Il me fit pénétrer dans les coulisses du théâtre des Champs-Elysées où jouait la troupe de Louis Jouvet avec Valentine Tessier, Madeleine Ozeray et Pierre Renoir. Nous respirions l'odeur enivrante de poussière, de peinture et de cold-cream qui est celle de l'envers du décor. Le rideau tombé, nous pistions, jusque chez Francis, place de l'Alma, nos héros rhabillés, mais pas diminués pour autant.

Je garde un joli souvenir de ma carte du Tendre personnelle. Chacun suit comme il peut son itinéraire d'homme. Le mien me conduisit sans rupture des amours enfantines aux passions juvéniles. J'en ai conservé le respect de la tendresse.

A Oléron, j'avais eu plus d'une amourette charmante et platonique ; mains jointes, baisers-innocence, tangos-soupirs ; c'était délicieux. Quand, après dix-huit ans, j'ai commencé à gagner ma vie et conquis mon indépendance, quelques femmes — peu nombreuses — prirent le relais de l'influence maternelle et complétèrent mon éducation. C'est à l'une d'elles que je dois cet avis : « En toutes choses, mieux vaut partir dix ans trop tôt que cinq minutes trop tard. » Ce que je mis en pratique lorsque vint pour moi le temps d'abandonner le rugby de compétition. Je quittai les terrains, sinon dix ans avant l'âge, puisque j'avais déjà trente-quatre ans, du moins suffisamment en possession de mes moyens pour qu'à plusieurs reprises, la saison suivante, en 1950, mes coéquipiers du C.A. Bègles me demandent de revenir sur ma décision. Je m'y refusai afin de laisser le souvenir d'un joueur intact.

Ces femmes, sans qui je ne serais pas tout à fait le même, j'ai eu la chance de les choisir pleines de cœur, d'esprit et de beauté. Qui donc choisissait l'autre ? Je me le demande.

5

Le jeune homme et ses vieillards

Tout au long des premières étapes de ma vie, plusieurs hommes beaucoup plus âgés que moi me vinrent en aide spontanément et de façon décisive. L'un me secourut lorsque j'étais malheureux, l'autre me permit de gagner ma vie, le troisième de découvrir ma voie, et ainsi de suite. C'est ma *Chanson de l'Auvergnat*.

Ces hommes avaient au moins cinquante ans, parfois davantage. Je voyais en eux des vieillards. Ils occupaient sur l'échiquier social des positions différentes et leurs personnalités étaient dissemblables. Mais tous avaient en commun la bonté.

Un de ces mentors fut Henri Noël, qui était une relation de mon père. Il avait d'abord fait carrière dans les douanes chinoises. Elles n'avaient de chinois que le nom, étant en réalité propriété de la Couronne britannique, mais lui avaient valu de passer de longues années en Extrême-Orient. Il en avait ramené la connaissance du cœur humain et des manières affables quoique pimentées de mots crus. Puis il était devenu un important personnage des pompes funèbres françaises. L'année de mon retour forcé à Lakanal, mes parents décidèrent d'amputer mes vacances du mois de juillet. Ce qui était bénin. Restait à meubler cette pénitence. Henri Noël, qui connaissait l'art de sauver la face, proposa de m'emmener, non en vacances, mais en voyage à Chamonix, où il devait se rendre avec des amis. Je fus traité comme son propre enfant pendant tout ce mois de juillet. Par la suite, j'appris qu'il avait perdu son fils unique, mort à quinze ans.

Quelques années plus tard, Henri Noël me donna, sans le vouloir, une leçon que je n'ai pas oubliée. Je l'avais perdu de vue depuis le divorce de mes parents, et surtout la rupture avec mon père. Il me manquait. J'étais alors journaliste. J'allai lui rendre visite à son bureau de Saint-Germain-l'Auxerrois, face au balcon d'où Charles IX avait lancé l'ordre du massacre de la Saint-Barthélemy. S'il fut étonné de me revoir, il n'en laissa rien paraître. Mais après les propos de bienvenue, il s'enquit aimablement :

— Que puis-je faire pour toi ?

— Rien.

— Comment, rien ? Tu n'as donc pas besoin de moi ?

— Puisque je vous le dis.

L'étendue de sa surprise et son émotion m'en apprirent davantage en quelques instants sur la vie et les hommes que tout ce que j'avais pu glaner chez Machiavel, Montaigne ou Saint-Simon.

Charles Marquet entra dans ma vie par la porte la plus romanesque : il était le père de ma partenaire de tennis d'Oléron, Jeanne-Marie, à qui je réservais mes soupirs. Nous formions une équipe de double mixte capable, un jour, à Roland-Garros, de pousser à son meilleur la paire Jean Borotra-Colette Rosambert-Boegner, héros de Wimbledon. Avec Charles Marquet, je jouais au bridge, une affaire d'hommes qui n'intéressait ni Jeanne-Marie ni sa mère. Je devins un familier de leur maison, d'abord à Saint-Denis-d'Oléron, en compagnie des cousins et cousines Castaigne, ensuite à Asnières où ils habitaient.

Charles Marquet avait les yeux bleu faïence, la moustache blonde, la pipe sempiternelle et, à Oléron, la casquette et la veste de marin d'un gentleman coureur des mers, sorti tout droit d'un roman de Jules Verne : son bateau s'appelait le *Rayon Vert*. Il possédait aussi une voiture d'un type exceptionnel, une 40 CV Renault, noire, longue à n'en plus finir, qui pétaradait et fascinait les enfants que nous étions. Nous lui rendions en admiration confiante l'affection qu'il nous témoignait.

Comme l'avait fait Maurice Legendre quelques années plus tôt, Charles Marquet me permit de continuer mes études ; cette fois-ci après le bac. Un nouveau drame familial avait éclaté, dont mon beau-père était le principal protagoniste. Les effets de la crise de 1930 n'avaient pas fini de se faire sentir. Les affaires étaient difficiles. L'argent se faisait rare. Maurice Legendre jugea qu'il me fallait travailler sans plus attendre.

Je revois la scène, rue Berthollet, où mes parents avaient trouvé un havre de silence, alors que le magasin de l'avenue Daumesnil était situé sous le tonnerre des trains de la Bastille. Scène pénible. Le « boss » — ainsi surnommait-on Maurice Legendre — d'autant plus furieux qu'il aurait aimé avoir les moyens de me faire entrer à l'université. Ma mère, une fois encore terrifiée. Moi, déconfit.

C'était en octobre 1933. Je revenais comme à l'habitude de passer les grandes vacances à Oléron où j'avais échafaudé de beaux projets. Mon camarade Paul Castaigne, qui se préparait à entrer dans la carrière médicale où il marcherait sur les traces de son père, m'avait incité à suivre la même voie. Le dur conciliabule de la rue Berthollet s'acheva sur une décision sans appel : j'entrerais à la maison de commerce, le lundi suivant. Je tombai de haut.

Je ne fréquentai que quelques semaines le petit monde de l'avenue Daumesnil, assistant aux palabres avec les clients ou courant les fournisseurs pour réassortir une clé d'armoire, une poignée de porte, un marbre de table de nuit. Bien qu'estimable, cette activité ne m'enthousiasmait pas. Je m'en ouvris à Charles Marquet. Il prit feu, entra dans la danse et me trouva bientôt une place de stagiaire au journal *L'Information économique et financière* auquel il collaborait, et dont le directeur était son vieil ami Léon Chavenon. Dans cette entreprise comme ailleurs, le radicalisme était aux commandes. Radicalisme d'autant plus accueillant qu'il ignorait l'intolérance.

Mon beau-père, quoique choqué de mon départ, reconnut volontiers que mon intérêt était bien d'entrer dans le journalisme, à partir du moment où je m'engageais à m'inscrire en fac de droit. Ce qui fut fait. Ainsi, grâce à Charles Marquet, fut redressée ma course et rétablie l'harmonie familiale, après quelques rides. Je pus revenir habiter chez mes parents. Avec la reprise économique, ils s'établirent à Fontenay-sous-Bois, avenue de la Dame-Blanche, non loin du fort de Vincennes et en bordure du bois. J'y fus avec eux.

Je demeurai à *L'Information* près de cinq ans, le temps de passer ma licence de droit, de faire Sciences Po et d'obtenir les diplômes d'études supérieures en vue d'un doctorat dont la thèse manque toujours. Je commençai par un stage de plusieurs mois dans le bureau de Charles Marquet ; il m'apprit à déchiffrer la presse et à rédiger des projets d'articles qu'il avait la patience de corriger paternellement. Pour l'étudiant farci de théorie que j'étais, quel apprentissage !

Je fus ensuite jugé digne de m'asseoir dans la salle de rédaction, qui prenait chichement lumière sur une cour. C'était dans l'immeuble tout métal, un des premiers du genre, du 124, rue Réaumur, qui est devenu à la Libération celui du *Parisien libéré*. Perché derrière une grande table, j'échangeais, aux heures creuses, des boulettes de papier avec de futurs amis, Didier Lambert et René Sédillot. Je goûtais surtout l'ivresse de voir paraître ma prose, quoique je ne fusse pas admis à la signer, étant un journaliste de dernier échelon. Mon premier article fut une étude financière des plus fouillées sur les charbonnages de Bruay. Je m'en souvenais encore quand je fus amené, bien des années plus tard, à visiter le bassin minier en tant que membre du gouvernement.

Au bout d'un an et demi, je fus promu secrétaire de rédaction. Là, surgirent des difficultés : la politique entrait dans ma vie. Jusqu'à la fin de mes études secondaires, comme la plupart des enfants de mon milieu, j'avais vécu protégé et indifférent, ne voyant pas les crises succéder aux crises, les idéologies s'entrechoquer et l'époque basculer peu à peu vers la guerre.

Dans ma nouvelle position, je ne pouvais plus ignorer, en tout cas, le train des affaires extérieures de la France. Ayant à boucler la « une » chaque jour, à seize heures quinze, il me fallait arbitrer à ma façon le différend qui opposait en permanence notre directeur, Léon Chavenon, vieux républicain doublé d'un patriote, à son chroniqueur de politique étrangère, Fernand de Brinon, personnage compassé que les sirènes national-socialistes avaient envoûté, comme la suite le confirma. Tandis que l'un intitulait son éditorial « Sac au dos », l'autre affirmait, dans sa chronique : « Le chancelier Hitler ne veut aucun mal à la France, bien au contraire. S'il n'y avait pas l'Angleterre... »

Avec la complicité des protes qui m'avaient adopté et à qui me liait une bonne camaraderie, je m'arrangeais, dans ces cas-là, pour qu'une « dernière heure » particulièrement fracassante me donnât prétexte à couper l'article brinonien. Après quoi, les linotypistes et le pageux faisaient en sorte que mastics, coquilles et doublons vinssent dénaturer les passages les plus scandaleux à nos yeux. De temps à autre, j'étais convoqué dans le bureau du père Chavenon pour y recevoir, en présence de Brinon, une réprimande que je devinais de pure forme, le plaignant aussi, et qui se terminait invariablement par ces mots : « Allez, monsieur Delmas, je compte sur vous pour que cela ne se reproduise plus. » Je m'esquivais, sous le regard lourd de Fernand de Brinon.

De Georges Roumilhac, déjà nommé, me vinrent d'autres bienfaits. Dans cette citadelle du snobisme intellectuel qu'était alors Sciences Po, il accueillit avec une inépuisable indulgence le loup blanc que j'étais. Venu d'un autre milieu, sans relations, j'ajoutais, à la modestie de mes origines, la disgrâce de travailler pour gagner ma vie, ce qui, à l'époque, n'était pas fort prisé du corps professoral. Il est vrai que celui-ci m'ignorait autant que je l'ignorais. Mes horaires de bureau ne me permettaient pas d'assister aux cours. Je n'avais d'autre ressource que les polycopiés, providence de l'étudiant besogneux. J'allais les chercher chaque semaine place de la

Sorbonne, tant pour la fac de droit — où j'avais raté ma première année — que pour Sciences Po.

Dans cet établissement, obligation était faite, en dernière année, d'assister à la conférence hebdomadaire. Ne connaissant personne, je m'en remis au hasard pour décider à quel professeur je serais affecté. La chance voulut que ce fût Georges Roumilhac, dont le dernier poste public avait été celui d'attaché financier à notre ambassade de Rome. C'était un homme fin, délicat, dont l'exposé possédait cette admirable clarté qui est la marque des pédagogues d'instinct. Il se prit de sympathie pour moi, poussant la complaisance jusqu'à décaler ses horaires pour me permettre de suivre plus commodément sa conférence. Au bout de deux ou trois mois, j'eus avec lui une conversation capitale :

— Aimeriez-vous, demanda-t-il, servir l'Etat ?

— Servir l'Etat. Certainement.

— Un garçon comme vous se doit de réussir un grand concours. Il faudrait que vous prépariez l'inspection des Finances. Je vous y aiderai.

Un tel dialogue peut surprendre aujourd'hui. Je n'y ajoute ni n'en retranche rien. C'étaient d'autres temps, d'autres mœurs. Confiance et respect sont toujours aussi nécessaires. Ils ne se décrètent pas. Le problème, pour notre société, est de les susciter.

Je sortis de Sciences Po en 1937, septième de la section Finances publiques. Georges Roumilhac tint parole. Il veilla sur moi avec attention, rigueur et force, chaque fois qu'il fallait éviter que je fusse pénalisé par mon manque de relations dans les milieux vers lesquels il m'avait dirigé. M'ayant aidé à orienter ma vocation, il s'attacha à son accomplissement.

Ainsi l'enfant, puis le jeune homme, marchait, sans rencontrer d'obstacles insurmontables, le long d'une route que lui traçaient pas à pas des vieillards porteurs de lumière. Belle allégorie. Je me suis toujour demandé ce qui m'avait valu cette série de rencontres. Etais-je, sans le savoir, à la recherche d'un père ? Voyaient-ils en moi un orphelin ? Je ne le crois pas. J'avais un père ; j'en avais même deux, dont un combien présent — en la personne de Maurice Legendre. Sans doute mon aspect gracile, ce mélange éperdu de candeur, de malice et de fougue les touchaient-ils en leur rappelant leur jeunesse. De surcroît, je possédais à leurs yeux une qualité peu répandue : je recherchais leurs conseils. Que souhaitent les générations responsables, sinon se voir rendre en attention le prix d'un savoir durement acquis ? Pressentant que je gagnerais des années et des années en utilisant l'expérience des autres, j'ai été un jeune qui s'appuyait sur les anciens, et réciproquement. J'y trouvai mon compte.

Tard dans ma vie et jusqu'à ce que je fusse moi-même devenu homme, je bénéficiai de la bienveillance de mes aînés. Dans la fonction publique, au Parlement, à la mairie de Bordeaux, je rencontrai les mêmes appuis. René Coty, René Mayer, Daniel Lawton, Roger Touton, André Labattut, vos noms viennent sous ma plume. D'autres pourraient y venir.

Qu'est pour moi le général de Gaulle, sinon la plus haute et la plus achevée de ces figures tutélaires ?

6

Garnisons

Je n'ai pas le sens de la rupture. A mes yeux, tout s'enchaîne toujours dans le mouvement de la vie. Le 26 août 1938, quand un télégramme me fut transmis à Varna, par l'ambassade de France à Sofia, m'enjoignant de me présenter le 1er septembre au quartier Turenne, 37e régiment d'infanterie de forteresse, à Bitche (Moselle), je n'eus pas le sentiment qu'une période de ma vie venait de s'achever. Pourtant, une page était en train de se tourner pour moi — et pour des millions d'autres.

L'Europe d'avant guerre jetait ses derniers feux. Je venais de vivre, en 1937 et 1938, les plus parfaites des vacances. Au stade Jean-Bouin, Pierre Cor, ingénieur de l'aéronautique, passionné par les recherches de Juan de la Cierva sur l'autogire, et sa femme Françoise, férue de tennis, me présentèrent un jeune Bulgare nommé Norbert Kouyoumdjiski. Nori, ainsi l'appelaient ses familiers, était un garçon attachant, musicien dans l'âme, qui rêvait de devenir chef d'orchestre. Son père ne l'entendait pas de cette oreille. Banquier à Sofia, il exigeait que son fils fût banquier à son tour. Nori était venu à Paris pour suivre Sciences Po.

Nous devînmes bons camarades. A l'occasion d'un

de leurs passages à Paris, je fis la connaissance de ses parents. Inquiets, ils me demandèrent de les aider à trouver un environnement rassurant pour leur fils. Didier Lambert, mon collègue à *L'Information,* accepta de l'héberger chez lui, square de Luynes, à deux pas du boulevard Saint-Germain. Il disposait d'un appartement à salle à manger vaste comme une chapelle : les repas étaient servis sur une sorte de podium qui leur donnait l'allure d'une célébration. Un autre ami, André Bertrand, voulut bien se charger de diriger Nori dans ses études : lui-même se préparait à devenir agrégé des facultés de droit et jouerait plus tard un rôle important à l'U.N.E.S.C.O.

Pour nous témoigner leur gratitude autant que pour prolonger une influence qu'ils jugeaient bonne, les parents de Nori invitèrent les jeunes mentors à venir passer l'été avec leur fils en Bulgarie. Mes propres congés à *L'Information* n'excédaient pas quinze jours. D'une pichenette, le père balaya l'objection. Ce me fut l'occasion de découvrir des liens qui existaient entre la Banque Lazard et mon journal. Je fus chargé d'une enquête sur les finances publiques d'Autriche, Hongrie et Bulgarie. Elle me prit deux bons mois de 1937, et fut renouvelée en 1938.

Nous traversions l'Europe en voiture, faisant étape au gré de notre fantaisie : pour voir les derniers derviches tourneurs de Sarajevo ; pour goûter aux charmes du Prater à Vienne, où la vie pétillait comme du champagne, mais qui déjà n'avait plus rien de commun, nous affirma-t-on, avec le lustre incomparable de la ville des Habsbourg ; pour voir fugitivement le Danube vraiment bleu à l'aube, à Budapest. Nous aboutissions à Varna, au bord de la mer Noire, où les Kouyoumdjiski avaient fait construire une grande maison du plus pur style normand. Le confort masquait le dépaysement. La grâce trompeuse d'une société cosmopolite faisait le reste. Successivement, une amie bulgare et une amie turque me firent découvrir d'autres frontières. C'était une existence à la fois ardente, harmonieuse et factice qui coulait à pleins bords. Là j'ai eu, avec quelque retard ces vingt ans grisants, si inégalement dévolus et que ma jeunesse laborieuse avait mis entre parenthèses.

L'infanterie de forteresse, où j'avais été versé, était enrégimentée un mois et demi plus tôt que le contingent. Je l'ignorais. D'où la surprise due à ce télégramme. Je me jetai dans le Simplon-Orient-Express et disposai de quelques heures à Paris, entre la gare de Lyon et la gare de l'Est. J'en profitai pour voir Henri Noël, qui me donna de judicieux conseils :

— Tu viens de mener une vie de coq en pâte. C'est fini. Deuxième classe à Bitche, c'est autre chose. Ne te cabre pas. Considère que tu vas vivre une expérience humaine, et tires-en enseignement, en essayant de tout voir et de tout comprendre. Et puis, mets tes actes en accord avec tes paroles. Quand on parle de la patrie comme tu en parles, on a le devoir d'être officier. Ton travail conjugué avec tes études ne t'a pas permis de faire ta préparation militaire. Rattrape le temps perdu ; fais-moi le plaisir de t'inscrire immédiatement à un peloton d'élèves officiers de réserve et de t'y efforcer sérieusement.

Je revois ce train qui nous conduisait à Bitche, en un après-midi entier de cahots et de coups de frein grinçants. Mes voisins de compartiment constituaient un échantillon du peuple de Paris. Il y avait là un garçon boucher, un clerc de notaire, un gazier, un garçon coiffeur, un ouvrier cimentier, ainsi que deux jeunes gens sans profession définie, à pantalon à pont, chaussures pointues et rouflaquettes. Ils me rappelaient l'histoire qu'on prête à Clemenceau, disant à un de ses adversaires réfugié sous la même porte cochère que lui, un jour de grande averse après avoir tendu la main et goûté la pluie : « Tu peux sortir, elle est salée. » J'appliquai sans attendre les conseils d'Henri Noël en participant à la camaraderie joyeuse de ces nouveaux compagnons. Parti de la gare de l'Est simple conscrit, j'arrivai à destination chef de clan.

A Bitche, m'attendaient une série de quiproquos burlesques qui me tirèrent de l'anonymat. Au cours de la visite d'incorporation, je me trouvais, nu comme un ver, en compagnie de cent cinquante autres. Le soleil de la mer Noire m'avait valu un bronzage qui tranchait sur leur peau blanche. Le colonel Regard, commandant du régiment, qui passait par là, me demanda l'origine de cette pigmentation. Une brève conversation s'engagea au cours de laquelle nous nous découvrîmes des amis communs. Elle se termina par une invitation à venir bridger, étant précisé qu'à la moindre difficulté, je ne manquerais pas de m'adresser personnellement à lui.

Le lieutenant Hilairet, commandant la compagnie, avait été témoin de cet échange de propos. Quelle ne fut pas sa surprise en me voyant le surlendemain traîné dans son bureau par un sergent-chef fou furieux. Ce sous-officier réclamait contre moi une sanction exemplaire pour avoir bafoué l'autorité en demandant mon inscription au peloton des élèves officiers de réserve, alors que j'étais illettré.

On s'expliqua, non sans peine. Ayant à corriger

les examens écrits, bien élémentaires de l'époque, auxquels étaient soumis les conscrits à leur arrivée au régiment, le sergent-chef n'avait pas pu déchiffrer mes pattes de mouche, ni pour l'épreuve dite « page d'écriture », ni pour la dissertation « Vos impressions en arrivant au régiment en 6 lignes ». Il en avait conclu que, totalement analphabète, je tâchais de dissimuler mon ignorance sous des gribouillis. Nous finîmes par en sourire. Mon profil d'intellectuel ayant été ainsi reconnu, j'eus beaucoup de peine, en sortant du bureau d'Hilairet, à obtenir « la » corvée qu'Henri Noël m'avait recommandée comme étant celle qui s'effectuait le plus rapidement et sans que jamais aucun sous-officier allât vérifier son accomplissement. On le voit, j'étais bon pour le service.

L'affaire des Sudètes éclata quelques jours plus tard. Hitler exigea le rattachement au IIIe Reich de ces territoires devenus tchèques par le traité de Versailles, et où vivaient trois millions et demi d'Allemands qui n'avaient pas été assimilés. Le 12 septembre, à Nuremberg, devant cent quarante mille membres du Parti et cent soixante mille sympathisants, il brandit l'Apocalypse et, dans la nuit trouée de projecteurs, frissonnante de milliers d'étendards, menaça d'une voix rauque d'envahir la Tchécoslovaquie si satisfaction ne lui était pas donnée. Le monde retint son souffle. Une lourde attente commença, dont l'apogée fut, le 23 septembre, la décision prise par Daladier, président du Conseil et ministre de la Guerre, de mobiliser un million cent mille réservistes, tandis que le contingent libérable était maintenu sous les drapeaux.

On connaît la suite. Et comment, après la visite de Chamberlain à Godesberg, la Grande-Bretagne et la France acceptèrent, le 30 septembre, à Munich, de laisser dépecer leur alliée tchèque, en échange d'une paix illusoire. « Je suis partagé, écrivit Léon Blum dans *Le Populaire,* entre un lâche soulagement et la honte. » Il ajoutait : « J'espère qu'on ne se bornera pas... à corriger les vices et à combler les lacunes que pendant les semaines d'alerte on a déjà constatés un peu partout dans l'appareil militaire. »

De ces lacunes et de ces vices, j'avais été le témoin direct. Ce fut une pagaille invraisemblable, quelque chose comme un cauchemar de l'absurde, où personne ne savait qui était qui et où les meilleurs officiers étaient impuissants à endiguer le désordre qui déferlait. La responsabilité principale en incombait à un système qui campait sur les souvenirs de 1918, et qui n'avait intégré ni les données récentes de l'art militaire ni les contraintes qu'elles impliquaient. On le vit notamment à propos de l'arme blindée, qu'un aveuglement impardonnable maintint en état de sous-développement et de mauvais emploi malgré les avertissements répétés d'un jeune colonel ; c'était Pétain contre de Gaulle, et Pétain l'emporta sur ce point. Mais l'impéritie à tous les échelons ne suffisait pas à expliquer l'ampleur de la désorganisation. Peu sujet au délire de la persécution, encore moins à l'espionnite qui sévissait alors, je me suis convaincu, avec le recul du temps, que l'ennemi avait su placer aux bons endroits des grains de sable qui grippaient les rouages.

Je fus expédié en forêt, entre deux ouvrages de la ligne Maginot. Seul, sans ravitaillement, sans protection contre le froid déjà vif, sur le qui-vive jour et nuit, j'en revins en piteux état. Admis d'office à l'hôpital de Bitche, je fus rapidement arraché à la salle commune par de jeunes sous-lieutenants médecins et pharmaciens à qui j'enseignais le bridge. Leur protection me valut d'être logé dans une chambre qui donnait sur le premier chemin de ronde, où des arbres centenaires déployaient leur feuillage dans la lumière dorée de l'automne vosgien. Je passai deux mois dans cet éden, utilisant ce répit pour préparer un diplôme d'études supérieures, de droit public, que j'allai passer à Paris en uniforme bleu horizon, bandes molletières, vareuse trop courte, capote trop longue, le chef coiffé d'un calot dont la tranche devait bien mesurer douze centimètres, le menton orné d'une barbe avantageuse. Je réussis mon examen.

Précédemment, en juin 1938, j'avais obtenu le diplôme d'économie politique dans des conditions significatives de ma manière : un fond de travail plus important qu'il n'y paraît, une attention toujours en éveil, la capacité de saisir l'occasion en prenant des risques calculés. Une matinée durant, j'avais vu l'examinateur, président du jury, M. Dolléans, épuiser sa patience en posant la même question à tous les candidats : « Monsieur, parlez-moi des changes. » Il n'obtenait d'autres réponses que des abstractions plus ou moins approximatives qui lui faisaient répéter, exaspéré : « Au fait, monsieur, au fait. » C'était une hécatombe. Mon tour venu, je me contentai de dire :

— On peut exprimer le phénomène des changes par le simple fait qu'hier, en Bourse, le franc, par rapport à la livre sterling, cotait tant, c'est-à-dire exigeait tant de francs et tant de centimes pour être échangé contre elle.

Le visage de M. Dolléans s'éclaira. S'ensuivirent vingt minutes de cambisme pratique, ma partie, que le professeur conclut brillamment par un exposé qui méritait à coup sûr la note maximale. Il se l'accorda autant qu'à moi, soit 40 sur 40, ce qui ne s'était jamais vu de mémoire d'appariteur, et me permit de terminer le parcours avec 94 sur 100. Assistant à cet oral, Maurice Legendre y trouva la meilleure des récompenses.

Mes préoccupations étaient bien peu tournées vers cette guerre suspendue sur nos têtes. Je dois l'avouer, je n'ai pas pressenti que le sursis de Munich serait si court, ni compris à quelle vitesse la fatalité nous entraînait. Pourtant, mon séjour à *L'Information* m'avait permis de mesurer l'ampleur du péril que faisaient courir à la paix les nazis, les fascistes et leurs séides. Conscient du danger, j'en sous-estimais l'imminence. Comme des millions de Français, je prenais mes désirs pour des réalités. Comme eux, je faisais confiance aux hommes qui nous gouvernaient et devaient assurer notre défense. J'espérais que la France saurait se ressaisir à temps, redevenir assez forte pour décourager l'agression. Et je ne m'intéressais toujours pas à la politique. J'étais ce jeune animal occupé à vivre intensément.

Je rejoignis le premier peloton des élèves officiers de réserve à Toul. Il était cantonné sur un plateau glacial, ouvert à tous les vents. Conformément aux recommandations d'Henri Noël, je travaillai avec acharnement. En cinq mois, je ne vins à Paris que vingt-quatre heures pour les fêtes de fin d'année. Sorti major, je pus comme tel aller à Saint-Cyr pour y suivre le second peloton. Je venais de me marier. La proximité de Paris permit à ma jeune femme de se rendre chaque fin de semaine à Versailles, où je venais la rejoindre. Son oncle Hamelin, questeur du Sénat, nous avait prêté une dépendance de son appartement de fonction. C'était une vaste chambre mansardée qui donnait sur la cour du château à hauteur de la statue du Roi Soleil. Admirable décor.

A Saint-Cyr, j'eus tôt fait de constater qu'un fossé de dédain et de méfiance réciproques séparait les officiers d'active, qui constituaient deux bataillons, et les élèves officiers de réserve, qui formaient le troisième. Ne doutant de rien, j'eus le front de suggérer au commandement une nouvelle organisation du bataillon des E.O.R. Il s'agissait de désigner un responsable qui cumulerait les fonctions de major et celles de « père système », telles qu'elles étaient exercées chez les cyrards. Le projet visait à animer la formation des réservistes, assurer ses relations avec la direction de l'école, et, surtout, établir la communication entre ceux de l'active et ceux de la réserve.

Cette proposition insolite fut admise par le général commandant l'école et mise en œuvre par le colonel Groussard, commandant en second. Ce personnage hors série était le sosie parfait d'Eric von Stroheim. Nous l'avions d'ailleurs surnommé « Eric ». Mon idée l'intéressa. Je me retrouvai pourvu d'un statut spécial, nanti d'une chambre sous les combles, dispensé de l'appel matinal et prié de prévenir la veille lorsque je voulais participer aux exercices. Ce que je ne manquai pas de faire chaque fois qu'ils me paraissaient intéressants, et notamment lorsqu'il s'agissait d'aller manœuvrer au camp de Frileuse. Comme je m'y étais engagé, je m'occupai d'animer la promotion. Le sport et quelques missions en ville se partagèrent le reste de mon temps. Ma vie militaire était aussi remplie que ma vie civile. Elle passait vite et me donnait le sentiment de n'être pas inutile. En août 1939, je sortis major de la promotion Maréchal-Joffre.

Parce que je n'avais pas su flairer l'imminence de la guerre, mon destin fut changé. Si j'avais prévu les événements de septembre, ayant le choix de mon affectation, je me serais fait verser dans une unité de choc. Au lieu de cela, donnant le pas à mes préoccupations familiales, j'optai pour le 75ᵉ bataillon alpin de forteresse, implanté en temps de paix à une quarantaine de kilomètres de Nice, à Peïra-Cava. Sa forteresse était à Plan Caval, dans le massif de l'Aution, au-dessus du col de Turini. Ma femme Odile s'installa d'abord à Nice où, en février 1940, vint au monde notre premier enfant, Clotilde, aujourd'hui mère d'une petite fille et d'un garçon de huit ans en qui je me revois au même âge. Puis ma famille se rapprocha en venant fixer ses pénates à Peïra-Cava.

Cette drôle de guerre, succédant à la drôle de paix, fut pour moi aussi irréelle que pour beaucoup qui l'ont racontée. Nous flottions dans un état intermédiaire qui semblait devoir durer longtemps. Confinés dans notre réduit montagneux, nous ne suivions les événements que d'assez loin, par la radio qui ne disait pas tout, par les journaux qui en disaient moins. A partir du 10 mai, ces nouvelles, venues d'un autre monde, nous donnèrent l'impression d'un cauchemar auquel nous ne participions pas, tout en sachant fort bien qu'il nous concernait directement.

Du moins la frontière que nous avions mission de couvrir était-elle sérieusement défendue. Les unités étaient vraiment sur le pied de guerre. Là comme ailleurs, cependant, le sabotage avait sévi. Comment l'appeler autrement ? On avait construit à Plan Caval, un bijou de forteresse où ni le béton, ni l'acier, ni les aménagements les plus modernes n'avaient été comptés. On avait seulement « oublié » d'équiper les casemates du dispositif d'aération sans lequel aucune arme automatique ne pouvait être mise en service. Pourtant, les mitrailleuses lourdes étaient là, et les canons à tir rapide, ainsi que les munitions, soigneusement stockées. Le fort en fut réduit à servir d'abri contre le froid, la pluie, la neige et les éventuels bombardements.

L'ampleur du drame commença de nous apparaître lorsque, malgré la déclaration de guerre de l'Italie, fut opérée sur l'armée des Alpes une sensible ponction pour renforcer d'autres dispositifs. Un espoir me saisit avec la nomination, le 20 mai, du général Weygand comme généralissime. Ancien chef d'état-major de Foch, il était marqué à mes yeux, comme à ceux de beaucoup de Français, du signe de la victoire. L'illusion fut brève. Personne ne pouvait plus rien. Il fallut nous rendre à l'évidence. Du moins notre position géographique nous évita-t-elle l'encerclement et, pour beaucoup, la captivité.

Ces mois d'attente et ces semaines d'angoisse n'avaient pourtant pas été stériles. Je m'étais attaché à faciliter les rapports entre les alpins placés sous mes ordres et le corps des officiers. Je faisais équipe, dans cette tâche, avec un officier d'active, Guy Vautrin, long, mince et quelque peu dilettante ; mais doué d'une autorité généreuse. Dans ces bataillons d'infanterie de forteresse de montagne, qui n'étaient certes pas des unités de prestige, se trouvaient parfois des « fortes têtes » : hommes simples, et au cœur chaud, souvent enclins à laisser aller leurs poings ou leur langue. Je me souviens de l'un d'eux, un costaud, ancien champion d'Europe de boxe des poids mi-lourds à qui Vautrin et moi avions évité le conseil de guerre et qui était devenu un excellent combattant. A la démobilisation, il me proposa de prendre la direction administrative et financière d'une petite entreprise fort prospère, qu'il avait fondée à Nice, et dont le personnel, en même temps que le capital, était constitué par quelques dames arpentant les alentours de la gare. Comme je refusai avec des précautions, il eut des larmes aux yeux et dans la voix pour me dire :

— Mon lieutenant, vous avez tort, vous auriez été si bien avec nous pour espérer la revanche...

La revanche, je ne pensais qu'à elle. L'annonce de l'armistice, attendue par d'aucuns, m'était tombée dessus comme la foudre. J'imagine qu'un homme frappé au cœur doit ressentir cette impression de vide. J'en éprouvais, pour une des très rares fois de ma vie d'adulte, un malaise physique. La tristesse, la honte et l'indignation se disputaient mon âme. Comme certains manifestaient bruyamment leur satisfaction de rentrer chez eux — comment ne pas les absoudre ? — j'allai jusqu'à dégainer mon pistolet pour les ramener à un minimum de pudeur. L'éducation, au sens plein du terme, que j'avais reçue m'interdisait de m'abandonner à leur soulagement et me rendait son spectacle intolérable. Je ne pouvais supporter ni l'idée de la défaite ni la perspective d'avoir à côtoyer nos vainqueurs. Libéré de mes obligations militaires, je refusai de regagner Paris. Avec pour ressource principale ma prime de démobilisation, nous nous installâmes dans une pension de famille de l'avenue des Fleurs, à Nice, pour y attendre que j'eusse trouvé une issue.

Quelle issue ? Je l'ignorais. J'espérais follement quelque chose qui ne venait pas, dans une fièvre qui me laissait peu de répit. J'écrivis des lettres de refus et d'espoir à mes parents, à Henri Noël, à Georges Roumilhac, à d'autres encore. Les Anglais tiendraient, les Américains viendraient, les Russes se retourneraient, nous nous battrions et les Allemands seraient chassés.

Cherchant en vain à calmer mon agitation, j'allai du tennis-club de Nice au Parc impérial, du Parc impérial à l'église orthodoxe. Déambulations d'homme en cage. Pendant ces promenades au long des rues, je dus certainement croiser un ravissant petit pruneau de fille, élève du lycée proche, qui trente ans plus tard, deviendrait ma femme.

De la maison qui jouxtait la nôtre, nous arrivaient chaque soir vers neuf heures, les échos étranges d'une sorte de moulinette géante qui réveillaient la jeune Clotilde. J'en fus vite excédé. Un soir, j'allai frapper à la porte du voisin pour demander vertement quelle était l'origine de ce vacarme et qu'on voulût bien le faire cesser. L'homme qui m'avait ouvert m'adressa un regard ébahi :

— Comment ! vous ne savez pas ? Voyons, c'est Londres qui est brouillé.

— Londres ?

— Eh bien, oui, quoi, de Gaulle !

— Qui ça, de Gaulle ?

C'était les premiers jours d'août 1940. Je venais sans le savoir encore de rencontrer le miracle que j'avais attendu.

7

Les chemins de l'ombre

Cette voix solitaire, entendue dans le crépuscule niçois, détermina mon choix. Londres devint le pôle vers lequel tendrait mon action et de Gaulle symbolisa l'espoir. Présence d'une foi incarnée en un homme dont le magnétisme faisait tressaillir à distance. Puissance aussi de la radio, qui rameutait au loin les guerriers épars.

En mai 1968, lorsque les révoltés du quartier Latin entendaient les reporters d'*Europe n° 1* ou de *R.T.L.* décrire à mesure le déroulement des bagarres, et en tiraient des renseignements propres à guider leur tactique, il fut évident pour chacun que la radio venait de prendre part à l'émeute au lieu de se borner à la rapporter. Elle ne se contentait plus d'informer, mais créait l'événement. Dans le concert de protestations qu'on entendit alors du côté du pouvoir, peu s'avisèrent que de Gaulle, le premier, avait utilisé la radio comme une arme, ouvrant ainsi une ère nouvelle dans la conduite des opérations politiques et militaires. Il allait quelques jours plus tard le rappeler de façon foudroyante lorsque le 30 mai 1968, déployant à nouveau l'ancienne magie, il remit la radio au service de l'unité nationale.

Pour ma part, je n'ai jamais douté qu'information et action fussent un tout ; ni qu'à l'époque où radio et télévision font le tour de la terre en quelques instants, des modes différents de gouverner fussent en train de naître. Assuré des nouvelles du monde, le téléspectateur d'aujourd'hui redevient le citoyen d'une « agora » élargie aux dimensions de la planète. Mais un citoyen muet, et c'est là tout le problème. Devenu Premier ministre, j'avais jugé qu'à défaut de donner la parole à tous les Français, il fallait au moins qu'ils ne fussent pas réduits au seul monologue du pouvoir. Je décidai d'appliquer à l'O.R.T.F. une politique libérale de l'information. Elle me fut reprochée ; on verra comment.

En ces jours brûlants d'août 1940, je ne voyais pas si loin. En résonance avec mon refus d'accepter la défaite, la radio de Londres avait seulement orienté ma passion d'agir. Tout cela sans débat de conscience ; protégé par des évidences qui me venaient de loin, mais que désormais j'étais capable d'assumer par mes propres moyens. Ce qui, en moi, était inachevé venait se fondre au creuset de la souffrance commune. J'accédais à une dimension qui, jusqu'alors, m'avait manqué, celle de la réflexion essentielle. Je ne dirais pas que j'étais devenu un homme ; il y faut une vie. Mais les dernières écailles de l'adolescence me tombaient des yeux.

La première chose à faire, avant de rejoindre de Gaulle, était de mettre ma famille en sûreté. Je rentrai à Paris pour confier Odile et Clotilde à nos parents. Enfin, le 12 décembre 1940, je pris le chemin de Vichy. Je savais y trouver le colonel Groussard, mon ancien chef de Saint-Cyr. Je ne pouvais douter qu'il fût du parti de ceux qui entendaient continuer à se battre, et je comptais lui demander les moyens de gagner Londres au plus vite.

Je passai à pied la ligne de démarcation. J'allai coucher près de Clermont-Ferrand, à La Prade, chez le professeur Castaigne, père de ce Paul Castaigne qui, à Oléron, avait si longtemps partagé mes jeux et mes rêves. Je débarquai par une nuit de grand froid. Ce premier hiver de l'Occupation, qui trouvait les Français si mal préparés à le supporter, fut particulièrement rigoureux. Les étangs étaient gelés ; la campagne couverte de neige et murée dans le silence. Je reçus un accueil paternel :

— Si j'avais ton âge, je ferais comme toi. Je ne l'ai plus. Pendant la guerre, j'ai servi sous les ordres du maréchal Pétain. Je suis un de ses médecins. Je lui dois loyauté. Mais je te comprends. Tu trouveras toujours ici un abri et, s'il le faut, une protection.

Un autre de mes amis, le colonel d'aviation Jean Loriot, attaché au cabinet du maréchal Pétain, devait le lendemain m'offrir une « couverture » du même genre. Pourtant, nos voies étaient différentes. Mais les hommes de bonne foi tombent d'accord dès lors que leur objectif final est le même. Il n'y faut qu'un peu de hauteur, et savoir échapper aux morsures du sectarisme. Qui peut prétendre être infaillible ? Cette interrogation m'a évité de nourrir tout acharnement partisan, une fois venue la libération.

J'arrivai le 13 décembre dans un Vichy désert, ville fantôme où de rares passant rasaient les murs. J'appris d'un commerçant, à voix basse : « On a arrêté Laval ce matin. » J'avais choisi mon jour ! D'autant que celui qui avait exécuté l'ordre d'arrestation était « mon » colonel Groussard. » Mis en congé sur sa demande après l'armistice, il avait été nommé inspecteur général de la Sûreté nationale. A ce titre, il venait de créer les « groupes de protection du Maréchal » ainsi que le « Centre d'information et d'études ». Ces deux organismes lui servaient d'alibi pour constituer un élément de ce qui, par la suite, devait être appelé la Résistance.

Je dus attendre quarante-huit heures pour voir Groussard, qui avait bien d'autres soucis en tête. Quand il me reçut, dans le petit hôtel de Bellerive où il campait sous triple garde, ce fut pour m'opposer un front méfiant, bien qu'il m'eût reconnu dès l'abord. Cela me parut de bon augure, et l'indice qu'il y avait bien de sa part anguille sous roche. Je me jetai à l'eau et lui exposai, avec mes raisons, mes visées londoniennes. Il m'écouta sans ciller. Sa face glabre n'avait pas un frémissement ; derrière le monocle, l'œil était froid :

— Revenez dans deux jours. Vous aurez les ordres.

Quand je me présentai à nouveau, la plus forte des surprises m'attendait. Il n'était pas question pour moi de gagner Londres. J'avais à rentrer à Paris pour me mettre à la disposition du colonel Heurtaux, un des as de la guerre 14-18, qui avait reçu de Groussard mission de créer en zone occupée un noyau militaire. Ce noyau devait plus tard donner naissance à l'Organisation civile et militaire plus connue sous le sigle O.C.M.

Je ne m'étais pas trompé d'homme, mais de rail. Voulant reprendre la lutte et n'envisageant pas de le faire autrement que sous l'uniforme, je n'avais pas mis en doute que la solution passât par Londres ni que ce fût la seule. Je ne savais pas que des Français également déterminés à combattre professaient une autre opinion. Groussard était de ceux-là. Pour des raisons qui lui appartenaient, il se montrait des plus réservés à l'égard du général de Gaulle. Par la suite, son action contre les Allemands, qui fut remarquable, s'exerça en dehors de la zone d'activité contrôlée par le Général. En demandant à Groussard de me procurer un billet pour Londres, je n'avais certes pas frappé à la bonne porte. Par la suite, je ne regrettai pas cette erreur de parcours. Elle me valut de mener sous l'occupation allemande une existence exaltante.

Il ne me vint pas à l'esprit de me dérober aux ordres. Je peux bien livrer ici une des clés de mon caractère et de ma vie : la notion de service. Fondamentale à mes yeux, elle n'a cessé de guider mes choix. Elle fournit la trame de mes actions. A cette époque, la notion de service, déjà, commandait. En temps de guerre, les préférences personnelles s'effacent plus encore que de coutume. Je revins à Paris, à la stupéfaction des miens, me contentant de dire qu'il ne m'avait pas été possible de trouver une filière de passage.

Ma vie s'orientait dans une direction différente de celle que j'avais imaginée. Il s'agissait d'entrer dans l'ombre tout en conservant une façade insoupçonnable. Il me fut précisé que je ne devais en aucun cas modifier mon parcours d'avant guerre et qu'il serait bon que je reprisse la préparation du concours de l'inspection des Finances. Je m'en réjouis, sans être encore capable de mesurer à quel point la réussite à ce concours serait décisive pour l'accomplissement de mes tâches clandestines. De même, il était nécessaire qu'on me vît renouer avec mes activités sportives : tennis et surtout rugby. Un prétexte allait ainsi m'être fourni pour me déplacer en province, un dimanche sur deux, avec l'équipe du C.A.S.G., d'abord en zone occupée, puis dans l'ensemble du territoire à partir du moment où les Allemands eurent envahi la zone dite « libre ».

Je commençai à mener cette vie en partie double, souvent décrite, mais qu'il faut avoir connue pour en prendre la mesure. Elle exigeait une vigilance de tous les instants et un contrôle inflexible de soi. Comment devient-on un homme de l'ombre ? Un acte qu'il faut dissimuler en entraîne un autre, qui à son tour exige, pour aboutir, tout un édifice de faux-semblants. Bientôt on découvre qu'on a franchi sans même s'en apercevoir la ligne qui sépare le monde caché de celui-ci. On est passé de l'autre côté du miroir, là où toutes choses sont inversées et où il faut se garder de chacun comme de soi-même.

En cette période où chacun s'interrogeait, où quelques-uns faisaient l'apprentissage des techniques clandestines, il arrivait que des réseaux à peine constitués fussent mis en pièces, ou démantelés au point de voir leurs liaisons coupées. Ce fut notre cas. A la fin de 1941, notre organisation, qui s'était développée très vite, fut décimée par de nombreuses arrestations. J'en sus plus tard la raison. Elle était si sotte qu'on a peine à l'imaginer. Dans un souci très militaire de bonne tenue des effectifs, avaient été établies des listes des membres du réseau. Ces listes, dûment complétées d'adresses, avaient été saisies par l'ennemi !

Je connus en cette occasion le premier des bienfaits que la Providence ne devait cesser de me dispenser pendant ces longues années de l'Occupation : mon nom ne figurait pas sur ces états. Nous étions deux Delmas, patronyme très répandu à Paris, notamment chez les marchands de vin, bois et charbon. Le hasard avait voulu qu'en tapant les listes une secrétaire commît une erreur : en passant d'une feuille à l'autre, elle avait oublié le deuxième Delmas : moi. Etrange époque, où la vie d'un homme tenait à une faute de frappe.

Je n'étais pas le seul à conjuguer la préparation

de l'inspection des Finances avec l'action secrète. Trois de mes camarades en faisaient autant. L'un était Maurice Bourgès-Maunoury, dont les parents habitaient quai d'Orsay, près de l'hôtel de la Légion d'honneur, et chez qui j'allais parfois travailler. Le second, Lorrain Cruse, appartenait à cette branche de la famille Cruse qui avait quitté Bordeaux pour entrer à Paris dans la banque protestante où lui-même ferait carrière. Notre benjamin, Félix Gaillard, était aussi doué qu'on peut l'être. Tous trois partageaient mon impatience d'entrer en relation directe avec Londres, et nous étions plus attirés par la France libre et l'action militaire que par la vie clandestine.

Nous fûmes quelque temps sans pouvoir acheminer de renseignements. Ceux-ci, pourtant, ne manquaient pas. Au cours des années 1941-1942 et 1942-1943, Lorrain Cruse, Félix Gaillard et moi réussîmes par deux fois à nous faire embaucher provisoirement au ministère de la Production industrielle. Là nous fûmes à la source d'informations précieuses. Les bureaux que nous occupions étaient proches de celui des deux ministres successifs : François Lehideux sous Darlan et Roger Bichelonne dans le deuxième gouvernement Laval, formé le 18 avril 1942. Leurs services parisiens étaient installés dans un hôtel du XVIIIe de la rue de Grenelle. Je devais y revenir quinze ans plus tard comme ministre d'Etat du gouvernement Guy Mollet et m'y sentir aussitôt chez moi : pendant la période clandestine j'avais appris à en connaître tous les coins et recoins, passages privés et issues dérobées.

Nous étions sous les ordres de Raymond Panié, inspecteur des Finances, ancien condisciple de Bichelonne à l'Ecole polytechnique. Il ne tarda pas à éventer nos agissements, mais eut le bon goût d'attendre des éclaircissements qui vinrent à leur heure. Nous travaillions d'ailleurs sérieusement. J'allais autant que possible représenter le chef du service des relations extérieures aux conférences hebdomadaires qui réunissaient, rue de Rivoli, dans les sombres salons du rez-de-chaussée, les représentants des services responsables de l'Economie en zone occupée, et notamment ceux qui avaient la charge des relations, difficiles, avec les autorités allemandes qu'il s'agissait de lanterner et de berner. Ainsi pouvais-je élargir mon champ d'observation et de renseignements à l'ensemble des activités économiques du pays.

Parmi les hauts fonctionnaires qui assistaient à cette conférence, se trouvait Maurice Couve de Murville, directeur général au ministère des Finances : mince, distant et d'une courtoisie à donner le vertige, sachant déjà, sous son masque de gentilhomme un peu las, dissimuler la passion froide qui l'habite. Un jour je le croisai place du Carrousel, devant la statue de Gambetta aujourd'hui disparue. Il cheminait paisiblement. Je ne me doutai pas qu'il prendrait le soir même le train pour Madrid et ne tarderait pas à gagner Alger pour y devenir commissaire aux Finances dans le Comité français de Libération nationale.

Au cours de notre deuxième séjour rue de Grenelle, les Allemands s'inquiétèrent de notre présence et se montrèrent curieux, en dépit de l'aplomb imperturbable de Raymond Panié. Nous quittâmes à point nommé nos fonctions, lorsque fut venu le moment de passer le concours de l'inspection des Finances en mars 1943. Nous n'étions plus que deux : Félix Gaillard et moi. Lorrain Cruse avait été reçu l'année précédente. Bourgès-Maunoury, recalé comme moi en 1942, avait renoncé à un second concours pour aller établir une liaison avec Londres. Il gagna l'Espagne et y connut les rigueurs du camp de Miranda. Félix Gaillard, qui se présentait pour la première fois, fut reçu. Pour moi, c'était la dernière tentative. J'obtins la troisième des six places.

Le jour venu de ma présentation officielle au chef du service de l'Inspection, André Fayol, je lui dévoilai mes activités. J'affirmai par anticipation que j'étais en mission d'ordre du général de Gaulle, et qu'il eût à se considérer comme étant à ma disposition pour me fournir des pièces justificatives, chaque fois que j'aurais à me déplacer pour les besoins du service parallèle. Je crus bon d'ajouter que, s'il appartenait à l'autre camp et parlait, je me chargerais moi-même de l'éliminer ; en cas d'empêchement de ma part, ce serait fait par d'autres. Menaces vaines. L'homme était des nôtres. Il ne lui avait manqué que l'occasion d'être recruté. Il fut parfait de discrétion, de précision et d'efficacité. Sans son aide et sans la couverture fournie par ma qualité de membre du Corps, j'aurais eu toutes les chances d'être démasqué.

Enfin Bourgès-Maunoury revint, en août 1943. Le voyage à travers l'Espagne avait été long ; également le séjour à Londres, où stages et démarches avaient duré. Le résultat en valait la peine. Maurice ramenait une grande, une exaltante nouvelle. Sous l'autorité du général de Gaulle et sous le commandement direct de Passy, en liaison étroite avec les Anglais, nos services passaient du renseignement à l'action, et Bourgès-Maunoury était l'élément avancé du nouveau dispositif.

Il était créé dans chaque région un réseau, doté de moyens de transmission radio, disposant d'éléments de sabotage et d'intervention, et placé sous les ordres d'officiers triés sur le volet. Le rôle de ces délégués militaires régionaux serait triple : assurer les contacts avec les éléments militaires de la Résistance ; s'employer à les fournir en armes, munitions, moyens de toutes sortes ; accorder leurs actions d'abord aux vœux du Gouvernement provisoire, ensuite à la préparation du débarquement, enfin à l'avance des armées alliées. Tâches ardentes.

Mes retrouvailles avec Bourgès-Maunoury furent l'occasion d'un incident significatif. Nous avions rendez-vous à la pleine lune au bord de la Vézère, affluent de la Dordogne qui prend sa source sur le plateau de Millevaches. Maurice devait être parachuté dans cette région pittoresque et qu'il connaissait bien, puisque ses parents possédaient, au Moustier, une maison qu'il a conservée. Il était entendu que j'y prendrais mes quartiers en l'y attendant. Notre rencontre, parmi d'autres raisons, avait celle de lui restituer ses papiers, qu'il m'avait laissés en dépôt afin de masquer son absence aux yeux des Allemands. Prisonnier de guerre rapatrié, il avait l'obligation d'aller signer chaque semaine au fort de Montrouge, et toute défaillance eût attiré l'attention sur lui. Pendant la durée de son voyage, j'avais accompli cette corvée à sa place, me faisant chaque fois une tête à sa ressemblance approximative. Il s'agissait maintenant de lui permettre de réendosser son identité.

Je pris le train à la gare de Lyon. La disparition effective de la ligne de démarcation, intervenue en février 1943, n'avait pas supprimé les contrôles. Nous en subîmes un, peu avant Moulins. Je me croyais en sécurité, ayant sur moi la carte tricolore dont venaient d'être dotés les fonctionnaires de l'Etat français. Cette carte était encore inconnue du sous-officier allemand qui m'intima de descendre à Moulins, puis passa dans les compartiments suivants.

Dans le mien se trouvaient deux voyageurs d'âge mûr qui s'étaient réassoupis aussitôt la porte refermée sur l'intrus. Je les dévisageai anxieusement, sous la mauvaise lumière. Pouvais-je faire confiance à l'un d'eux ? Et auquel ? Si je me trompais, il ne me resterait plus que des solutions radicales pour ne pas être pris en possession des papiers de Bourgès. Tous deux étaient décorés : probablement des anciens combattants de la guerre 1914-1918. Je me dis qu'ainsi le risque était moins grand d'avoir affaire à des collaborateurs. Me décidant enfin, je poussai doucement l'épaule du plus proche, et, pour ne pas réveiller l'autre, lui dis à voix chuchotée :

— Monsieur, entre Français, lorsque l'ennemi occupe le territoire, il faut se rendre certains services. Ce n'est pas à un ancien combattant de la Grande Guerre que je l'apprendrai.

Encore ensommeillé, il réagit vite et bien.

— Certes, dit-il. De quoi s'agit-il ?

Je sortis de ma serviette l'enveloppe qui contenait les papiers de Bourgès et y inscrivis l'adresse du Moustier.

— Puisque vous allez poursuivre votre voyage sans encombre, postez cette enveloppe dès votre arrivée. C'est de la plus haute importance. Je suis forcé de descendre à Moulins et je ne peux pas risquer d'être pris avec ces documents.

— Comptez sur moi.

Il se leva. Nous échangeâmes une forte poignée de main. Je ne l'ai jamais revu. J'ignore jusqu'à son nom. Mais les papiers arrivèrent à bon port.

En gare de Moulins, on fit descendre une cinquantaine de personnes, censées, comme moi, ne pas être en règle. Femmes portant des enfants, vieillards apeurés ; et les hurlements des Allemands. C'était un épisode, parmi d'autres, du spectacle pénible que donnait la France en ce temps-là.

Dans le local où nous attendions la vérification et l'interrogatoire, j'avisai un personnage de fière allure, drapé dans une cape, coiffé d'un vaste chapeau, et qui faisait comme moi les cent pas. Nos regards se croisèrent. Je me présentai. Il était procureur général dans le nord de la France. Je lui donnai aussitôt du « monsieur le Procureur général ». Il me rendit du « monsieur l'Inspecteur des Finances ». Nous eûmes tôt fait de découvrir que nous étions retenus pour la même raison : cette nouvelle carte d'identité. Nous convînmes que la seule conduite à tenir était de s'indigner hautement en demandant à repartir par le train suivant.

Chacun joua son rôle, devant un officier subalterne quelque peu effaré d'être pris à partie par deux protestataires qui faisaient sonner leur qualité de fonctionnaire en invoquant les bonnes relations entre l'Etat français et les autorités d'occupaton. Dans le doute, il décida de ne rien décider, sinon de nous affecter deux chambres à l'hôtel. Nous voilà partis, encadrés par quatre hommes et un caporal. Il bruinait. Un taxi stationnait devant la gare. Dans un large mouvement de cape, mon compagnon interpella le chauffeur abasourdi :

— Allez dire aux autorités que deux hauts fonctionnaires de l'Etat français ont été emmenés par l'armée allemande.

Dans la nuit mouillée, sur cette place déserte où filtraient faiblement des lumières tamisées de bleu, la scène avait un aspect surréaliste qui paraissait échapper à mon compagnon. Quant aux soldats, ils n'entendaient pas un mot de français et ouvraient des yeux incertains. L'hôtel était à cinq cents mètres de là. J'y passai une nuit entrecoupée par les relèves de la sentinelle postée devant ma porte. On vint nous chercher vers huit heures pour nous conduire, comme nous l'avions demandé, chez le général commandant la place.

Nos protestations atteignirent au lyrisme. L'armée allemande avait commis un faux pas dont, pour un peu, l' « Europe nouvelle » ne se relèverait pas. Nous nous étonnions, exhibions nos cartes, demandions qu'on appelât Paris d'urgence. Certainement le président Laval jugerait l'affaire assez grave pour intervenir en personne auprès du gouvernement allemand. Tant et si bien que le général nous pria de nous apaiser et promit de faire téléphoner aussitôt. Il revint une heure après, avec mille excuses. C'était un malentendu. Le nécessaire allait être fait pour nous permettre de continuer notre voyage.

Le plus beau restait à venir. Pour nous conduire à la gare, la propre voiture du général fut mise à notre disposition, munie de son fanion de commandement. Je me demandais, mi-sérieux, ce qui se passerait si mes camarades de combat avaient précisément choisi ce jour-là pour poser le pain de plastic qui, tôt ou tard, ferait sauter l'engin et si possible ses occupants. Etant monté à gauche pour laisser au procureur la place que méritaient son âge et ses fonctions, et devant pour descendre faire le tour de la voiture, j'eus la surprise de me trouver nez à nez avec un piquet d'honneur qui présentait les armes. Je rendis le salut d'un gant désinvolte, puis nous entrâmes dans la gare, où la scène devint gênante : on nous fraya le passage un peu rudement pour traverser le hall, monter dans le train et nous installer aux meilleures places d'un compartiment en expulsant deux de ses occupants. Si bien que nous fûmes cernés d'une atmosphère de crainte et d'animosité dont, plus de trente ans après, je ressens encore la densité.

Au bout de quelques minutes, je n'y tins plus et proposai d'aller au wagon-restaurant. Le breuvage de l'époque était un « café national » qui offrait la double caractéristique de n'avoir rien de national et n'être pas du café. En ingurgitant cette mixture, je félicitai le procureur général du réquisitoire, à vrai dire excellent, qu'il avait prononcé devant le général allemand. Je lui dis en particulier, pesant mes mots avec soin :

— Vous avez été saisi à un certain moment d'un frémissement spectaculaire qui a dû emporter la décision.

Je reçus en réponse un des plus beaux mots de chat fourré qu'il m'ait été donné d'entendre :

— Monsieur l'Inspecteur des Finances, me dit cet homme en me regardant droit dans les yeux, c'est le frémissement professionnel.

Par la suite, il me fut dit que j'avais bien fait de rester sur mes gardes. Son frémissement professionnel avait entraîné ce procureur général à requérir la peine de mort contre des résistants, spécialement des communistes. Il fut jugé et fusillé à la Libération.

Bourgès-Maunoury se fit attendre plusieurs jours. Je commençai à m'inquiéter. Le rendez-vous était fixé à deux kilomètres en amont du Moustier, à un endroit où la Vézère, assez large, est séparée de la route par des prairies en pente douce, bordées de peupliers qui la masquent. C'est de ce contrebas que, par un clair matin d'août 1943, je vis surgir

Maurice Bourgès-Maunoury comme un diable de sa boîte. Il était pareil à lui-même, râblé, cambré dans sa petite taille, le poil luisant, l'œil vif et tout joyeux de la bonne farce que nous venions de jouer aux Allemands, à cent lieues de le croire parti de France.

8

La vie et la mort

Ai-je eu peur pendant cette période où il fallait jouer à la main chaude avec la mort ? Pas tellement. Moins, à coup sûr, que lorsque j'imposais à mes seize ans d'affronter des costauds sur un terrain de rugby. Ma jeunesse et l'intensité de l'action laissaient peu de prise à l'appréhension. J'étais engagé dans une entreprise périlleuse dont il me fallait élaborer progressivement les méthodes, apercevant à mesure les conséquences dramatiques que pouvait entraîner une faute. Je commis des erreurs. Elles furent de moins en moins nombreuses. A la fin, j'étais parvenu à une véritable maîtrise de la vie clandestine, où la chance restait cependant indispensable.

Vie étrange, où toute chose signifiait son contraire et où il fallait inverser chacun de ses réflexes. D'un ami rencontré à l'improviste pouvait venir le pire danger. Avoir à joindre quelqu'un signifiait s'abstenir de lui téléphoner, de lui écrire, ou même de le voir ; il fallait raisonner et s'organiser à partir de ce système d'interdits. Plus d'un se fit arrêter pour avoir pris des habitudes.

Les lieux fréquentés par d'autres organisations de résistants étaient à éviter : inutile de multiplier les risques. Je me souviens d'un bar-restaurant

Marius, voisin de la place Saint-Ferdinand-des-Ternes, garanti comme sûr ; il l'était pour l'essentiel, et le patron acquis à notre cause. Mais je ne tardai pas à y repérer des particuliers qui, visiblement, participaient à quelque action clandestine ; c'étaient les membres d'un réseau d'évasion d'aviateurs alliés descendus par la Flak, et dont l'itinéraire passait par là. Je ne retournai plus dans cet établissement. Je ne m'étais pas avisé qu'il en était de même du *Bar de l'Odéon,* et ne dus qu'au hasard de ne pas y être pris avec Monique et les siens. Monique survécut, revenue d'un enfer dont nous ne pénétrerons jamais les cercles.

Les hommes qui se livrent à la guerre ne font jamais que perfectionner les stratégies et les règles de leurs jeux d'enfants. Mais, dans ce jeu-ci, tout manquement débouchait sur le pire. Les écrits constituaient un des plus grands dangers. Il était interdit de transporter avec soi la moindre note. Malheureusement, les agents de liaison qui circulaient beaucoup, et donc couraient des risques incessants, ne s'empêchaient pas toujours de consigner de quoi soulager leur mémoire. Certains, pour une feuille d'agenda où figuraient sans autre détail une heure et un lieu, firent tomber plus d'une tête avec la leur. Je faillis à deux reprises être la victime d'une de ces circonstances, en venant à un rendez-vous dont les coordonnées avaient été ainsi surprises par l'ennemi. Les deux fois, je dus mon salut à la proximité d'une station de métro, parvenant de justesse à sauter dans une rame au moment où les portes se refermaient. Il restait à descendre au bon moment et au bon endroit pour déjouer des poursuivants tenaces et dotés d'excellents moyens de transmission et de transport.

Une part de ma vie restait offerte aux regards.

L'autre n'était que labyrinthes. Changeant de plus en plus souvent d'abri, j'eus dans Paris, avec ce qu'il fallait d'identités de rechange, une bonne trentaine de caches entre 1942 et 1944. Tout un monde d'alibis et de paravents ; appartements ou chambres choisis pour la commodité de leurs issues et dont moi seul avait la clé, à la rigueur une autre personne, jamais la même ; portes de service, escaliers dérobés, cours et courettes, gouttières et toits par où disparaître en cas de danger.

De temps à autre, il fallait bien refaire surface, sous peine de voir s'écrouler la façade officielle. Je rentrais chez moi, reprenais contact avec ma famille et saluais la compagnie. Naturellement, je tenais les miens à l'écart de la partie. A l'intention de ma mère, je m'ingéniais à échafauder toutes sortes d'alibis — je découvris ensuite qu'elle n'était pas dupe — pour expliquer mes nombreuses absences et les valises de linge que je lui demandais de déposer çà et là.

Dès 1941, j'avais mis à l'abri ma femme, Odile, ma fille Clotilde et mon fils Christian, qui était né le lundi de Pâques de cette même année, au moment où je disputais au stade Jean-Bouin un match acharné contre le Stade Français. Mes parents les gardèrent longtemps avec eux à la Ligerie. Je fus soulagé de savoir tout ce monde en sécurité, tandis que je vivais mes alternances d'ombre et de lumière. C'est dans la paix retrouvée que Valérie, ma seconde fille, devait voir le jour, en 1945. Mais dans les derniers mois, la partie devint si brûlante que je dus abandonner, ou presque, tous mes contacts avoués et plonger définitivement dans les profondeurs de la ville.

J'aurais pu être marqué par cette existence : ces incessantes précautions, cette veille qui ne devait s'interrompre ni de jour ni de nuit, les subterfuges dont s'entourait la moindre démarche. D'autres l'ont été. Une aptitude certaine à fermer un tiroir pour en ouvrir un autre m'a épargné cicatrices et ankyloses. Le combat fini, je redevins du jour au lendemain un homme comme les autres, qui marchait dans la rue sans se retourner. Et si je me souviens de beaucoup de choses, j'en ai oublié beaucoup d'autres.

Une fois établi le réseau, le risque était de se trahir par la façon même de brouiller les pistes. Ainsi qu'un joueur d'échecs dont les ouvertures se reconnaissent entre mille. Les caches que je fus amené à utiliser étaient presque toutes situées à l'ouest de Paris. Il est vrai que j'avais là mes infrastructures les plus fortes, y compris le stade Jean-Bouin où j'étais chez moi comme joueur et aussi comme dirigeant aux côtés d'Albert Cadot, personnage éminent de la boulangerie, de la voile et du rugby. C'était malgré tout évoluer dans un territoire un peu trop restreint.

Pareillement, notre façon de nous désigner entre nous pouvait fournir des indications utiles à l'ennemi. Au moment de la constitution du réseau « Action », les délégués militaires régionaux ou de zone reçurent du B.C.R.A., c'est-à-dire du Bureau central de renseignements et d'action de Londres puis d'Alger, des noms de code empruntés au vocabulaire scientifique : Bourgès-Maunoury devint « Polygone » ; Grandval, « Planète » ; Ely devait devenir « Algèbre » ; pour moi, ce fut « Arc ». Mais nous avions aussi des pseudonymes utilisés dans le courant de l'action. Quand nous en changions, et il le fallait parfois, nous avions tendance à observer une logique interne qui en disait long sur nos personnages. Connaissant plusieurs pseudonymes successifs d'un des nôtres, un adversaire bien entraîné pouvait, en procédant à une sorte de triangulation intellectuelle, déterminer son signalement psychologique, voire sociologique. Parmi la demi-douzaines de pseudonymes que je fus amené à utiliser, figurait « Lakanal », le nom de mon lycée, et « Coriolan », qui révélait, avec le contenu de mes études, le milieu auquel j'appartenais.

C'est en 1943 que je devins « Chaban ». Le dernier en date de mes noms d'emprunt — « Lakanal », justement — commençait à être trop connu de l'ennemi. Déambulant dans la campagne, près du Moustier, en Dordogne, j'aperçus, à l'orée d'un chemin qui s'écartait de la route pour filer sous bois, un écriteau comme ceux que l'on voyait avant guerre dans les squares. Il portait « Château de Chaban ». « Va pour Chaban », me dis-je. Mais alors que la plupart de mes pseudonymes précédents s'étaient effacés d'eux-mêmes, celui-ci se mit à me coller à la peau. Je renonçai à m'en défaire et, jusqu'au bout, restai Chaban pour tous ceux qui avaient à parler de moi comme pour ceux, beaucoup moins nombreux, qui avaient à me voir.

Qu'y avait-il entre ce nom et moi ? Quelles secrètes résonances ? Et qui m'avait fait signe sur la route du Moustier ?

En ville, il fallait sans cesse s'assurer de ne pas être suivi et, au moment de s'aventurer sur les lieux d'un rendez-vous, prendre prudemment le vent, comme ces oiseaux qu'on voit tourner dans le ciel avant de se choisir une direction. Je prenais le vent en toute circonstance et avec chacun : garçon de café, marchands de journaux, passants à qui je demandais l'heure. Avec ma concierge aussi, ou plutôt mes concierges, auprès de qui je ne manquais jamais de m'enquérir de leur santé et des nouvelles de l'immeuble. L'une d'elles s'appelait Mme Manière et me témoignait un intérêt apitoyé : « Ah ! voici notre pauvre jeune homme ! Il doit être bien fatigué, avec tous ces déplacements. » Elle me connaissait sous les espèces d'un voyageur de commerce. C'est dans l'immeuble dont elle assurait dignement la garde que je fis connaissance d'Andrée Carrier.

Andrée Carrier était la locataire d'un deux pièces cuisine qu'à l'automne 1943 des amis communs me signalèrent comme disponible rue Claude-Lorrain. Elle-même s'était repliée chez ses parents, tout près de là, place Michel-Ange. Je fus la voir pour traiter avec elle de la sous-location, et elle m'emmena visiter les lieux. Nous étions ensemble depuis près d'une heure et nous bavardions de choses et d'autres. La conversation m'amena à estimer possible l'ouverture d'un vrai dialogue. J'avançai :

— Cette occupation, à la fin, est étouffante. Mais les Allemands vont bien finir par perdre la guerre. Si seulement on pouvait lutter contre eux de façon précise ! Tenez, si vous, par exemple, vous en aviez l'occasion, le feriez-vous ?

Sa réponse partit comme un trait :

— Ah ! certainement ! s'écria-t-elle.

Et ce « Ah ! certainement ! » était si explicite que je n'hésitai plus. Deux mois plus tard, j'envoyai Andrée Carrier à Lyon près de Bourgès-Maunoury ; elle allait y mener une action périlleuse, et plus tard deviendrait sa femme. Comme nous étions convenus d'échanger nos équipes par mesure de sécurité, Maurice m'adressa l'extraordinaire Jocelyne Haseler, devenue par la suite, et pendant vingt ans à l'ambassade de Rio de Janeiro, le plus convaincant des témoins de la France au Brésil.

Le recrutement, s'il posait des problèmes épineux, n'obéissait pas à des règles codifiables. C'était pure affaire de sensibilité, la recherche aveugle d'un radio-amateur qui essaie d'accrocher une station. Le contact s'établissait ou non, avec le risque de se fourvoyer. J'eus de moins en moins à recruter à mesure que je montais dans la hiérarchie invisible. Mais j'avais toujours manifesté la plus grande prudence dans mes approches ; davantage encore lorsque l'initiative ne m'appartenait pas. Il m'est arrivé souvent de rester sourd à des offres généreuses. Cela m'a été reproché par la suite. Comment agir autrement ? Qu'on fût jugé capable d'être dans la Résistance constituait, du strict point de vue de la sécurité, un indice inquiétant. Dans une ville comme Paris, le tam-tam fonctionne vite et fort. Il fallait dissiper tout ce qui, de près ou de loin, pouvait ressembler à un soupçon, voire une impression. Avec ce système, beaucoup passaient par mailles, comme on dit à Bordeaux. Je reste convaincu que nombre de nos compatriotes, désirant prendre part au combat, en ont été empêchés par notre prudence, qui s'opposait à l'introduction de nouveaux partenaires dans ce jeu de la vie et de la mort.

Le dépistage des filatures exigeait les plus grands soins. La dernière année, j'en vins à user d'un stratagème : le pas de course, pour me déplacer dans Paris. Il aurait fallu un spécialiste du 5 000 mètres pour me suivre, et la discrétion indispensable à une filature n'y eût pas résisté. A tous les croisements, un coup d'œil par-dessus mon épaule pour vérifier ce qui se passait derrière moi. Je traversai de la sorte tous les filets tendus, sans que jamais personne songeât seulement à me faire obstacle. Comment arrêter un garçon qui courait avec tant de naturel et si décontracté ? Costume strict et pochette avantageuse, le contraire d'un homme traqué. A supposer qu'on m'interpellât, on eût trouvé en face de soi un fonctionnaire de Vichy apte à faire sonner sa qualité. Que d'excuses !

Dans les six derniers mois de l'Occupation, j'eus quelques dimanches rendez-vous à onze heures du matin devant l'église d'Auteuil. La rue Chardon-Lagache me fournissait une dernière ligne droite pour sprinter afin de décourager les suiveurs éventuels. C'était l'heure de la grand-messe et la place était assez grande pour s'y perdre dans la foule, mais suffisamment petite pour tout embrasser d'un coup d'œil. L'homme que j'y rencontrais était Gilbert Grandval, délégué militaire de la région de Nancy qui opérait pour une bonne part en zone interdite, particulièrement dangereuse. Pas une fois il ne manqua nos rendez-vous. Il mena si bien son affaire, parvenant avec tant d'efficacité à grouper autour de lui tous les efforts — aussi bien de l'Organisation de résistance de l'armée (O.R.A.) que des mouvements qui manifestaient à l'endroit de celle-ci le plus de réticences — qu'à la Libération, il apparut nécessaire, pour contrôler la situation dans la XXe région, de lui en confier le commandement. Il devait le garder plus d'un an, avec le grade de colonel.

De l'église d'Auteuil, j'allais, toujours galopant, au marché aux timbres, avenue Marigny, retrouver mon adjoint de Résistance-Fer, Richard. C'était un garçon calme, pâle et blond que Louis Armand avait désigné pour établir ses liaisons avec moi, après qu'il eut dû quitter précipitamment le dépôt d'Audun-le-Roman, lieu précédent de ses exploits, en échappant de justesse à la Gestapo. J'entretenais avec Louis Armand les relations les plus confiantes. Nous devînmes rapidement des amis, puis des frères, et, grâce à lui, je pus établir une coopération étroite entre la délégation militaire et Résistance-Fer. Comme des liens cordiaux m'unissaient à Debeaumarché et Prévost, responsables de Résistance-P.T.T., je me trouvais disposer de deux organisations d'une importance capitale dans la bataille clandestine. Chacun, en effet, admettait que son dispositif fût mis au service d'une action d'ensemble que la délégation militaire nourrissait de ses renseignements, de ses moyens et de ses instructions. Ainsi, se prépara dans les meilleures conditions la mise en œuvre du plan Vert, visant à la paralysie du réseau ferroviaire, et du plan Violet, relatif aux transmissions, l'un et l'autre sur l'ensemble du territoire.

Survint un épisode tragique, et qui aurait pu l'être davantage si les règles de cloisonnement dont je m'étais fait une obligation absolue n'avaient pas été appliquées. Depuis plusieurs semaines, le chef de l'état-major des F.F.I., le colonel de Jussieu (« Pontcarral » de son pseudonyme), désirait établir des relations régulières avec Résistance-Fer et Résistance-P.T.T. Il m'avait demandé d'organiser à cette fin une rencontre. C'était un homme de courage, mais aussi de persuasion, et fort habile. Quoique jugeant son dessein légitime, j'y résistai des semaines durant. Je trouvais que le système fonctionnait trop bien en l'état pour qu'il y eût à le coiffer d'une structure supplémentaire, et je voyais à cette initiative plus de risques que d'avantages.

Je fus l'objet de pressions croissantes de la part du Comac (Comité d'action), qui était l'organe de direction militaire de la Résistance, émanation directe du C.N.R. (Conseil national de la Résistance), et avec lequel je traitais. Il était composé de Pierre Villon, de Jean de Vogüé, de Kriegel-Valrimont et de Joinville. Le général Revers, chef de l'O.R.A., assistait à ses réunions comme observateur : les autres avaient refusé son admission, ce qui montre à quel point régnait la confiance.

Finalement, la situation devint si tendue qu'il fallut se résigner.

— Acceptons cette réunion, dis-je à Louis Armand, faute de quoi nous allons à des incidents graves. Les F.F.I. veulent créer un 4e Bureau regroupant les transports et les communications. Ils sont dans leur droit. Il s'ensuivra des prises de contacts sur tout le territoire avec la cascade des échelons intermédiaires. En ce qui nous concerne, bien entendu, nous continuerons à travailler comme par le passé.

Louis Armand acquiesça. Une rencontre fut montée rue Lyautey, à laquelle je recommandai que le nombre des participants fût le plus réduit possible ; à savoir Louis Armand accompagné de son adjoint, Pontcarral avec ses collaborateurs les plus directs, et moi.

J'avais décidé de mettre Richard au courant, mais de le laisser de côté. La pression de l'ennemi, de plus en plus forte, en avait fait un homme traqué — intuition qui trompait rarement. Il avait atteint ce degré de fragilité nerveuse où l'on devient un danger pour soi-même et les autres. En dépit de ses protestations, je lui avais enjoint d'aller se mettre au vert chez l'un de ses oncles, à quelque cent kilomètres de Paris, et de ne pas reparaître avant quinze jours. Il devait partir après un ultime rendez-vous au marché aux timbres, le dimanche précédant la réunion F.F.I.-Résistance-Fer.

Quand il vint à ce rendez-vous, ce fut pour me dissuader de participer à cette réunion ; pour m'annoncer aussi qu'ayant présenté les mêmes arguments à Louis Armand, il était parvenu à le convaincre de se faire représenter par son adjoint.

J'avais, concluait le message de Louis Armand, trop souvent mis les autres en garde contre les réunions de plus de trois personnes pour vouloir transgresser la consigne. Il espérait que, du côté des F.F.I., on saurait également se montrer raisonnable. J'essayai de mander à Pontcarral qu'il serait peut-être suffisant d'envoyer le chef de son 4e Bureau, à partir du moment où ni Armand ni moi ne serions présents. Je n'ai jamais su si le message lui était parvenu.

Au dernier moment, je faillis me rendre rue Lyautey, me disant que cette jonction, qui m'apparaissait inévitable, devait être réalisée avec le maximum de soins, et que mes directives de professionnel du secret ne seraient pas superflues. Déjà je décrochais mon chapeau de la patère, lorsque mon assistante, Marie-Antoinette — qui devait devenir ma seconde femme et la mère de mon fils Jean-Jacques — me lança avec véhémence :

— C'est absurde et tout à fait contraire aux règles. Armand ne sera pas là et vous avez fait dire à Pontcarral de ne pas y être non plus. A quoi rimerait votre présence ? Laissez donc les adjoints nouer les fils nécessaires, et souhaitons qu'ils n'attirent pas l'attention.

Je balançai un instant et finis par remettre mon chapeau en place. Il était onze heures moins le quart. Le rendez-vous était fixé à onze heures. Tous durent y être exacts. Ils étaient malheureusement une douzaine, dont Pontcarral. Un quart d'heure après arrivait la Gestapo qui les cueillit sans coup férir. Deux ans plus tard, un inconnu en pyjama rayé se jeta dans mes bras à l'hôtel Lutétia. C'était Pontcarral, réduit à sa plus simple expression et devenu méconnaissable. Quant à Richard, le typhus avait eu raison de lui à la veille de la libération de son camp de déportés. Les autres, souvenons-nous d'eux.

9

Le plus beau des jours

Une autre fois encore, la Providence me protégea. Les Allemands avaient appris par leurs services de Londres que l'homme dont ils avaient mis la tête à prix s'appelait Delmas et travaillait au ministère des Finances. Ayant épluché les états des personnels des Régies financières, du Trésor et de la Comptabilité publique, ils y relevèrent plusieurs Delmas et entreprirent d'en faire le tour. C'est ainsi qu'un matin, à l'heure du laitier, ils investirent un pâté d'immeubles du côté de la Bourse du Commerce et firent irruption chez la concierge en hurlant : « M. Delmas ! Où est M. Delmas ? » La concierge, encore dans la stupeur du sommeil et fort émue, balbutia que M. Delmas avait quitté son domicile depuis un certain temps et qu'on le disait parti pour Londres. « L'oiseau s'est envolé », conclurent les Allemands. Tous les Delmas de la Résistance et qui appartenaient aux Finances se trouvèrent pour un temps à l'abri des recherches.

En 1943, Jacques Bingen, ancien directeur de la Marine marchande de la France libre et volontaire pour des missions en France, arriva parmi nous comme représentant du général de Gaulle, en attendant de prendre la responsabilité politique de la zone Sud. C'était un homme d'environ trente-cinq ans, qui allait s'imposer dans ces fonctions pourtant difficiles. Je revois son visage assez pâle, aux lèvres pincées et au regard assuré où brûlait un feu sombre. Il devait, par la suite, cerné à Clermont-Ferrand, avaler sa pilule de cyanure pour ne pas risquer de parler sous la torture.

Avec Jacques Bingen, nous fûmes amenés à étudier le problème, devenu dramatique, du financement de la Résistance. Londres comme Alger étaient à court de billets de banque français ; réseaux et mouvements se trouvaient démunis de ressources. « Il s'agit, écrivit Bingen dans son rapport mensuel à de Gaulle, d'empêcher de mourir de faim ou de fusillade des hommes jeunes envers qui nous nous sommes engagés en votre nom. »

Nous constituâmes un comité financier, le C.O.F.I., qui siégeait à la Banque de Paris, rue d'Antin, dans la salle du conseil ou dans le bureau directorial de Debray, que nous appelions « Bossuet » parce qu'il était frère de l'évêque de Meaux. Bénouville, mon camarade de lycée, sans cesse entre la France et la Suisse, François Bloch-Lainé, que j'avais entrevu au cours de la préparation de l'Inspection, Michel Debré, dont je faisais connaissance, étaient de la partie, avec quelques autres. J'ignorais qu'Emmanuel Monick, haut dirigeant de l'établissement, était des nôtres et qu'il serait nommé, peu avant la Libération, secrétaire général provisoire du ministère des Finances.

En accord avec le gouvernement d'Alger, il fut décidé l'émission de « bons de la Résistance », délivrés à ceux qui verseraient leur contribution. Nous les fîmes imprimer très soigneusement, dans le style bons du Trésor, et nous fixâmes une signature commune, que nous étions quatre à détenir, sous le nom, précisément, de Bossuet. J'eus personnellement peu à m'en servir, ayant été versé dans l'action militaire, mais les quelques bons que j'eus à parapher me donnèrent le sentiment amusé de pouvoir battre monnaie. Nous parvînmes de la sorte à réunir des sommes importantes. A la Libération, les « bons de la Résistance » furent honorés. Ce qui était la moindre des choses.

Qu'est-ce qui me faisait courir durant toute cette période ? Au risque de décevoir, je dirai que je n'ai été mêlé en aucune façon aux travaux qui se déroulaient dans l'ombre, au Comité d'études, pour préparer une nouvelle France. J'opinais au programme du C.N.R. quand il arrivait qu'on en parlât devant moi. Mais ce n'était pas là mon parcours. J'étais axé sur la libération du territoire par l'action militaire. Je savais d'instinct que le régime d'avant guerre était pour quelque chose dans le gâchis qui nous avait conduits là où nous étions, et je condamnais sans nuances les hommes et le système. Mais je n'avais pas abordé aux rivages politiques. Il y avait plus urgent à mes yeux. J'ai toujours eu le sentiment violent de la liberté ; je voulais d'abord rendre à mon pays l'usage de la sienne. Encore une fois se trouve démentie la légende qui a voulu faire de moi un animal politique, nourri dans le sérail.

Etant par nature de plain-pied avec chacun, je rencontrai grâce à la Résistance des êtres venant d'horizons bien différents des miens. Le sentiment d'avoir à mener une action commune et d'être les instruments d'une même cause abattait de part et d'autre les barrières. J'accédai à la fraternité des combats avec des hommes comme Villon, Rol-Tanguy et, surtout, Degliame-Fouché. Il avait été membre des Jeunesses communistes, puis chef de l'Action ouvrière et animateur de la lutte contre le

Service du travail obligatoire, et du sabotage industriel. Visage d'intense générosité où la détermination, le rêve et la capacité de tout donner se marquaient en traits rudes. Un personnage hors du commun, aussi, par son talent d'organisateur et son don de l'efficacité. Il y a quelques mois, passant par Bordeaux, il est venu me voir à la mairie. Je l'ai retrouvé tel qu'en lui-même la vie ne l'a guère changé ; nous sommes tombés dans les bras l'un de l'autre. Je lui ai rappelé certain jour où, au mépris de toute consigne de sécurité, nous étions descendus ensemble de Montmartre au Boul'Mich', lui marchant du côté des maisons, moi le long du trottoir, parlant des choses de la vie et faisant quelques détours pour prolonger cette conversation essentielle. Quand enfin nous dûmes nous séparer, nous comprîmes, en nous serrant la main, que nous serions frères pour toujours. A Bordeaux, nous l'avons constaté.

En octobre 1943, j'entrai en fonctions auprès du délégué militaire de la région P-Paris, André Boulloche, après avoir travaillé quelques semaines avec son frère Louis, mon ancien de l'inspection des Finances, qui ne devait pas revenir de déportation. Pendant toute cette période, les coups durs se succédèrent. Le colonel Marchal, « Masséna », envoyé pour diriger la zone Nord de la France et chargé d'une mission de coordination nationale, fût arrêté huit jours après son arrivée, dans un appartement de la rue de la Michodière, et avala sa pilule de cyanure. Louis Mangin, qui prit alors la tête de la zone Nord, fut rappelé à Alger au début de 1944. Il était complètement brûlé ; qu'il n'eût pas été pris relevait du miracle.

Devant le vide ainsi créé, je ramassai les rênes et fis fonctionner la délégation Nord. Elle opérait essentiellement sur l'ancienne zone occupée et, pour joindre les délégués militaires régionaux, trouvait son compte à passer par le relais de Londres, la radio étant plus rapide et, à tout prendre, moins périlleuse que les courriers. Dans l'intérêt même du service, cette situation de fait devait durer le moins longtemps possible. A Alger, Bourgès-Maunoury, André Dewavrin — le colonel Passy, chef du B.C.R.A. — et Jacques Soustelle, recommandèrent ma nomination. On hésita beaucoup à la prononcer. Je n'étais pas militaire de carrière et mon dernier grade dans l'armée avait été sous-lieutenant. Le général de Gaulle demandait l'envoi d'un authentique colonel qu'il fût possible de promouvoir général ; il s'agissait de soutenir le dialogue, à égalité, tant avec les représentants de l'Organisation de résistance de l'armée qu'avec les chefs militaires des mouvements de la Résistance, qui avaient été pour la plupart propulsés vers les grades les plus élevés.

On parla du poste à Leclerc, qui l'écarta, ayant mieux à faire avec la 2e D.B. ; à Koenig, qui l'écarta aussi, devant gagner Londres pour assurer la liaison avec le haut commandement interallié et prendre dès le débarquement le commandement supérieur des F.F.I. ; à Billotte, qui accepta. Mais ce furent les Alliés qui, cette fois, s'y opposèrent : Billotte avait participé à l'élaboration des plans du débarquement ; quelque confiance qu'on pût faire à sa capacité de silence et à son courage, il n'était pas question de parachuter un homme porteur de secrets de cette taille. Je restai donc seul disponible, et en place.

Dans les premiers jours de mai, nous dînions chez Lasserre avec Lorrain Cruse, devenu mon adjoint sous le pseudonyme « Le Lorrain » et Jocelyne. Nous nous sentions en sécurité : le restaurant regorgeait d'Allemands et le patron veillait à notre sauvegarde. A ma surprise, Jocelyne commanda du champagne. Elle récita ensuite le message-radio qu'elle avait reçu et décodé : « Alger, 1er mai 1944. Par décision du Gouvernement provisoire de la République, Arc (c'était mon nom de code) est nommé général de brigade et chevalier de la Légion d'honneur. Il est chargé de l'interim du délégué militaire national. » Minutes rares.

Cette nouvelle ne changea rien au cours de mes occupations. Elle ne faisait qu'officialiser en l'élargissant une fonction que j'occupais depuis des mois. Je participai comme devant aux négociations de tous ordres qui avaient trait soit à la formation de l'état-major national F.F.I., soit aux actions que les mouvements militaires de résistance et les forces alliées devaient respectivement mener à partir du débarquement. En contrepoint revenait le thème du rôle comparé de la Résistance extérieure et de la Résistance intérieure. Discussion passionnante et passionnée ; jamais close. Finalement, tout s'harmonisa. Le débarquement du 6 juin, dans le Cotentin, fut précédé de près de deux mille coupures de voies ferrées, exécutées en une nuit en application du plan Vert. De même, le plan Violet, relatif aux transmissions, et le plan Tortue, qui concernait les blindés ennemis, se déclenchèrent. Nos équipes passèrent à l'action aux heures et dans les conditions prévues. Elles reçurent partout de la Résistance un appui entier.

Quelques jours après le débarquement, on m'annonça enfin un délégué militaire national en titre. Je le rencontrai dans un café, porte de Saint-Cloud, par un splendide matin de juin. C'était un homme froid, glabre, d'allure très militaire dans son complet-veston, d'une parfaite courtoisie et très attentif aux propos de son interlocuteur. Après lui avoir transmis les consignes, j'appris de lui que j'aurais à gagner Lyon pour y devenir l'adjoint de Maurice Bourgès-Maunoury. Auparavant, il était indispensable que mon successeur prît contact avec les éléments, en nombre aussi réduit que possible, qui allaient être amenés à travailler directement avec lui. Je lui passai les contacts et nous convînmes de nous retrouver quarante-huit heures plus tard pour faire le point, sur la même place, mais à une heure différente, et dans un autre café.

En arrivant à notre deuxième rendez-vous, il me tendit un message qu'il me priait de transmettre à Alger. Le texte disait en substance : « Grâce aux contacts fournis par Arc, j'ai fait le tour de la situation, qui est à la fois difficile et en ordre. Il s'agit d'une entreprise des plus complexes, qui demande une parfaite connaissance des hommes et des lieux. Arc détient cette connaissance. Dans un souci d'efficacité, je propose qu'il soit désigné comme délégué militaire national en titre et que je devienne son adjoint, ce qui me permettra de m'informer pleinement et de le suppléer en cas de malheur. » Attitude d'autant plus digne d'estime qu'il s'agissait d'un « vrai » colonel, à qui sa nomination eût valu des étoiles. Ce personnage si désintéressé n'était autre que Paul Ely. Il devait être, par la suite, un chef d'état-major général de la Défense nationale hors de pair.

Aspiré vers le haut de la hiérarchie par une succession de circonstances, j'étais devenu un des responsables nationaux de la Résistance militaire.

A mesure que les armées alliées approchaient, le danger s'amplifiait. Au cours du mois de juillet, je fus conduit à concentrer de plus en plus mon action sur la région parisienne et la capitale elle-même. Le problème était de mettre la Résistance intérieure en état de participer à la libération de Paris, mais avec le minimum de destruction, et en évitant l'hécatombe. Ce qui n'était pas simple. La Résistance était ardente, impatiente et, dans beaucoup de ses éléments, aventureuse. Qui ne l'eût compris ? Mais ce bouillonnement ne laissait pas de nous inquiéter, Alexandre Parodi et moi.

Alexandre Parodi avait remplacé Emile Bollaert, arrêté, comme délégué général c'est-à-dire représentant du gouvernement d'Alger en France occupée, avec rang de ministre. En accord avec lui, je fis un aller-retour rapide à Londres pour exposer la situation et mettre en évidence les périls mortels pour Paris et les Parisiens de la stratégie alliée qui visait alors à libérer la capitale vers la fin septembre. Je pus ainsi ramener des instructions à la fois récentes et claires. Parti fin juillet, je revins le 13 août, après de multiples et violentes péripéties auxquelles je dus à l'aller, de me lier avec un couple fabuleux, celui formé par Charles Henry et Jannick Rivière, qui m'embarquèrent dans un avion clandestin aux environs de Mâcon.

La libération de Paris a donné lieu à bien des ouvrages, peut-être en écrirai-je un à mon tour ; il m'est impossible de résumer une somme d'événements prodigieux et que couronna ce dénouement inespéré : Paris libre grâce à l'action conjuguée de la Résistance, de Leclerc et des Alliés, mais surtout Paris sauvegardé !

Enfin, arriva le jour le plus longuement attendu. Je passai la nuit du jeudi 23 août au vendredi 24 à voir sortir de l'ombre, et opérer en clair, un central téléphonique dirigé par le chansonnier Gilles, qui travaillait dans un rez-de-chaussée non loin de la Préfecture de police. Au début des opérations, je m'étais installé aux Invalides, encore partiellement occupés par les Allemands. J'étais revenu de Londres avec le titre provisoire de gouverneur militaire de Paris ; mais Alexandre Parodi avait décidé, avec mon accord, de confier cette fonction au général Dassault, frère de Marcel Dassault, alors déporté, conseiller militaire des F.T.P., c'était un homme d'intelligence et de finesse, dont l'intervention fut des plus utiles. J'avais transporté mon P.C. à la Préfecture de police où se trouvait le préfet Luizet, tout juste arrivé.

Vers cinq heures du matin, je quittai Gilles et les siens pour regagner la Préfecture. Le soleil se levait, la journée s'annonçait somptueuse. Je m'allongeai sur un lit de camp et m'endormis aussitôt. Un moment plus tard, on me toucha le bras. C'était Ely.

— Un officier de Leclerc vient vous chercher. Le Général veut obtenir le maximum de renseignements sur ce qui se passe dans la ville.

L'officier, à bord d'une jeep, avait réussi à se faufiler dans Paris tandis que la colonne était bloquée depuis des heures à la Croix-de-Berny. Un canon antichar allemand y était embusqué, à l'angle de l'avenue de Paris et de ce qui est devenu un boulevard circulaire, là où se trouve ce stade du Métro où j'avais disputé tant de matches de rugby. Nous arrivâmes au moment même où ce verrou venait de sauter et où la colonne se remettait en marche. Sans l'avoir jamais vu, je reconnus Leclerc à son air de commandement et à son regard, à la fois doux et pénétrant — un regard inoubliable. Et lui me reconnut aussi, non seulement parce qu'il m'attendait, mais parce que ma tenue ne me permettait pas de passer inaperçu au milieu de ses troupes : chaussures de montagne, culotte de cheval appartenant à je ne sais quel membre de ma famille, leggings et vareuse de sous-lieutenant dont j'avais remplacé le galon par deux étoiles à chaque manche. Couronnant le tout, un calot kaki des plus pointus.

Le temps de nous serrer la main et, pour moi, de fournir des indications d'ensemble et de répondre à quelques questions, je fus invité à prendre place dans une voiture qui suivait celle de Leclerc. Elle tomba en panne. En cinq enjambées, je gagnai le command-car de Leclerc. « Oui, montez », me dit-il. Et me voici, rentrant dans Paris, par le plus beau des jours, au côté du guerrier légendaire qui venait délivrer la capitale. Je regardais de tous mes yeux ; c'était une fête inimaginable.

Nous prîmes l'avenue d'Orléans jusqu'au Lion de Belfort. Spectacle prodigieux. Imaginez la grande houle de l'Atlantique amenant et retirant ses vagues. Tantôt nos voitures et les chars qui les suivaient étaient submergés d'hommes, de femmes, d'enfants brandissant des drapeaux, tendant le vin de l'amitié, jetant des fleurs, lançant des baisers, et qui criaient, pleuraient, riaient dans le désordre de l'enthousiasme. Tantôt plus rien, la rue vide et les habitants disparus comme par mortel enchantement. On tirait. Puis l'alerte passée, trois cents mètres plus loin, la vague nous submergeait de nouveau.

Nous avons bifurqué vers Montparnasse et défilé devant la gare, prenant la direction des Invalides. A Sèvres-Duroc, trente ou quarante mètres après le carrefour, apercevant devant nous la perspective toute droite qui mène au Palais, nous nous sommes trouvés dans la ligne de tir d'un char « Tigre » qui nous a canonnés et ratés de justesse. Demi-tour.

Leclerc décida de fixer son P.C. sur les quais de la gare Montparnasse.

C'était la vieille gare de mon enfance, celle où, si souvent, je m'étais embarqué pour Oléron. Je la retrouvais vide, sans un train, les quais déserts. Nous nous sommes installés sur la plate-forme face aux voies, adossés à une ligne de bureaux, de guichets, d'éventaires de journaux et de tabac qui nous séparaient de la salle des pas perdus. Equipés de deux ou trois tables de bois blanc, de chaises amenées d'un bistrot voisin et de quelques cartes, nous nous sommes mis à l'ouvrage. Leclerc recevait des messages. J'en analysais d'autres à partir desquels je m'efforçais de lui fournir le maximum d'informations sur la situation dans les quartiers, l'état de l'insurrection, les mouvements des Allemands, leurs intentions apparentes. Bref, chacun faisait son travail. Et moi, j'achevais la mission commencée trois ans et demi plus tôt.

Soudain, vers quatre heures de l'après-midi, survint en courant un soldat qui cria : « Le général de Gaulle ! » Nous nous levâmes. Le Général arrivait à grandes enjambées, suivi de deux officiers supérieurs que j'appris ensuite être le général Juin et le colonel de Chevigné. Il serra la main de Leclerc :

— Alors, où en êtes-vous ?

Leclerc s'apprêtait à répondre.

— Mon Général..., commença-t-il.

Mais sa courtoisie le fit s'interrompre. Le général de Gaulle ne m'avait pas accordé la moindre attention. J'étais figé au garde-à-vous, comme enraciné au sol, et le regardant intensément.

Enfin, je le voyais. Plus grand encore que je me l'étais imaginé. Mince, bien campé sur ses jambes, avec un air de grande concentration, un regard brillant et sombre. J'étais subjugué par ce visage que marquait la certitude de son destin. C'était la France !

— Mon Général, reprit Leclerc, vous connaissez le général Chaban ?

L'œil s'abaissa de haut sur ce jeune homme qui, à vingt-neuf ans, n'en paraissait guère plus de vingt, et qui, toujours au garde-àvous, s'efforçait à l'impassibilité. Il y eut un silence, qui dura bien deux secondes et me sembla une éternité. Mon regard soutenait celui du Général. Je pus suivre, avec la clairvoyance que donne l'extrême émotion, l'enchaînement des sentiments. D'abord l'incrédulité, puis la surprise, ensuite la colère à la pensée qu'on l'avait amené à confier de si hautes responsabilités à un si jeune homme. Déjà je voyais la tempête fondre sur moi. Mais, au moment où je souhaitais pouvoir rentrer sous terre, surgit dans cet œil d'aigle comme un attendrissement. La statue s'anima. J'eus droit à une poignée de main forte — deux fois forte — tandis que la voix prononçait ces trois mots auprès desquels pâliraient honneurs et distinctions :

— C'est bien, Chaban.

Tout était dit.

10

Charles de Gaulle

C'était la première fois que le général de Gaulle m'appelait « Chaban ». Ce ne fut pas la dernière. J'eus à le rencontrer souvent dans les années 60, comme président de l'Assemblée nationale. Chaque fois se produisait la même rupture. L'aide de camp m'introduisait cérémonieusement, et de Gaulle m'accueillait par un solennel « Bonjour, monsieur le Président. » Mais, sitôt la porte refermée, sur ce même ton d'affection rude que j'avais pressentie à la gare Montparnasse, il reprenait : « Alors, Chaban ? » Cela fait partie des trésors d'une vie.

J'ai révéré le général de Gaulle comme un symbole national et je l'ai aimé comme un père. D'ailleurs, c'était le fait de nombreux Français, pour le meilleur et le pire. Mai 68 fut aussi une révolte contre le père. Et, en perdant Charles de Gaulle, nous savons bien tous — même ceux qui font profession du contraire — que nous avons perdu la plus importante de nos constellations intérieures, cette effigie paternelle que rien ne remplace. Mais je me suis senti plus orphelin que beaucoup, parce que j'avais eu la chance de le connaître, je crois, personnellement.

Nos relations furent dès l'abord empreintes de

bienveillance de sa part. Les circonstances de notre première rencontre dans l'ivresse de la libération de Paris y furent pour quelque chose. Egalement l'histoire de la Ligerie, que j'ai racontée, et qu'il connut quelques semaines plus tard. Aussi la démission que je donnai en 1946 après son départ des affaires, en faisant jouer, à l'égard du gouvernement Félix Gouin, la clause de conscience. Ma fougue et ma propension à m'engager à fond pour une cause qui ne se différenciait pas de la sienne. Le fait que j'étais un des plus jeunes de ceux avec qui, ayant conduit la guerre et la paix, il avait aussi à refaire la France et la République. Enfin la liberté dont j'usais avec lui.

J'avais décidé une fois pour toutes que je devais m'adresser à lui sans crainte de lui déplaire, quelles qu'en dussent être les conséquences. La solitude des chefs d'Etat est extrême. On leur parle difficilement à cœur ouvert. Le respect, la crainte, le figement qui s'ensuit empêchent de tout leur dire. Charles de Gaulle, porté par son destin à mépriser la servilité ou — ce qui était pire — à la considérer comme normale, n'appréciait rien tant que la franchise de mes propos. Même si, à diverses reprises, elle devait contrarier ses volontés.

Rien d'essentiel ne nous sépara sur le fond. Mais les problèmes de tactique me trouvaient parfois d'un avis différent du sien. Je le lui disais. Mon discours se terminait par ces mots : « Voilà ce que je pense. Mais c'est vous qui êtes le général de Gaulle et qui décidez. » A plusieurs reprises, dont deux importantes, je n'hésitai pas à aller plus loin et à agir comme il me semblait utile.

La première fois, ce fut en 1951, au sujet des apparentements, système électoral de circonstance qui devait permettre à la S.F.I.O., au M.R.P. et au parti radical, les protagonistes de la troisième force, séparés, voire opposés sur bien des points, d'additionner leurs suffrages et de rafler tous les sièges dès l'instant que l'addition atteignait la majorité absolue. Ainsi, le R.P.F., même arrivé en tête dans de nombreux cas, se verrait privé de toute représentation.

Non sans quelque hauteur, le Général avait prescrit au R.F.P. de refuser d'employer ce système considéré comme une sorte de bonneteau. Avec Edmond Michelet, René Capitant, Paul Giacobbi et quelques autres, j'avais tenté d'empêcher cette décision que nous jugions politiquement nuisible. En vain. J'en étais d'autant plus marri qu'en Gironde, alors divisée en deux circonscriptions, j'avais obtenu des accords prometteurs. Dans la partie nord, pour quatre sièges, un apparentement entre le R.P.F. et deux autres listes, l'une radicale-socialiste et l'autre modérée, dont les responsables s'étaient déclarés disposés à appuyer le retour du Général au pouvoir. Dans la partie sud, pour six sièges, une liste d'union, comportant quatre membres du R.P.F. et deux sympathisants. Soit, au total, des espérances variant de six à huit sièges sur dix.

La veille du dépôt des listes, je demandai audience au Général, et me fis accompagner du délégué régional du R.P.F., Albert Chavanac, compagnon de la Libération, futur président du Conseil municipal de Paris. Ce dernier avait été informé de tous mes actes et, les ayant décrits aux instances supérieures du R.P.F., s'était vu chargé de me dire que mes listes, en dépit de leur intérêt, n'auraient pas l'investiture du mouvement. Il fallait présenter des listes R.P.F. homogènes ; ce qui aurait réduit de moitié nos probabilités. Cela se passait pendant le Mai musical de Bordeaux. Ayant ensemble assisté au concert au Grand-Théâtre, nous prîmes le train à une heure et demie du matin pour Paris et fûmes à temps rue de Solférino.

Là, je demandai à Chavanac qu'il entrât seul chez le général de Gaulle, devant Bonneval ébahi du procédé par lequel celui qui avait sollicité l'audience n'en usait pas et déléguait un autre à sa place. Chavanac avait accepté la corvée redoutable de tenir au Général à peu près ce langage : « Chaban est trop loyal pour s'opposer à vous, mais beaucoup trop certain de bien servir la cause pour mettre en œuvre un dispositif autre que le sien. Si le mouvement maintient sa position, lui ne se présentera pas aux élections. Il se passera d'être parlementaire pour un temps. » Devait suivre ce trait final, à la limite de l'impertinence : « Il va y avoir de grands tournois de tennis et, pendant la campagne, Chaban ira les disputer de façon à ne gêner personne. » La séance fut brève. Chavanac ressortit du bureau rouge comme un coq, sans même me regarder.

Déjà prêt aux voyages, j'entrai à mon tour chez le Général. Debout devant la fenêtre la plus proche de la porte, il me serra la main avec froideur :

— Alors, Chaban, vous tenez à vous faire rouler par tous ces politiciens ? Eh bien, je veux que vous vous fassiez administrer une bonne leçon. J'ordonne que l'investiture soit accordée à vos fameuses listes. Allez !

— Mon Général, répondis-je, je vais reprendre le train de Bordeaux et je ferai de mon mieux.

Le mieux fut acquis : huit sièges sur dix. Nous ne revînmes plus sur ce sujet. Je n'y tenais d'ailleurs pas. De toute manière, il est vain de vouloir refaire l'histoire. Que serait-il arrivé si le R.P.F., au lieu d'obtenir 120 sièges et d'être isolé au sein de l'Assemblée nationale, en avait enlevé le double, de concert avec des alliés d'une solidité à éprouver. Chez eux, qu'est-ce qui l'aurait emporté d'une méfiance viscérale vis-à-vis du gaullisme assez largement répandue dans leurs rangs ou de l'attrait du pouvoir ? Le Général serait-il revenu aux affaires sept ans plus tôt comme cela paraissait probable ? Que serait-il advenu de l'Indochine, de l'Algérie, de notre société, de la France ? A chacun sa vérité.

La deuxième divergence fut tout aussi sérieuse. C'était en décembre 1958. Il s'agissait de la présidence de l'Assemblée nationale. Pour ce poste clé, Antoine Pinay avait vanté au Général les mérites de Paul Reynaud, et cela bien qu'il ne l'appréciât pas beaucoup. La politique a de ces détours. Le Général se montrait toujours d'une grande fidélité à l'égard de ceux qui l'avaient aidé — ce qui avait été le cas de Paul Reynaud avant la guerre. Il donna son accord à une solution qui portait à la présidence de l'Assemblée nationale un grand parlementaire. Simultanément, les délais étant brefs, nous avions, à quelques-uns, examiné ce qu'il convenait de faire. Trois raisons nous décidèrent à tenter d'obtenir cette présidence. Il s'agissait d'un des principaux leviers de commande de l'Etat ; il fallait un homme sûr. Par réaction contre la IVe République, le Parlement risquait d'être maltraité ; il fallait un parlementaire résolu à le défendre. Enfin, le groupe gaulliste était le plus nombreux dans la nouvelle Assemblée ; il ne pouvait pas se désintéresser de la présidence. Un rapide tour de table montra que j'avais le profil souhaité. Il fut donc décidé que ma candidature serait proposée au groupe d'abord, à l'Assemblée ensuite.

Lorsqu'il eut appris cette intention, le Général ne me fit pas appeler pour m'en dissuader. Il se contenta de m'envoyer des émissaires dignes de foi pour m'indiquer que je n'avais pas à m'orienter dans cette voie, et que je devais entrer dans le gouvernement que Michel Debré allait former. Même quand je lui eus fait dire, en retour, que pareilles ambassades ne me paraissaient pas adéquates à leur objet, parce que celui-ci, du fait de son importance, exigeait une conversation directe — il ne m'appela pas. Il avait de ces réserves subites dont je n'ai jamais su si elles étaient dictées par le refus de condescendre ou le désir fataliste, une fois sa volonté exprimée, de laisser s'accomplir les êtres et les choses.

Ainsi, la veille de la réunion de l'Assemblée, je reçus son message successivement par Jacques Soustelle et Michel Debré, juste avant la séance constitutive du groupe U.N.R. à l'hôtel d'Orsay. A l'issue de cette séance, nous nous retrouvâmes afin d'en débattre. Ce fut pour constater d'un commun accord que la candidature de Paul Reynaud présentait pour l'avenir des risques sérieux, en raison de certaines de ses positions de fond qui divergeaient de celles du Général, donc des nôtres. Un conflit éclaterait tôt ou tard, et la présence à l'hôtel de Lassay d'un homme aussi convaincu et talentueux porterait en elle les germes d'une querelle dont nos jeunes institutions n'avaient pas besoin. Il fallait donc attirer l'attention du Général sur ce point et le détourner d'une telle erreur. Il fut décidé de lui faire dire que je demeurais candidat tout en me tenant prêt à répondre à sa convocation. Quittant l'hôtel d'Orsay, je repassai par Matignon avec Olivier Guichard, qui occupait le bureau voisin de celui du Général. Il restait quelques détails à régler. Quand ce fut fait, l'après-midi s'avançait et j'allai, à son bureau de président de la commission des Finances, rendre visite à Paul Reynaud — avec qui j'entretenais d'excellentes relations.

— Monsieur le Président, j'ai l'intention d'être candidat demain à la présidence de l'Assemblée. Je suis venu vous en avertir.

— Comment ! s'exclama plaisamment Paul Reynaud, vous n'êtes pas au courant de ma propre candidature et de ce qu'elle a l'approbation du Général ? Si vous l'ignorez, vous allez l'apprendre ! Je connais trop vos sentiments à mon égard, ainsi que votre loyalisme envers le général de Gaulle, pour ne pas être certain que, demain, vous compterez parmi mes plus chauds supporters.

— Je ne pourrai, lui dis-je, admettre quoi que ce soit sur ce sujet que si le général de Gaulle me le dit.

— Il vous le dira.

— Jusque-là, je suis candidat. Et si je suis candidat, je serai élu du seul fait de la composition de l'Assemblée. Or, je trouverais tout à fait fâcheux qu'un homme de votre surface soit, disons le mot, battu par un homme de la mienne.

— Pas du tout, cher ami, pas du tout, protesta Paul Reynaud.

Il me raccompagna aimablement jusqu'à la porte de son bureau.

Aucun signe ne me vint de Matignon.

Le lendemain, quand s'ouvrit la séance de l'Assemblée nationale, le général de Gaulle était au banc du gouvernement. J'étais à ma place alphabétique, vers le haut des travées. Venu entendre le traditionnel discours du doyen d'âge, Hippolyte Ducos, le Général partit ensuite. On annonça les candidatures. On vota. Je fus élu au second tour, après que Paul Reynaud se fut retiré de bonne grâce à l'issue du premier. Résultat arithmétiquement acquis d'avance.

Dans l'après-midi, je reçus du Général une lettre de félicitations qui commençait par « Monsieur le Président » et s'achevait sur des « sentiments cordialement dévoués ». C'était, quoique manuscrite, une lettre officielle sans l'être tout à fait. Une lettre de bon ton, non pas chaleureuse, mais courtoise. Une lettre parfaite. Je n'en fus pas surpris.

Nous ne parlâmes plus de cette affaire, mais le Général me battit froid quelque temps. Il en alla ainsi les quelques fois où mon action embraya sur une divergence d'appréciation. Le Général se repliait dans des zones quelque peu glaciaires. Le réchauffement ne se faisait guère attendre et nos relations retrouvaient leur climat habituel.

Quelques années plus tard, Paul Reynaud fit une déclaration d'un atlantisme musclé, qui eut le don d'exaspérer le Général. A la fin d'un entretien non rendu public, à l'Elysée, dans l'après-dîner, il me dit tout à trac :

— Vous avez bien fait de ne pas m'écouter.

Rien n'est plus inquiétant que d'entendre tomber ce genre de propos de la bouche du chef de l'Etat. Que répondre ? Qu'il avait eu tort de se tromper ou qu'il avait raison de le reconnaître ? Je biaisai :

— En quoi donc, mon Général ?

— Vous savez fort bien de quoi je veux parler : oui, de la présidence de l'Assemblée. Ce Paul Reynaud, décidément... Mais je ne voyais pas votre action se développer de cette façon. La présidence de l'Assemblée, cela ne me paraissait pas de votre âge. Je vous voyais dans l'Exécutif. D'ailleurs, je vous l'avais fait dire. Bah ! Je vous répète que vous avez eu raison. Mais quand même, vous seriez entré dans le ministère avec Debré. Vous seriez allé place Beauvau ; c'est ce que j'avais prévu pour vous : l'Intérieur... Et puis après, comme vous êtes inspecteur des Finances... Vous comprenez bien que Pinay, cela ne pouvait pas durer indéfiniment... ç'aurait été plus simple... Enfin, c'est comme ça.

Le sujet était épuisé.

Une autre fois, la dernière, il fut encore question de mon emploi. C'était après l'annonce des élections législatives, fin mai 1968. Le Général me manda pour me dire de me préparer, s'il le fallait, à devenir Premier ministre. Après m'avoir accueilli par l'habituel : « Alors, Chaban ? », il me lança en s'asseyant :

— Est-ce que ça vous amuse toujours, le perchoir ? Vous devez commencer à vous y ennuyer. Ça fait quand même bientôt dix ans !

Nous causâmes. Je m'efforçais de lui démontrer que, si les élections étaient gagnées — elles devaient l'être — il conviendrait qu'il conservât au moins une année Georges Pompidou à Matignon, ceci tant en raison de l'énorme travail accompli par lui que vis-à-vis de l'opinion qui comprendrait mal son éviction. Le moment venu, je pus constater que la démonstration n'emportait pas forcément l'acquiescement. Je le savais déjà.

En lisant les quelques lignes que le général de Gaulle m'a consacrées çà et là dans ses *Mémoires,* j'ai eu la joie de trouver confirmation de ce qu'il ne s'était pas mépris sur mon compte. En réalité, citoyen de cœur et de méthode, toujours articulant mes actes comme mes pensées autour de quelque mission, j'ai voulu mettre mon ardeur au service d'une cause dont les contours ont pu évoluer au fil des décennies, mais dont la nature est immuable : le service de la France, puis l'expérience bordelaise aidant, celui des Français. Le Général l'avait compris.

Pour ma part, je l'ai toujours trouvé fort différent de sa légende ; ni méprisant ni dédaigneux, mais, au contraire, extraordinairement attentif aux propos de son interlocuteur. Pourtant, à considérer du haut de l'Etat tant de tempêtes dérisoires et d'ambitions mesquines, il avait pu se convaincre de la vanité des hommes et des choses. Même après 1968, où il se referma un peu sur lui-même, il maintint sur moi ce regard brun, vigilant, aigu, et en même temps encourageant, comme si toujours quelque chose d'incontestable allait sortir de la conversation. Quant à ce qui apparaissait à beaucoup d'autres une réserve un peu hautaine ou de la froideur, je le mets sur le compte d'une forme de timidité.

Il avait aussi un sens aiguisé de l'humour et savait se montrer fort drôle. Combien de fois ne l'ai-je pas entendu caricaturer des situations et des gens d'un trait fulgurant ? Ses reparties, dont quelques-unes ont été saisies au vol par l'histoire, étaient irrésistibles. Jamais il ne s'esclaffait. Il riait peu. Il souriait plutôt, et il souriait bien, pas à la façon de ceux dont le regard dément la bouche. Ses lèvres, ses yeux participaient au sourire, avec souvent un air entendu. Et moi, qu'il eût ou non le sourire, et même dans les pires moments, j'étais heureux auprès de lui.

11

Au carrefour

Une autre de mes chances a été, après la Libération, d'avoir le temps de faire mes classes et de ne pas être aspiré dans le sillage du général de Gaulle avant d'avoir moi-même établi mes choix. Je fus tenu à l'écart de la rue Saint-Dominique. L'entourage ne recherchait pas ma présence. Non que je fusse l'objet du moindre ostracisme. Simplement, il n'y avait aucun motif de service pour qu'il en allât autrement.

Je me trouvais en porte à faux au sortir du combat clandestin. J'étais un général poussé trop vite, avec ces étoiles toutes neuves : des étoiles en zinc, comme je les appelais. Pourtant, je devais tenir ce rang. Après avoir tant bien que mal organisé les relations du gouvernement français, du commandement allié et de la Résistance, il fallait résoudre le difficile problème de l'amalgame. Problème vieux comme le monde, qui se pose chaque fois que deux troupes venues d'horizons différents ont à se fondre.

En 1793, volant au secours de la patrie en danger, les Bleus et les Blancs — c'est-à-dire les volontaires de la République et les soldats de l'ancienne armée royale — avaient dû apprendre, durement, à se reconnaître comme frères d'armes. Cette fois, il s'agissait d'intégrer dans l'armée française de la Libération ceux des éléments militaires de la Résistance qui voulaient poursuivre la lutte.

La 2e D.B. de Leclerc, en passant par Paris, et aussi la Ire armée de de Lattre, à mesure qu'elle remontait vers le Nord et l'Est, accueillirent des volontaires qui s'engageaient dans leurs rangs comme on s'invite à une fête. Mais ce phénomène naturel ne fournissait qu'une solution partielle. Une division fut créée, la 10e d'infanterie, avec un encadrement d'active. Le commandement en fut confié à Pierre Billotte, devenu général ; il fit merveille.

Je me retrouvai auprès d'André Diethelm, ministre de la Guerre. Ayant vu arriver avec un authentique colonel, Ely, le général de fortune que j'étais, il m'avait attaché à son cabinet. Cela dénotait le souci d'utiliser mon expérience de la partie militaire de la Résistance, mais traduisait aussi une sympathie qui se transforma en amitié bienveillante. André Diethelm était inspecteur général des Finances. Il ne se livrait guère, si ce n'est avec ses collaborateurs les plus proches. Il portait au général de Gaulle un dévouement absolu, faisant passer au dernier plan le souci de sa propre personne.

Je participai chaque matin au rapport du chef d'état-major, le général Leyer, un cavalier. Se trouvaient là une quinzaine d'officiers généraux ou supérieurs imbus de leurs grades et prérogatives. Ils ne comptaient guère de gaullistes dans leurs rangs. L'un des rares, la figure la plus rieuse et — cela va de pair — la plus sérieuse de l'assemblée, Benedetti, jeune lieutenant-colonel et tout juste arrivé du combat, se trouvait diriger le service de Santé. Aucun des officiers généraux de ce service ne s'était conduit en temps utile comme il l'eût fallu. Benedetti porta jusqu'à sa retraite le handicap d'avoir été, quoiqu'il en usât avec beaucoup de discrétion, ce reproche vivant ; ce qui ne l'empêcha pas d'accéder aux plus hauts emplois.

Quinze jours me suffirent. J'avais trop participé à l'action pour être confiné dans des tâches de cabinet au moment où la lutte se développait au grand jour. Ayant une juste idée de la relativité de mon grade, mais voulant en assumer les responsabilités, je proposai la mise sur pied d'une brigade de parachutistes dont j'aurais pris le commandement. Je me sentais tout à fait capable de devenir en quelques semaines un bon parachutiste et d'assimiler des notions qui, quoique avec des moyens beaucoup plus développés et plus modernes, correspondaient à ce que j'avais appris à faire d'une compagnie d'infanterie sur le terrain.

André Diethelm admit la suggestion, mais balança à m'en confier l'exécution. Les délais que cela impliquait l'en dissuadèrent. Il souhaitait trouver une utilisation immédiate et directe de mes connaissances pour accélérer l'amalgame.

Je soumis alors un autre projet, qui consistait à créer une mission de liaison et d'inspection mobile de l'armée. Il ne s'agissait pas de ressusciter l'Inspection générale : j'avais conscience que celle-ci ne pourrait reparaître qu'une fois la guerre finie. L'organisme auquel je songeais serait moins auguste et plus souple : une douzaine d'officiers des trois armes, lieutenants-colonels et colonels, en provenance tantôt de l'active, tantôt de la réserve et de la Résistance. Ils disposeraient des moyens d'investigation les plus étendus, accéderaient aux dossiers, inspecteraient les unités, à l'exception de celles qui étaient au combat. Rattachés directement au ministre, ils auraient pouvoir de se faire expliquer, comme à ce dernier, fût-ce par les officiers les plus haut gradés, tout ce qui se passait dans l'armée française en voie de réorganisation. Innovation hardie, dont l'annonce fut peu appréciée dans les régions militaires, mais qui, en raison de son audace même, plut à André Diethelm. Il la fit agréer par le général de Gaulle et en avisa l'état-major et son chef, qui se montrèrent coopérants.

La mission emménagea place des Etats-Unis, dans un hôtel réquisitionné dont les quatre étages n'avaient certes pas été construits pour abriter des militaires. J'avais pour bureau un grand salon boudoir encombré de meubles anciens de touche très féminine. Ce décor ne nous empêcha pas de bien travailler, si j'en juge par la satisfaction qu'en exprima André Diethelm. Cette mission comportait des hommes remarquables ; certains devaient, par la suite, occuper les plus hauts postes de l'armée de terre, de la marine ou de l'aviation. Ils furent assez adroits pour ne pas provoquer de phénomène de rejet de la part des éléments qu'ils inspectaient. Ils surent à la fois jouer des prérogatives qui faisaient de chacun d'eux un substitut du ministre et faire admettre ce privilège exorbitant. Les rapports établis à partir des leurs furent largement utilisés pour procéder dans notre appareil militaire à des restructurations aussi nécessaires que délicates. Quelques mois après mon départ, la mission devait être fondue dans l'Inspection générale renaissante et confiée au général de Lattre de Tassigny.

J'avais réussi à tromper mon impatience en trouvant les moyens de l'efficacité, mais assurément pas à satisfaire mon désir profond. Je ne me suis jamais entièrement consolé de n'avoir pu, durant cette période où se moissonnait la victoire, aller au combat sous l'uniforme.

Quand survint la capitulation allemande, en mai 1945, je décidai de rentrer dans la vie civile, en dépit des conseils flatteurs de quelques-uns, et non des moindres : « Vous resterez général de brigade un certain nombre d'années, mais vous finirez certainement à la tête de l'armée française. » Finir ne m'a jamais attiré. Je passai outre.

Quelque temps auparavant, j'avais appris que Jacques Soustelle allait entrer au gouvernement. Après la Libération, il avait dirigé quelques mois la D.G.E.R. — Direction générale des études et recherches — autrement dit les services spéciaux. Ce sont des fonctions qui marquent leur homme, du moins dans l'esprit des autres. Pour lui refaire une virginité, le général l'avait envoyé à Bordeaux comme commissaire de la République, en remplacement de Bourgès-Maunoury qui s'accommodait mal des servitudes administratives. Prêt à quitter à son tour Bordeaux, Jacques Soustelle se disposait à devenir ministre de l'Information.

Je possédais de la presse une certaine expérience professionnelle ; et j'ai toujours été attiré par les problèmes de l'information. Jacques Soustelle avait été mêlé, alors qu'il exerçait des responsabilités à Alger, à tout le remue-ménage qui avait abouti à ma désignation comme délégué militaire national. Je l'avais rencontré à la Libération et nous avions sympathisé. Je lui proposai de travailler avec lui. Quelques semaines plus tard, il s'installa avenue de Friedland, où il succédait à Pierre-Henri Teitgen et je devins secrétaire général du ministère, en remplacement de Joannès Dupraz, qui allait entrer dans la vie politique.

Pierre-Henri Teitgen, que j'avais rencontré dans

la Résistance, n'était pas un inconnu pour moi. Nous devions ensuite emprunter des voies divergentes. Mais nous n'en étions pas encore là. Je commençai à peine à distinguer un socialiste d'avec un communiste, ces deux-là d'un M.R.P., un M.R.P. d'un radical, les radicaux des indépendants et les indépendants de tous les autres. La carte politique de la France, telle que l'avait dessinée les élections à la première Assemblée constituante en octobre 1945, ressemblait à la tapisserie de Pénélope, sans cesse défaite et à refaire. Je ne parviendrais véritablement à en démêler l'écheveau qu'obligé par mes nouvelles fonctions.

Un peu auparavant, au début du printemps 1945, Pierre-Henri Teitgen avait voulu me nommer directeur de la Radiodiffusion française. Il cherchait à se débarrasser du titulaire en place, Jean Guignebert. Il avait fait signer par le général de Gaulle le décret qui portait ma nomination. Pierre-Henri Teitgen n'avait oublié qu'un détail : il n'avait ni consulté mon ministre ni avisé le principal intéressé.

— Tu es directeur général de la Radiodiffusion française, m'annonça-t-il tout à trac.

Les puissants aiment parfois faire de ces surprises. Je refusai assez vivement, trouvant le procédé inacceptable.

Presque simultanément, en ce même printemps 1945, j'avais eu à repousser une autre proposition. Les choses se passèrent beaucoup plus mal, sans doute parce que je n'entretenais pas de relations de camaraderie avec mon interlocuteur. Il s'agissait d'Adrien Tixier, ministre de l'Intérieur, arrivé d'Alger avec le général de Gaulle. C'était un personnage des plus respectables, mutilé de guerre, et qui, je crois, souffrait beaucoup ; ce qui le rendait assez irritable. Il devait mourir peu de temps après. Je n'aurais sans doute pas usé du même ton si je l'avais su.

Adrien Tixier me convoqua place Beauvau.

— Vous êtes, me dit-il, préfet du Bas-Rhin ; préfet à Strasbourg.

— Qu'est-ce que cela signifie ?

— Cela signifie que vous êtes préfet du Bas-Rhin.

— Vous en avez parlé à mon ministre, André Diethelm ?

— Non.

— C'est une décision de votre propre chef ?

— Oui.

— Je commande une mission qui relève directement du ministre de la Guerre. Je me dois à ma tâche. Quel que soit l'intérêt de cette préfecture, je la refuse.

La réaction d'Adrien Tixier fut violente. Mais plus il s'encolérait, plus je me glaçais. A la fin, il lui fallut se résigner. Il ne le fit pas de bon cœur. Me raccompagnant à la porte, il menaça :

— Vous vous croyez tout permis parce que vous appartenez au corps des Finances. Eh bien, je vous briserai !

Ma repartie fut sans doute trop vive :

— Monsieur le Ministre, je serai encore inspecteur des Finances qu'il y aura beau temps que vous ne serez plus au gouvernement.

Me voici donc secrétaire général à l'Information, aux prises avec les problèmes de l'époque. Le plus immédiat était celui du papier, matière des plus rares, qu'il s'agissait de répartir aussi équitablement que possible pour donner toutes ses chances à la liberté d'expression. Mais il fallait aussi définir le statut juridique de la presse issue de la Résistance, régler le sort de la presse de l'Occupation, trancher l'affaire de la radio. L'action était dense. Je la menai d'abord avec Jacques Soustelle, ensuite avec André Malraux quand celui-ci fut nommé ministre de l'Information, lors du remaniement ministériel du 21 novembre 1945.

Je connaissais André Malraux depuis qu'il avait quitté, la guerre finie, le commandement de cette légendaire brigade d'Alsace-Lorraine à la tête de laquelle il avait participé à la libération de nos marches de l'Est.

Nous avions, à l'époque, institué un déjeuner hebdomadaire d'amitié et d'idées avec Gaston Palewski, Corniglion-Molinier, pendant quelque temps le lieutenant Guy, puis Soustelle et Michelet. Par la suite, après le départ du général de Gaulle, ce déjeuner s'établit à la Maison de l'Amérique latine. Louis Terrenoire, Emilien Amaury, Jacques Foccart, Roger Frey, Michel Debré, Olivier Guichard, en devinrent aussi les commensaux habituels. Mais, pour l'heure, nous nous réunissions plus volontiers au domicile d'André Malraux, à Boulogne-sur-Seine. Entre nous était née une sympathie, puis une amitié, où se mêlait, de ma part, beaucoup d'admiration pour son génie. Son arrivée au ministère de l'avenue de Friedland ne posa donc pour moi aucun problème, d'autant plus qu'il avait comme directeur de cabinet Raymond Aron. Le trio fonctionna au mieux. C'était l'époque où Malraux avait imaginé d'utiliser la reproduction photographique des chefs-d'œuvre picturaux pour donner à tous les enfants des écoles le sentiment de la beauté. Dieu sait qu'ils en ont besoin !

Survint ce jeudi de janvier 1946 où le général de Gaulle nous convoqua, André Malraux et moi, à son bureau du premier étage de la rue Saint-Dominique. Nous arrivâmes, surpris de venir ensemble. Je ne voyais jamais le général de Gaulle. Malraux, lui, le rencontrait souvent. Il participait au gouvernement et il était avec le Général dans une dialectique particulière, où chacun étonnait l'autre.

Le Général nous fit part de sa décision : il quitterait le pouvoir le dimanche suivant, 20 janvier. Le Conseil des ministres serait convoqué à midi pour en être informé. A midi dix, tout serait terminé. Il ne fallait pas que les Français continuassent de croire que la France était gouvernée, qui plus est, par le général de Gaulle, alors que les conditions politiques rendaient impossible tout gouvernement digne de ce nom. Foin des faux-semblants. Le général de Gaulle allait prendre du champ. C'était pour lui la meilleure manière, et même la seule, de pouvoir un jour servir une nouvelle fois le pays ; mais sans doute après bien des traverses. « Les Français, avait dit le Général quelques jours plus tôt à Robert Lacoste, ont peut-être besoin de plusieurs années de vachardise. »

Consternés, nous entreprîmes de démontrer au Général que cette décision n'était peut-être pas la meilleure. Nous n'étions pas de taille. A seize heures, le temps de l'audience passé, le Général nous remercia avec sa courtoisie habituelle et nous raccompagna.

En descendant le grand escalier, je murmurai à André Malraux :

— Le général de Gaulle ne reviendra au pouvoir que sur une guerre ou quelque chose d'approchant, ne croyez-vous pas ? En tout cas, il n'est pas de crise financière qui puisse y suffire.

Je disais « crise financière », parce qu'à l'époque cette perspective menaçait. Malraux ne répondit pas tout de suite. Nous prîmes le premier, puis le second tournant qui nous amenait au rez-de-chaussée.

— Je pense comme vous, dit Malraux.

Nous montâmes en voiture sans dire un mot, jusqu'au ministère. Là, Malraux me dit :

— Prenez les dispositions nécessaires pour que le Général puisse parler à la radio dimanche, à l'heure qu'il voudra.

C'était la raison pour laquelle nous avions été convoqués. Le Général désirait faire sur l'antenne une déclaration aux Français et nous en avait indiqué les grandes lignes. Quelque chose comme : « J'ai représenté la France, son honneur et son espérance. Je l'ai relancée au combat. A la Libération, j'ai rétabli la République que j'avais trouvée bien bas. Le mécanisme de la remise en marche est maintenant en place. Mais le jeu politique reprend ; les partis à qui mieux mieux se déchirent ; le péril passé, adieu le saint. Dans ces conditions, il est impossible de gouverner. Je ne veux pas que les Français soit dupes. Je pars. »

Ce message ne fut jamais lu à l'antenne. Au cours des deux journées suivantes, le Général céda aux supplications de Vincent Auriol, qui lui demandait de la façon la plus pathétique — lui-même me l'a raconté — de ne pas parler au pays ; c'eût été plonger la France dans le chaos en rendant impossible à quiconque de constituer un nouveau gouvernement. Se rendant à ces raisons, le Général écrivit à Vincent Auriol : « Je ne parlerai pas au pays puisque je me mets moi-même hors de cause, et que j'entends me retirer en pleine et entière sérénité. »

Il se contenta donc d'envoyer cette fameuse lettre

qui comportait notamment : « ... La France, après d'immenses épreuves, n'est plus en situation d'alarme. Certes, maintes souffrances pèsent encore sur le peuple français et de graves problèmes demeurent. Mais la vie même des Français est pour l'essentiel assurée, l'activité économique se relève, nos territoires sont entre nos mains, nous avons repris pied en Indochine, la paix publique n'est pas troublée. » Passage qui fut largement exploité par nos adversaires après la formation du R.P.F., et notamment lors des élections de 1951. « Quand on pense, disaient-ils avec dérision, à l'état dans lequel se trouvait la France — plus de ponts, les voies de chemin de fer coupées, le ravitaillement en panne — avoir pu dire que tout allait bien et s'en aller ! Quelle méconnaissance des réalités ! Quel mépris des hommes ! »

On n'est pas toujours récompensé.

12

Entrée en politique

Ainsi, moins de deux ans après que se fût levé, sur la France rendue à elle-même, le grand vent de l'espoir, de Gaulle quittait la barre et Félix Gouin allait lui succéder. C'était tomber de haut. J'en étais convaincu, mais, fonctionnaire, estima devoir rester à mon poste.

Dans le nouveau gouvernement porté sur les fonts baptismaux le 29 janvier 1946, l'Information, de ministère devenue secrétariat d'Etat, était confiée à Gaston Defferre, chargé également de la liaison entre le président du Conseil et les ministres. Qu'il y eût nécessité d'une liaison, c'était l'évidence même, s'agissant d'un attelage où allaient voisiner dix socialistes, huit M.R.P. et huit communistes. C'était le règne du tripartisme qui durerait neuf mois, sous Gouin d'abord, Bidault ensuite. Et nul ne paraissait plus qualifié pour assurer une coordination difficile que Gaston Defferre, ce « jeune espoir du parti socialiste », comme l'appelait le président du Conseil dans son style de tribun méridional. En sympathie avec un homme dont les titres de Résistance n'étaient pas usurpés, je n'eus avec Defferre aucune difficulté personnelle.

Début mars, le nouveau secrétaire d'Etat me

demanda de faire préparer par les services, pour le soumettre à la première Assemblée constituante, un projet de loi relatif à la dévolution des biens de presse.

Problème épineux s'il en fut. Et grave. Des journaux et périodiques avaient continué de paraître sous l'occupation allemande, tant en zone occupée que dans l'ex-zone libre. Certains s'étaient employés tant bien que mal à tourner les consignes de la propagande nazie ; d'autres lui avaient complaisamment servi de support, quand ils ne renchérissaient pas. En juin 1944, une ordonnance du général de Gaulle avait suspendu la parution de ces journaux, et placé indistinctement leurs biens sous séquestre, en attendant que les tribunaux se prononcent sur le degré de culpabilité de leurs propriétaires, de leurs directeurs et de leurs équipes rédactionnelles.

A présent, il s'agissait de sanctionner non plus seulement les individus, mais les entreprises de presse, en stipulant qu'elles aussi pourraient être jugées, condamnées et, dans ce cas, frappées dans leurs biens : immeubles, imprimeries, matériels de toutes sortes. C'était introduire une forme de responsabilité nouvelle — encore qu'elle eût un précédent historique, avec l'affaire des Templiers : celle qui, par-delà les personnes physiques, visait les personnes morales. Démarche hardie, sur laquelle je tombai d'accord. Une entreprise est un être collectif, mais vivant : elle peut donc assumer des responsabilités distinctes, sinon différentes, de celles de chacune des personnes qui participent à son existence. Je demandai au directeur du service juridique, Terrou, de préparer un texte dans cette perspective. Ce qu'il fit consciencieusement.

Le projet mis au point sur mes instructions prévoyait que les entreprises condamnées pour faits de collaboration verraient leurs biens confisqués et remis à la S.N.E.P. (Société nationale des entreprises de presse) pour être attribués par celle-ci — dévolus — aux journaux issus de la Résistance, qui d'ailleurs les utilisaient déjà pour une bonne part : à la Libération, la nouvelle presse sortant de l'ombre s'était installée dans les locaux de l'ancienne. Resteraient à définir les modalités de cette dévolution. Quant aux entreprises acquittées, elles rentreraient *ipso facto* en possession de leurs biens.

Je présentai ce projet à Gaston Defferre qui ne sembla pas lui trouver de défauts sérieux. Mais, quelques jours plus tard, il me rendit le texte. Celui-ci, dit-il, n'avait aucune chance d'être adopté par la Constituante et pas plus le groupe M.R.P. que le socialiste ou le communiste n'accepterait de l'endosser. Il ne suffisait pas de confisquer leurs biens aux entreprises condamnées, il fallait de surcroît éviter que les entreprises acquittées pussent récupérer les leurs, dans la mesure où ils étaient utilisables par les journaux issus de la Résistance. Agir autrement équivaudrait à retirer à la presse nouvelle des moyens qui lui étaient indispensables. Les dispositions de la loi devaient donc s'appliquer à toutes les entreprises ayant fait paraître des journaux sous l'Occupation ; un système d'indemnisation compléterait l'ensemble.

J'estimai — et le dis à Gaston Defferre — qu'on sortait des limites de l'épure, et que les principes du droit naturel étaient allégrement violés. En tant que premier fonctionnaire d'une administration centrale, et compte tenu de la responsabilité morale que j'attribuais à cette position, je me refusai à m'associer à ce genre d'opération. Il fallait donc pourvoir à mon remplacement.

Defferre, sincèrement ennuyé, me demanda d'examiner s'il n'y avait pas moyen d'élaborer une formule qui... que... Cela dura huit jours. Finalement, comme aucune issue n'avait été trouvée, Defferre refusa ma démission et m'introduisit auprès de Félix Gouin : le président du Conseil saurait peut-être me convaincre de rester en fonctions.

L'entrevue eut lieu au premier étage de l'hôtel de Lassay, dans cette belle pièce donnant par trois hautes fenêtres sur le Quai d'Orsay. Félix Gouin se montra très aimable et prit même mon parti, à titre personnel. Mais la raison d'Etat était là ; et, devant la raison d'Etat, il faut s'incliner. D'ailleurs, qu'avais-je à m'inquiéter ? La représentation parlementaire était souveraine. Il lui appartenait de trancher. Un fonctionnaire, si haut placé fût-il, n'avait pas à se mettre en travers, n'avait même pas à se sentir concerné. Fin plaidoyer, qui me toucha. J'étais sensible aux efforts que déployait Félix Gouin pour me convaincre de poursuivre ma tâche. Mais ce m'était impossible. Quoi qu'on pût dire, l'opération dont il s'agissait me paraissait relever d'une pure et simple rapine.

Là-dessus, la conversation devint un peu confuse. Le président Gouin fit allusion à un poste de proconsul en Afrique, qui allait se trouver libre. Je répondis que je mesurais toute la portée de cette perspective, mais, étant donné que je me trouvais en conflit avec le gouvernement sur le chapitre essentiel de la conscience, il me paraissait impossible de le servir dans un poste d'autorité.

Tout cela sur le ton le plus uni de part et d'autre. Cette conversation m'en a appris plus que beaucoup. On eût dit deux systèmes tournant côte à côte, sans communication possible et en sens opposé. L'un exprimait de la sympathie en abondance : « Vous n'allez pas partir comme cela ; on va vous garder, nous continuerons à travailler ensemble. » L'autre énonçait des principes : « Raison d'Etat... droit naturel... conscience... » Spectacle révélateur. A bout d'arguments, le président Gouin s'écria :

— Malheureux ! vous ne savez pas ce que vous faites ! Vous partez sans compensation !

Ce fut le mot de la fin.

Le jour même, je traversai la Seine et les Tuileries pour me rendre à l'inspection des Finances, où j'avais pris rendez-vous avec André Fayol. Je lui appris que je rentrais au bercail. Mon homme pâlit :

— Comment ! vous ne savez pas ? Un projet de loi tendant à supprimer le corps de l'inspection générale des Finances est examiné par la commission des Finances de l'Assemblée constituante.

Effectivement, la vieille querelle s'était ranimée. Périodiquement accusé d'abriter dans son sein les plus pernicieux représentants des deux cents familles, le Corps était cette fois menacé de disparition. Sa seule chance de survie était que le texte ne vînt pas en discussion avant le terme fixé à la Constituante qui, élue en octobre 1945 pour six mois, serait dissoute en avril après avoir adopté un projet de Constitution, sur lequel le pays allait avoir à se prononcer au début de mai. Aussi l'inspection des Finances s'employait-elle de son mieux à livrer en coulisse une bataille de retardement.

— Certes, vous êtes ici chez vous, reprit André Fayol, mais je ne vous cache pas que votre retour au service après le bruit fait par votre démission, risque d'apparaître comme une provocation, et de précipiter les choses. Or, si le projet vient en séance publique, il sera voté haut la main et c'en sera fini. Assurément, vous êtes en droit de revenir ici. A vous de décider.

Et quoi donc ? A trente ans, ayant axé ma vie sur la volonté de servir l'Etat et cru en trouver l'expression à l'inspection des Finances, pouvais-je ajouter au péril qui menaçait ce grand Corps auquel j'appartenais ? Poser la question, c'était y répondre. Je m'entendis dire que je ne réintégrerai pas le service.

André Fayol me remercia avec une réelle émotion, dans le style sobre de cette maison où la litote a le pas sur l'emphase. Et je m'en fus.

Je me suis retrouvé sortant par la haute porte qui donne rue de Rivoli, tournant à main gauche pour aller prendre le métro à trente mètres de là, avant les guichets du Louvre. Il faisait très beau, très doux pour la saison. Vers la Concorde, un grand ciel de printemps, d'un bleu soutenu, semblait la toile de fond d'un de ces décors que Paris dresse chaque année pour se rajeunir. Et moi, je me sentais nu comme un ver, ayant en quelques jours perdu ce qui donnait un but à mon existence.

Commencèrent des semaines de réflexion et de débats. Mon entourage, il faut l'avouer, poussa un soupir de soulagement. J'avais suffisamment fait le Jacques, me disait-on avec humour. Il était temps de penser aux choses sérieuses : la banque, l'industrie, les affaires. Ma carte de visite — général de brigade, inspecteur des Finances, compagnon de la Libération, secrétaire général du ministère — autorisait toutes les espérances. D'autres, il est vrai, blâmaient ce qu'ils appelaient mon inconséquence. « Quelle idée de démissionner de l'Information ! A trente ans, tu étais là au faîte de toutes les hiérarchies. Tu n'avais plus qu'à laisser courir. Même en cas d'échec, tu aurais été maintenu dans les plus hauts emplois. »

J'avais peine à m'intéresser au monde des affaires.

Tout en comprenant l'importance du rôle que jouent les entreprises et les hommes qui les animent dans une économie comme la nôtre, je n'étais là ni dans mon élément ni dans le sens de ma disponibilité. Par ailleurs, toutes les raisons qu'on m'avançait touchant l'intérêt de conquérir une belle situation tombaient à plat. Au vrai, je n'ai jamais été attiré par l'argent, jamais ne suis parvenu à le considérer comme autre chose qu'un moyen. Une phrase de Stendhal m'a paru exprimer ce que je ressens à ce sujet. Elle affirme qu'un homme public doit se contenter d'assurer son indépendance matérielle pour garantir sa liberté d'action.

Je déclinai plusieurs offres prometteuses. C'est alors qu'une voix affectueuse et bourrue s'éleva, un soir, pour me dire que c'en était assez. Puisque je ne voulais rien accepter dans les affaires, et que je m'étais fermé la fonction publique, restait une seule issue : la vie politique. Là aussi je serais au service de la nation, là aussi j'aurais les moyens de contrôler et peut-être de diriger l'administration. L'oxygène d'une certaine qualité dont j'avais besoin, je le trouverais là et pas ailleurs.

Sur le moment, je fus de glace. J'appartenais à un milieu familial qui demeurait traumatisé par le scandale de Panama, de l'affaire Dreyfus, de la séparation de l'Eglise et de l'Etat. « La politique ? Elle ne respectait rien : ni l'honnêteté, ni la justice, ni la morale. S'en mêler, c'était se salir. » Ce qu'il était advenu de la IIIe République à son déclin n'avait fait que confirmer cette condamnation.

Pourtant, l'idée fit son chemin. J'avais un compte à régler avec la politique. Pourquoi pas un défi à relever ? Elle seule, effectivement, pouvait encore me fournir les moyens de cette action publique dont j'avais depuis toujours vocation. Sans enthousiasme, je décidai de sauter le pas.

Nous étions en avril. Le 5 mai eut lieu le référendum sur le projet de Constitution élaboré par l'Assemblée : à l'appel du général de Gaulle, il fut repoussé par 53 % des suffrages. Il fallait donc élire pour six mois une deuxième Assemblée constituante, qui aurait pour tâche de préparer un nouveau projet et de le soumettre au pays. Serait ensuite élue une troisième Assemblée constituante si ce projet était à son tour repoussé, ou bien la première Assemblée nationale de la IVe République s'il était adopté : ce qui devait être le cas. Il était naturellement trop tard pour la première de ces échéances électorales, fixée au 2 juin. Il était juste temps pour la seconde, prévue pour l'automne. Restait à trouver un parti où m'inscrire.

Le système électoral en vigueur, la proportionnelle départementale, était en effet étroitement contrôlé par les partis : chaque liste se voyait attribuer un nombre de sièges correspondant au pourcentage de voix obtenu par elle. Il fallait donc, pour se présenter, être patronné par une formation politique. Laquelle ? Je ne pouvais évidemment pas envisager une des trois tendances avec lesquelles je venais de vivre un conflit majeur. Et sans connaître encore bien le détail des stratifications de gauche, de droite et du centre, je ne me sentais ni conservateur ni, encore moins, réactionnaire. Restait, par élimination, le parti radical. J'avais l'opportunité d'y entrer grâce à mon beau-frère, André Schmit, lié avec Victor Bassot, lui-même familier d'Edouard Herriot.

Le parti radical, à l'époque, détenait peu de sièges aux Assemblées constituantes, ayant subi, aux élections de 1945, les effets conjugués de la défaite de 1940 et du scrutin proportionnel. Mais cette modestie même, face aux puissantes citadelles du M.R.P., du communisme et du socialisme, l'aidait à faire figure de défenseur des libertés individuelles et publiques avec une audace de langage et une originalité, pour l'époque, qui trouvaient en moi des échos.

En matière de presse, Edouard Herriot et les radicaux s'apprêtaient à soutenir le combat — ni pour la presse de trahison ni contre la presse de Résistance — en faveur des entreprises qui, ayant fait paraître des journaux sous l'Occupation, avait été lavées du reproche de collaboration et donc pouvaient légitimement revendiquer la restitution de leurs titres et de leurs biens. C'était une première convergence avec mes propres vues.

Il y en avait une seconde : le peu d'empressement apporté par les radicaux à se prêter au jeu du tripartisme, et leur résistance à l'action très forte du parti communiste qui, dans les premières moutures des projets constitutionnels, en était arrivé à faire pratiquement disparaître jusqu'à la notion de président de la République, et repoussait en tout cas celle d'un véritable chef de l'Etat.

Enfin, j'avais une raison en quelque sorte négative d'aller vers les radicaux : la désillusion éprouvée à l'égard de Léon Blum et du parti socialiste. Le premier, après avoir, dans son ouvrage *A l'échelle humaine,* développé des conceptions qui semblaient le rapprocher du général de Gaulle, puis adopté après l'Occupation des positions nettement en sa faveur, s'était éloigné de lui. Le second avait manqué l'occasion d'un élargissement que nous étions nombreux à souhaiter, et failli du même coup à la création d'un travaillisme français auquel beaucoup de résistants comme moi, dépourvus de passé politique, auraient volontiers adhéré. Quoi qu'il en fût, entraînés sans doute par la logique de leur action commune avec le M.R.P. et les communistes, Léon Blum et le parti socialiste s'opposèrent de plus en plus fortement à de Gaulle — qui, d'ailleurs, ne faisait rien pour encourager le moindre rapprochement. Et comme Edouard Herriot, retrouvant l'ivresse d'une vieille rivalité, s'opposait luimême âprement à Léon Blum, il y avait là encore, sinon convergence, du moins, consonance avec mes propres positions.

Comme on peut en juger, j'ai apporté à choisir ma structure d'accueil autant de soins qu'à préparer un mariage de raison. C'en était un. Aucune passion ne m'a entraîné. Pas le moindre coup de foudre. Nulle ivresse. Je suis entré en politique par devoir. Et si, par la suite, je me suis pris au jeu d'une action en effet exaltante — et qui m'a absorbé — jamais je n'ai renoncé à une certaine distance vis-à-vis du monde politique.

Avant de me décider, je demandai un entretien au général de Gaulle. Il me reçut à Colombey, où il s'était installé après avoir fait réparer la Boisserie dont les Allemands avaient enlevé jusqu'aux portes et fenêtres. Après le déjeuner, tandis que Mme de Gaulle s'installait à son ouvrage, nous prîmes le café dans la grande pièce où, vingt-quatre ans plus tard, par un sombre soir d'automne, il devait être foudroyé. Puis nous passâmes dans son bureau. Là, je lui exposai mon sujet.

Il me confirma dans mon dessein. Si je voulais continuer à servir la France, je n'avais d'autre voie que d'entrer dans la vie politique, en surmontant mes répugnances. La politique était largement ce qu'on la faisait : sale si on y menait une action sale, propre si l'action l'était. Au surplus, les événements qui s'étaient déroulés depuis qu'il avait quitté le pouvoir indiquaient suffisamment la nécessité de préserver et de développer la chance de salut que lui, général de Gaulle, représentait pour le jour où, il n'en doutait pas, la France glisserait une nouvelle fois à l'abîme. Je pouvais l'y aider.

Je m'enhardis à lui parler de la possibilité qui m'était offerte d'entrer au parti radical. Le Général n'hésita pas :

— Mais oui, Chaban, allez donc au parti radical. C'est là que vous trouverez les derniers vestiges du sens de l'Etat.

13

Élections

J'appréciai fort le climat de tolérance qui régnait au parti radical. J'y retrouvai Michel Debré. Bourgès-Maunoury et Félix Gaillard y étaient également. Certes, il y avait peu de commun entre ces hommes nouveaux et ceux d'une autre époque, qui avaient incarné le radicalisme avant guerre. Ces derniers, encore qu'ils fussent souvent brillants, cultivés, risquaient de freiner l'action ; en outre, on pouvait craindre que certains fussent liés à des intérêts qui les dotaient de semelles de plomb. Mais, tel quel, le parti radical était une académie vivante, épousant assez bien l'après de Gaulle d'alors.

Pour y être reconnu, il fallait être présenté au président Herriot et obtenir de lui une bénédiction, laïque mais papale. Victor Bassot et quelques autres lui recommandaient de rencontrer ce jeune général qui, pour avoir l'âme gaulliste, n'en était pas moins libéral bon teint ; il pouvait y avoir là un élément de rapprochement avec le général de Gaulle. Edouard Herriot, qui en voyait bien l'intérêt, n'y tenait pas autrement : dire que le Général et lui ne s'aimaient pas est une faible expression de la vérité. Comment auraient-ils pu s'unir quand leur tempérament, leur approche des problèmes, leurs méthodes, presque tout en eux était aux antipodes ? De surcroît, un clan aussi influent que celui qui m'était acquis chuchotait à Herriot d'avoir à éviter tout contact avec ce gaullisme qui portait dans son sein la dictature. C'était l'époque où certains commençaient à parler de Boulanger à propos de de Gaulle ; le ridicule ne tuait plus !

Enfin, après bien des palabres, des atermoiements, et deux remises de date, la présentation eut lieu au cours d'un déjeuner chez Cazeneuve, à côté de l'Odéon, dans un salon du premier étage. Il y avait là Victor Bassot, Friol, directeur du cabinet et fidèle collaborateur du président, et André Schmit. Edouard Herriot, qui allait sur ses soixante-quinze ans, mit un point d'honneur à se hisser sans aide jusqu'à l'étage, Sisyphe dont le rocher eût été son propre corps. A table, la conversation tourna longtemps autour de l'Union soviétique et des Etats-Unis, du parti communiste aussi et de l'emprise que ses titres de Résistance lui permettaient d'exercer sur la politique française.

Je trouvai un causeur étincelant, aux phrases amples et pleines, mais aussi un homme qui ramenait tout à soi. Il insista sur son dépit de ce que le général de Gaulle, pour lui restituer la Légion d'honneur qu'il avait naguère renvoyée au maréchal Pétain, n'eût pas cru devoir organiser une cérémonie publique, où le chef d'Etat aurait épinglé la décoration au revers de son veston : la France combattante accolant la France parlementaire. Cette remise de croix, de la main à la main, rue Saint-Dominique, l'avait choqué au plus intime de lui-même.

Il raconta aussi comment et pourquoi, au cours de son voyage en U.R.S.S., en 1923, il avait été amené à accepter cette nomination de colonel honoraire de l'armée Rouge, qui avait fait couler tant d'encre. Il avançait la meilleure des raisons : sa conviction que la sécurité de la France ne pouvait reposer, outre sa détermination propre, que sur sa capacité à nouer conjointement de bonnes relations avec l'Union soviétique et avec les Etats-Unis. Conception qui était aussi celle du général de Gaulle. Enfin un point de convergence ! Je respirai.

De fil en aiguille, nous en vînmes à mon cas. Le président voulut bien trouver excellent que j'entrasse au parti. Sur ce, nous commençâmes d'agiter les perspectives électorales, et le visage massif d'Herriot s'anima de mille plis : le vieux guerrier sentait la poudre. Le plus indiqué était de trouver une circonscription où le parti radical fût en bonne posture sans pour autant y avoir de député : on accueille plus volontiers un néophyte là où n'existe pas de position acquise. Or, l'analyse du dernier scrutin montrait que, dans plusieurs départements, les radicaux, pour s'être divisés en deux listes rivales, avaient fait chou blanc, tout en recueillant un nombre de voix supérieur au quotient électoral. Il n'était que de me faire admettre dans un de ces départements. C'était la situation de la Charente, la Charente-Maritime et la Gironde.

Avec Bourgès-Maunoury, qui venait de se faire élire en Haute-Garonne membre de la deuxième Constituante, nous examinâmes les différentes hypothèses. Félix Gaillard et Lorrain Cruse, le premier sans peine, le second avec réticence, s'étaient laissé convaincre de participer à cette aventure. Nous étions amis de cœur et d'esprit, et nous avions surmonté les mêmes périls. Pourquoi pas les mousquetaires au Palais-Bourbon ?

Mon inclination me portait à la Charente-Maritime, à cause de ma chère île d'Oléron. Mais compte tenu de l'importance des voix protestantes, ce fief parut destiné à Lorrain Cruse. Des contrariétés locales firent échouer ce projet. Notre candidat se replia en bon ordre sur la banque au Maroc, où il fit œuvre utile pour l'amitié entre les deux pays. Mais je serais surpris qu'il n'ait pas gardé une pointe de nostalgie au souvenir de l'occasion manquée.

Quant à la Charente, elle était d'évidence promise à Félix Gaillard, dont les parents possédaient une maison à Barbezieux. Il faillit, lui aussi, se faire éliminer avant d'avoir pu courir sa chance : par un samedi après-midi caniculaire, j'allai par la route jusqu'à ce café d'Angoulême où se réunissait la fédération départementale du parti radical ; j'arrivai au moment précis où un valeureux soldat de la Grande Guerre, et qui s'était acquis des mérites auprès des anciens combattants, était en passe de convaincre les militants de préférer sa candidature de vieux radical à celle de ce beau jeune homme d'allure quelque peu désinvolte. Félix était seul, à la terrasse, et semblait considérer que l'affaire était classée. Me ruant au premier étage et faisant jouer ma qualité de chef de liste en Gironde, j'eus la bonne fortune d'obtenir qu'aucune décision ne fût prise ce jour-là, ce qui revenait à s'en remettre à la place de Valois pour désigner la tête de liste. Bourgès-Maunoury y prit les précautions utiles : Félix Gaillard fut désigné, puis, le 10 novembre 1946, élu député de la Charente.

Restait donc pour moi la Gironde. Ce choix dicté par la logique me parut judicieux. En dépit de mes expériences enfantines au vert paradis des vaches et des pommes, j'étais avant tout un citadin. Plus grand serait le poids urbain dans le département où j'allais tenter ma chance, plus je serais à l'aise.

Bordeaux avait de quoi me donner bon espoir encore que, vérification faite, l'agglomération ne représentât guère plus d'un tiers de l'ensemble.

Je débarquai en compagnie d'un radical girondin pour m'ouvrir les portes. J'y trouvai une fédération vivante mais déchirée. Les quelque quinze cents adhérents qu'elle comptait, pour la plupart des notables, avaient été affectés par les circonstances des élections précédentes. La liste investie était dirigée par Jean Odin, ancien sénateur, recuit au four de l'expérience, doué d'un talent oratoire à grands effets de manche qui, pour périmé qu'il me parût, faisait encore son effet sur les militants : homme de contact, qui connaissait tout le monde dans le parti, homme de courage aussi, ayant figuré parmi les quatre-vingts parlementaires qui, à Vichy, avaient refusé leurs suffrages à Pétain. Mais une liste dissidente s'était dressée sur sa route ; elle était conduite par Emmanuel Roy, maire dans le Libournais, conseiller général, ancien député, personnage direct mais tout de malice, et que ses amis avaient poussé à se présenter parce qu'ils estimaient que Jean Odin ne fournissait pas toutes garanties de clarté politique. Le résultat ne s'était pas fait attendre. Quoique dépassant de trois mille voix le chiffre minimal d'attribution d'un siège, le parti radical, pour avoir eu deux têtes, était resté sans un élu.

D'où, divisions, brouilles, rancœurs, amertumes. Les dirigeants, hommes du plus grand dévouement, étaient écœurés de ces jeux stériles. Ils avaient nom Lapaillerie, Cabanes, Tromas, Letourneaux, Renault, Lacampagne, Deymes, Villeligoux, d'autres encore. C'étaient pour la plupart des hommes âgés ; comme tous les radicaux d'avant guerre, ils avaient partagé leur cœur entre Daladier et Herriot ; mais l'action de ce dernier à l'Assemblée constituante, le rôle de garant des libertés qu'il y jouait les avaient pénétrés à son endroit d'une véritable vénération.

Ils virent arriver cet Eliacin avec une sorte de ravissement. Au point de suffocation où les avaient conduits les miasmes locaux, je leur apportai une bouffée d'air frais. Mon enthousiasme, ma bonne volonté, mon évidente sincérité les conquirent. Une fois encore, j'étais adopté par des hommes d'une autre génération.

Le revers de la médaille était mon inexpérience de la chose politique ; elle était totale. Ils la découvrirent très vite en vieux routiers qu'ils étaient, échangeant des regards et des hochements de tête dont le sens m'échappait. Mon gaullisme aussi leur paraissait encombrant. Gaullistes, ils l'avaient été pendant la guerre, à titre temporaire ; depuis, les relations quelque peu tendues entre le Général et le président Herriot les rendaient plus que circonspects. L'intention bien arrêtée que j'affichais d'être le candidat du parti, mais de me réclamer de l'Union gaulliste, heurtait certains. Enfin, ils passèrent outre et je fus pris en charge par les huit ou dix hommes qui faisaient le poids dans la fédération. Restait à me faire adopter par les militants.

J'entrepris alors le travail ingrat mais instructif de faire connaissance des comités locaux, dans les bourgs et les villages, au fin fond de la lande ou au cœur du vignoble, aux quatre horizons de cette somptueuse Gironde qui est aussi le département le plus étendu de France.

Tout alla d'abord assez bien, jusqu'au jour où se tint, dans la salle basse de *L'Aiglon* à Bordeaux, le congrès qui devait désigner le chef de liste, le seul qui paraissait avoir une chance d'être élu. J'avais un concurrent sérieux, Marceau-Dupuy, docteur en médecine d'une quarantaine d'années, radical de toujours, et qui, ayant rejoint la France libre, avait eu, comme major de son bataillon, une conduite des plus brillantes, si bien que ses titres de guerre effaçaient en partie ce que je pouvais représenter à certains égards. Chacun disposait de cinq minutes pour développer les raisons de sa candidature. Puis la discussion s'ouvrit. Mon équipe tenait solidement le bureau et je pensais n'avoir pas d'irrégularités à redouter, comptant sur le vote qui suivrait pour nous départager. Soudain, l'ancien sénateur Odin demanda la parole.

— Les deux hommes que nous venons d'entendre dit-il en substance, ont accompli leur devoir de façon éclatante. Il ne serait pas décent de trancher entre eux. Puisqu'il semble que nous soyons à la recherche d'un officier général qui ait servi dans la France libre, j'en ai un autre à vous proposer.

Et de sortir de sa poche une lettre de l'amiral Muselier qui, en réponse à une invite précise, se déclarait disposé à être tête de liste du parti radical en Gironde.

Je m'indignai devant cette manœuvre. Mes amis me calmèrent.

— Attendez, Chaban, dit Lapaillerie, attendez. Ne répondez pas. Laissez-nous faire.

Effectivement, il se déclencha un tel tollé que Jean Odin n'eut plus qu'à retirer sa proposition.

Nous n'étions pas au bout de nos peines. Comme le scrutin définitif allait s'ouvrir, le conseiller général de Saint-André-de-Cubzac, Etié, demanda à son tour la parole :

— Citoyens, ce M. Chiban, ou Choban, ou Chaban, on nous affirme qu'il est très connu ; nous ne le connaissons pas. Il m'a semblé comprendre que les amis qui le soutiennent se réclament du patronage du président Herriot...

A ce nom, la salle entière se leva comme un seul homme, puis se rassit de même.

— J'ai voulu en avoir le cœur net et j'ai écrit au président Herriot...

Prompt à ne pas me laisser surprendre, je me levai d'un bond. La salle suivit, quoique irrégulièrement. Je devais comprendre par la suite qu'on ne se levait qu'une fois pour saluer le nom du président et que j'avais obligé l'assistance à répéter le rite. Je n'étais pas encore familiarisé avec la liturgie.

— ... afin de lui demander, poursuivit Etié, s'il connaissait ce monsieur et s'il le soutenait... Et le président m'a répondu... Je ne sais pas s'il faut que je vous lise la lettre...

Qu'on imagine le vacarme.

— Tu en as trop dit ou pas assez ! hurlait l'un.

— La lettre ! criait l'autre.

— La lettre, la lettre, la lettre ! reprenait la salle sur l'air des lampions.

C'était du Pagnol à la mode girondine. Et lui, en acteur consommé, fouillait ses poches comme vainement, si bien que déjà quelques rires fusaient. « Ah ! le farceur ! Il n'a pas de lettre ! » Enfin, la brandissant, il en donna lecture.

Je l'ai eue entre les mains, cette lettre. Je n'ai malheureusement pas pu la garder, mais je puis attester qu'elle était bien d'Edouard Herriot, et de sa main. Cela donnait à peu près ceci :

« Mon cher Etié, vous avez bien voulu me demander ce que je pensais de la candidature de M. Chaban-Delmas à la tête de liste du parti aux prochaines élections en Gironde. A la vérité, je ne connais pas M. Chaban-Delmas, je ne puis donc avoir aucune opinion sur lui, et je fais confiance à la sagesse des membres du parti pour choisir le meilleur d'entre ceux qui postulent l'honneur de le conduire à la bataille, drapeau déployé. Croyez à mes meilleurs sentiments. Edouard Herriot. »

Pour mes débuts en politique, c'était cruel, mais instructif. J'eusse dû y perdre sur-le-champ l'espèce de naïveté que j'ai conservée très longtemps ; trop longtemps : j'imagine mal qu'on puisse se dédire, comme Edouard Herriot venait de le faire.

Qu'ensuite le vote du congrès m'ait été favorable, et par une marge très supérieure à celle que j'espérais, montra combien il était utile de tenir le bureau dans ce genre de réunion. Mes nouveaux amis me le soulignèrent sans vergogne.

La campagne fut passionnée et passionnante, bien qu'elle eût débuté platement. N'ayant aucune notion de l'art de tourner un discours, j'exposai d'une voix nasillarde des théories économico-financières et politico-constitutionnelles auxquelles je tenais, mais qui ennuyaient prodigieusement mes auditoires. Je ne m'en aperçus pas et, prenant leur apathie pour de la retenue, trouvai ces Girondins bien calmes. Le troisième soir, à Blaye, comme je m'apprêtais à repartir, après quelques applaudissements de politesse, un assistant se leva pour me demander des explications sur la libération de Paris, et si, ayant préconisé la trêve, je n'avais pas desservi la cause de la Résistance et trahi mes camarades.

Je bondis sous l'outrage, et, pendant un quart d'heure, oubliant mes théories comme mon style Sciences Po, enlevai sur la libération de Paris un récit qui dut être convaincant, car je partis sous un tonnerre d'acclamations. Un tonnerre, oui, à croire que les vitres allaient se briser. J'entendais pour la première fois le grondement sourd d'une foule qui se livre, cette espèce de respiration venue des profondeurs qu'on ne peut oublier lorsqu'elle est montée vers soi.

Or, le lendemain, et le surlendemain, et tous les jours suivants, le phénomène se reproduisit. Un homme se levait du fond de la salle pour me poser la même question insultante, et je prenais feu de la même façon avec le même résultat, si ce n'est que, de jour en jour, mon récit s'étoffait et les acclamations aussi. « Ce sont sûrement les communistes, me dit mon entourage. Vous les connaissez : quand ils ont reçu un mot d'ordre, ils n'en démordent plus ; mais s'ils continuent à vous harceler, cela va faire des ravages. »

Deux ou trois jours plus tard, je devais parler à Saint-Ciers. Toute l'équipe avait dîné chez le maire, Picotin, et nous nous dirigeâmes vers la tente de cirque, qui servait pour un soir d'arène électorale. Le hasard voulut que, m'étant un peu écarté du groupe, j'entendisse une conversation qui me concernait sans pour autant m'être destinée.

— Oui, disait une voix familière, c'est un jeune homme brun, très sympathique ; il parle bien, mais il est très ennuyeux. Alors, quand il aura fini son discours, tu lui crieras : « Parlez-nous donc de la libération de Paris ! »

— Je lui dis : « Qu'est-ce que tu as fait à la libération de Paris ? »

— C'est cela. Et puis tu iras boire un verre à ma santé.

J'entrai et surpris Tromas, notre trésorier, qui, une pièce à la main, achevait de catéchiser mon interpellateur du jour. A peine gêné et sur un ton tranquille, il enchaîna :

— Allons, Chaban, vous comprenez bien que c'est nécessaire.

Décidément, j'avais encore beaucoup à apprendre. Ma campagne, grâce à ce subterfuge, prit une allure de triomphe. Mais il fallait frapper un grand coup à Bordeaux même. Après l'avoir annoncé par voie d'affiche, j'allai sous la halle des Capucins porter la contradiction, la première fois depuis la Libération, à Gaston Monmousseau, un des leaders de la C.G.T. J'étais sous la protection de mes coéquipiers du C.A. béglais, qui, de puissance à puissance, avaient traité avec le service d'ordre du P.C. : ma sécurité contre celle de Monmousseau. La police était à trois cents mètres de là, inquiète. Il y avait un monde fou : plus de trois mille personnes à l'intérieur, au moins autant aux alentours. Je repérai quelques récentes connaissances qui avaient mis casquette ou béret pour venir voir comment je m'en tirerais. J'avais rencontré encore peu de monde à Bordeaux, mis à part les résistants et les rugbymen. Je portai contre Monmousseau une attaque très ardente et même agressive. Ses militants m'empêchèrent de conclure en coupant le son et en criant, mais Monmousseau lui-même ne put pas répondre tant la salle hurlait. Ce fut salué comme une victoire.

Je récidivai à l'occasion de la venue de Georges Bidault, alors président du Conseil et ministre des Affaires étrangères, qui vint payer de sa personne à l'Alhambra. Cette fois-là aussi, j'avais fait placarder que je viendrais porter la contradiction. Les deux salles étaient pleines à craquer et les rues avoisinantes bondées. Séance épique. J'attaquai à fond la politique de Bidault, ce qui d'ailleurs ne m'était pas agréable d'un point de vue personnel, car je lui portais de l'estime : sous l'Occupation, il était un des rares parmi nous qui eût une conscience claire du danger ; nous n'étions que des téméraires, il était courageux. Mon exposé, qui dura à peine cinq minutes, était fortement charpenté et avait déjà soulevé des rafales d'applaudissements, lorsque, pour terminer, je lançai cette flèche du Parthe :

— Vous vous affirmez le parti de la fidélité. Or, vous venez de prendre position en faveur d'une Constitution que le général de Gaulle condamne. Je puis vous répéter ce qu'il m'a dit lui-même à Colombey : « Les M.R.P. sont des patriotes et des hommes sincères. Il n'empêche qu'ils sont dangereux, car ils sont totalement incapables. »

Je quittai la scène sous les vociférations, mais soutenu par une grande clameur de la salle. Le silence revenu, Georges Bidault, très pâle, déclara qu'il n'était pas convenable de rapporter dans une séance publique les propos d'une conversation privée ; ce en quoi il n'avait pas tout à fait tort. Puis, mal inspiré, il lança cette phrase de dépit :

— Eh bien, si vous en trouvez de plus capables, prenez-les donc !

Exactement ce qu'il ne fallait pas dire et qui se répandit comme une traînée de poudre dans Bordeaux et la région.

Le 10 novembre, les cinq listes en présence, communiste, socialiste, M.R.P., indépendant-paysan, radicale, firent pratiquement jeu égal. Nous obtînmes quant à nous quelque soixante-dix mille voix — en place des trente-trois mille additionnées du précédent scrutin. C'était un résultat inespéré, qui nous valut non pas un, mais deux sièges.

Mon second, transporté de bonheur, me jura fidélité éternelle. Je n'en demandais pas tant et en reçus beaucoup moins.

14

Naître à Bordeaux

Entre Bordeaux et moi se produisit une étrange rencontre. C'était une ville toute en clans, où les dosages de la naissance, de la religion, de la fortune, du métier et de la politique composaient une mosaïque de familles, de castes et de chapelles dont les plus discrètes n'étaient pas forcément les moins difficiles d'accès. François Mauriac en a fait une analyse aiguë, quoique noircie de quelque rancœur. Dans nos provinces, les villes ne sont que trop cloisonnées : celle-ci l'était au-delà du commun.

Or, cette cité d'humeur ombrageuse, en quelques mois, m'accorda ses faveurs, sans distinction de catégorie et dans un mouvement si prompt que c'était comme une contagion d'enthousiasme. Je traînais après moi une légende semi-héroïque, mon langage comme mes manières tranchaient sur les hommes politiques à barbe fleurie, ventre rebondi et grandes idées creuses ; et, surtout, je n'étais pas bordelais. Qui pouvait, comme je le fis, être adopté par les protestants grâce à Daniel Lawton et aux frères Cruse ? Se voir accueilli chez les catholiques par l'entremise d'Yves Glotin et Daniel Calvet ? Plaire aux dames des Halles comme à celles du pavé des Chartrons ? Avoir avec soi les résistants, les sportifs, les radicaux, les bonnes sœurs et les francs-maçons ? Personne qui fût né à Bordeaux. Il fallait n'avoir été mêlé en rien aux rivalités locales. Les Bordelais m'acceptèrent parce que j'étais neuf. D'une certaine façon, ils me donnèrent naissance une seconde fois. Et Bordeaux devint ma ville. Bien avant que je découvrisse qu'elle l'était effectivement par mon lignage paternel, je me pris pour elle d'un amour que bientôt trente années ont laissé intact.

Tout marcha d'un tel train qu'on m'affirma, comme octobre 1947 devait amener les élections municipales, que j'avais le devoir de me présenter à la mairie. Je commençai par refuser. Une mairie, à mes yeux, c'était quelque peu dérisoire. J'imaginais des tapis verts tachés d'encre et rongés de trous de cigarettes, des discours de circonstance et des couronnements de rosières : ensemble *Clochemerle* et *Topaze*. Pas plus à Sciences Po qu'à la fac de droit ou, plus tard, en préparation de l'inspection des Finances, il n'avait été jugé utile de nous enseigner l'importance de la chose municipale. Je n'allais certes pas m'abîmer dans ces problèmes d'intendance.

Le mouvement prit de l'ampleur. Tous ceux qui m'avaient soutenu pour les élections législatives firent mon siège en me faisant valoir la nécessité de présenter une liste. Je finis par y consentir, sous réserve de ne pas devenir maire. Je posai de surcroît une condition que j'estimais suffisamment irréalisable pour me tenir hors du jeu : je ne serais candidat que si j'avais à mes côtés les cinq membres du bureau de la chambre de commerce qui avaient appartenu à la liste d'union municipale sortante, élue sans concurrence en 1945. Cette liste comportait des communistes, des socialistes, des M.R.P., des radicaux, des centristes, des modérés, et, pour la première fois dans les annales, ces cinq représentants de la chambre de commerce qui, convaincus par Gaston Cusin, commissaire de la République, d'entrer au conseil municipal d'après la Libération, n'aspiraient qu'à s'en retirer.

Je fus pris à mon propre piège. Ayant commencé, en tant que député de la Gironde, à m'occuper des dossiers économiques de la ville, du département et de la région, j'avais eu à en traiter avec la chambre de commerce et directement avec les membres de son bureau. Ma façon d'aborder les problèmes leur avait paru efficace et particulièrement à leur président : Roger Touton. Il dirigeait une importante maison d'importation de café, vanille, cacao, avec ses deux fils cadets ; l'aîné qui eût été un peu plus âgé que moi, avait été tué en 1940. Il me voua une sympathie puis une amitié et bientôt une affection quasi paternelle. En cet automne bordelais, il s'était persuadé qu'il fallait, pour le bien de la ville, que je devinsse maire. Au cours d'une séance plénière de la chambre de commerce, il demanda et obtint l'unanimité qu'il avait réclamée sur le principe d'une coopération avec moi des représentants consulaires. Je n'eus plus aucun motif pour différer la constitution d'une liste — tout en maintenant mon refus d'exercer la charge principale.

Une courte année à Bordeaux me laissait dans l'ignorance et du navire et de l'équipage. Je devais prendre conseil. Les avis se contrariaient et les volontaires se multipliaient. Il fallait y voir clair. André Labattut, triple champion olympique d'escrime, se mit à l'ouvrage. Secondé par Jean Maurel et Jean Ducasse, il débrouilla de main de maître l'écheveau des dosages en tout genre. Le plus délicat fut d'attribuer les dernières places dont personne ne voulait : les cinq membres de la chambre de commerce, président en tête, revendiquèrent l'honneur de les occuper.

Trois listes nous étaient opposées. Celle du parti communiste se recommandait de quelques organisations adventices. La deuxième était celle du maire sortant, Fernand Audeguil, socialiste. C'était un homme des plus respectables ; président du conseil général, professeur de l'enseignement technique, et si enragé de piano qu'il emportait en chemin de fer un clavier muet sur lequel il jouait inlassablement ; en somme, un personnage attachant, mais dont les traits s'estompaient au souvenir d'un Adrien Marquet. Celui-ci, qui avait laissé son empreinte sur la cité, se trouvait pour l'heure hors jeu : il était en prison à Fresnes, où ses défenseurs avaient réussi à le faire expédier à la Libération, mettant ainsi sa vie hors d'atteinte.

La troisième liste mariait les contraires : essentiellement le M.R.P., qui passait à l'époque pour « dirigiste », et le Parti républicain de la liberté, violemment « anti ». Jules Ramarony animait cette formation, non sans courage. J'avais souhaité qu'il se joignît à nous de sa personne. Sans doute n'ai-je pas su trouver les bons arguments. Nous ne devions nous rapprocher que beaucoup plus tard, lorsque j'eus à distinguer ceux que ma détermination réformiste ne rebutaient pas.

Très vite, il apparut que notre entreprise allait réussir. La veille du dépôt des listes, notre siège connut une affluence surprenante. C'étaient des candidats à la candidature. Il y en avait dans le couloir, dans l'escalier et jusque sur le cours du Chapeau-Rouge, où l'on compta en permanence cent à deux cents personnes. Sur les indications précises d'André Labattut, je consacrai, à les recevoir et à les dissuader, des heures qui contribuèrent largement à mon apprentissage de Bordeaux, trouvant là l'occasion de rencontrer beaucoup de ceux qui devaient m'épauler par la suite, à l'exception de quelques-uns dont l'amour-propre ne se remit pas de leur éviction.

Quand le succès prend la peine de s'annoncer par des signes avant-coureurs aussi éclatants, l'issue, en principe, n'est pas douteuse. La victoire campait à notre porte et n'en bougea pas. Au scrutin du 20 octobre 1947, nous obtînmes 24 des 37 sièges. Les communistes en recueillaient 7 ; la liste Audeguil 6 ; la liste P.R.L.-M.R.P. aucun.

Il me restait moins de cinq jours pour ne pas devenir maire de Bordeaux. Le nouveau conseil devait se réunir le dimanche 27 et les résultats n'avaient été connus que le mardi 22 à midi, en raison de la complexité du système, détestable, qui donnait à chaque électeur la possibilité de barrer des noms, de panacher les listes et même d'ajouter des croix, jusqu'à concurrence de cinq, pour désigner ses candidats préférés. A ce mic mac, j'étais arrivé en tête, ayant recueilli un maximum de croix. Les cinq membres de la chambre de commerce avaient remonté tout le peloton ; quant aux quatre femmes que j'avais embarquées avec moi, avec à leur tête l'admirable Alice Girou, elles avaient été rejetées en dernière position. Culte des notables et misogynie. O France !

Bien que ma tâche fût rendue malaisée par le score que j'avais obtenu, je proposai la charge au président Touton, arrivé second, puis à Paul Videau, négociant en bois, troisième. L'un et l'autre, arguant de leurs affaires, se récusèrent. Ils s'étaient donné le mot. Le fauteuil de maire ressemblait à ces sièges hantés sur lesquels personne ne veut s'asseoir.

L'insolente cabale qui s'attache aux actions des

hommes publics a voulu mettre en doute la sincérité de mes refus dans cette affaire. Je n'aurais repoussé la fonction municipale que pour endormir mes colistiers et m'emparer plus sûrement de l'autorité. Accusation absurde. Dès l'abord, j'avais été sollicité de devenir maire. La liste ne s'était faite qu'autour de mon nom. A quoi m'auraient servi des simagrées, outre qu'elles sont peu conformes à ma nature ?

Je fis ce à quoi j'étais déjà accoutumé lorsqu'un problème ardu se posait à moi, et qu'il mettait en jeu des intérêts supérieurs : le jeudi, j'allai à Colombey exposer mes hésitations au général de Gaulle. Il me répondit sans barguigner :

— Mais, Chaban, votre devoir est tracé. Vous allez être maire de Bordeaux, et vous referez de cette ville la capitale qu'elle n'aurait jamais dû cesser d'être. En entrant dans la politique, vous avez fait le sacrifice d'une carrière administrative qui vous convenait. Eh bien, voici que le destin vous offre une revanche. Vous allez pouvoir administrer une grande ville française. N'hésitez pas. Allez !

J'appris par la suite que le Général avait été alerté par les soins de Fleuret, l'extraordinaire « Espadon » de la guerre, qui avait beaucoup poussé à la roue en tant que secrétaire général du R.P.F. girondin. Je ne mets d'ailleurs pas en doute que, même non prévenu, le général de Gaulle n'aurait pas adopté une position différente.

Je revins à Bordeaux, et j'annonçai à mes compagnons que faute d'accord sur le nom de l'un d'eux, je me résignais à être élu maire. Ce qui fut fait le surlendemain matin. Une fois constituée la municipalité, c'est-à-dire les douze adjoints nommés, réparties les écharpes et les fonctions, je sacrifiai à la coutume qui, à Bordeaux, exigeait que le nouveau maire raccompagnât en voiture son prédécesseur jusqu'au domicile de celui-ci. Geste symbolique, mais situation délicate que la grande courtoisie de mon prédécesseur et de sa femme sut rendre supportable. Nous bûmes un verre de Pikina.

Le général de Gaulle avait vu juste. La Providence venait de m'offrir une compensation royale. Une fois sur place, j'eus tôt fait de découvrir quels aperçus cette charge m'ouvrait sur les réalités nationales. Là était la cellule de base de la France ; là circulaient son sang et sa lymphe, battait son pouls, transitaient ses impulsions nerveuses ; le pays serait reconstruit sur ces réalités multiples. Voilà pourquoi je n'ai jamais cessé de considérer la mairie de Bordeaux comme le fer de lance de mon action ; la source aussi de mes meilleures joies.

Je me mis au travail dans l'après-midi même de ce dimanche 27 octobre, ayant convoqué le secrétaire général et ses principaux collaborateurs et demandé qu'on m'apportât l'organigramme. Le haut personnel fut d'abord un peu effaré de mes méthodes. C'étaient pour la plupart des hommes qui avaient servi sous Marquet et souvent lui restaient attachés, mais qui étaient dans l'ensemble trop dévoués à leur ville pour se montrer déloyaux à l'égard du nouveau maire. Je n'eus en général rien à reprendre à leur conduite.

Bordeaux et la Gironde avaient été avant guerre une scène politique très animée, où rivalisaient quelques ténors de réputation nationale : l'abbé Berger, Philippe Henriot, plus tard exécuté par la Résistance, Georges Mandel, assassiné par la Milice, et Adrien Marquet. Ce dernier dirigeait le Parti Socialiste de France, né d'un schisme au parti socialiste, et à couteaux tirés avec celui-ci. L'Alliance démocratique, les radicaux et les communistes jouaient également un rôle important. Tout cela hérissé de crocs et de crochets, donnant de la voix, menant des luttes impitoyables dont la part cachée n'était pas la moins féroce.

Pour se maintenir dans ce monde riche d'intrigues, Adrien Marquet avait abondamment utilisé le recrutement municipal et distribué les embauches comme des billets de faveur. Entre les services municipaux proprement dits, la régie du gaz et de l'électricité — qui employait à elle seule plus de deux mille personnes — la compagnie des tramways, les hôpitaux et hospices, le crédit municipal et divers organismes relevant de la mairie, il avait constitué un réseau d'obligés très étendu, qui assurait ses arrières mais coûtait cher en traitements et salaires. Mon premier soin fut d'annoncer une politique de déflation des effectifs, qui, menée sans licenciements, me permit de supprimer en quatre ans quelque trois mille emplois, dont une bonne partie à la mairie même. Les économies ainsi réalisées suffirent à financer les divers emprunts que je lançai à cette époque, notamment pour l'eau et l'assainissement et qui se trouvèrent ainsi, pendant plusieurs années, ne rien coûter aux contribuables bordelais.

Dès le lendemain de mon installation, j'eus à me mesurer avec une décision de pleine pâte bordelaise. La première lettre qu'on m'apporta à signer était adressée au recteur ; elle lui faisait remise d'un terrain situé place des Anciens-Abattoirs, entre la gare Saint-Jean et le Marché des Capucins, pour y édifier la nouvelle faculté des sciences. Je refusai d'endosser une telle mesure. Construire une université croupion, coincée en pleine ville, dans un quartier d'intense circulation, me paraissait relever d'une conception médiévale du problème. Il fallait s'installer extra-muros.

La stupeur s'empara des fonctionnaires. « Mais, monsieur le Maire, les négociations ont duré un an, les plans sont faits, le conseil municipal a voté la délibération, il n'y a plus qu'à notifier ! » Je tins bon.

J'eus ensuite avec le recteur et le doyen une entrevue pittoresque. Ces universitaires de haut rang et de grande conscience n'avaient pas trop de toute leur bonne éducation pour masquer la surprise horrifiée qu'ils éprouvaient en trouvant installé dans le fauteuil du maire un malotru, dont le premier acte était de leur reprendre un terrain qu'ils croyaient tenir. Bien sûr, nous n'en restâmes pas là. Ayant demandé qu'on procédât à une étude de l'agglomération, je fis acquérir par la ville de Bordeaux, à Talence, dans la proche banlieue, la propriété Beaumartin : vingt-sept hectares, en échange des deux initialement prévus.

Comme je l'avais annoncé à mes interlocuteurs incrédules, l'étendue de la propriété Beaumartin se révéla rapidement insuffisante et dut être multipliée pour faire face aux besoins universitaires. A l'expérience, comme tout campus, celui de Talence a ses inconvénients. Il est possible de les réduire ; on s'y emploie. Ceux du terrain envisagé eussent été en tout état de cause insurmontables et il eût fallu, après des années de retard, et de gaspillage, émigrer de la même manière.

Tout au long de la campagne municipale, j'avais insisté sur l'aspect économique des problèmes. Les investigations que j'avais pu mener sur ce terrain durant les premiers mois de mon mandat parlementaire m'avaient consterné. Bordeaux et la Gironde, qui vivaient avant guerre dans une économie en circuit fermé, se trouvaient menacés de voir celle-ci s'effondrer. J'avais prêché le réveil, la prise de conscience, la nécessité d'un plan à défaut duquel nous étions condamnés à une dégénérescence irréversible.

Après les élections, je m'employai à stimuler les énergies dans ce domaine, qui pourtant n'était pas censé relever de l'autorité municipale. J'étais convaincu que l'économique était entièrement solidaire du reste. En cette période où la France sortait de ses ruines et retroussait ses manches, il appartenait au député-maire de jouer un rôle dynamique dans le développement d'une nouvelle économie régionale, et à la mairie d'en être un des éléments moteurs. Langage nouveau à l'époque.

C'était en pure perte. Non que mes coéquipiers ne me comprissent pas ; ils m'avaient choisi à cette fin. Mais sur la ville pesait une chape de plomb, faite d'habitudes, de routine, de situations acquises — elles l'étaient toutes. Le pouvoir appartenait le plus souvent à la génération de la Grande Guerre : des hommes qui, en leur temps, avaient été audacieux, mais qu'une longue immobilité avait sclérosés. L'entreprise familiale était la règle. Elle supportait les propriétaires, parfois nombreux, sans beaucoup d'investissements ni renouvellement des méthodes. Même quand la clientèle allait s'étiolant, le train-train continuait. Manquait une infrastructure industrielle lourde. Les industries aéronautiques et mécaniques amenées par les deux guerres étaient menacées. Le port, qui avait été bouché par les navires coulés dans le chenal, n'avait pu être réparé que lentement malgré des efforts méritoires. Ce n'était pas faute d'excellents ingénieurs et d'un personnel dévoué. Mais Bordeaux avait été largement négligée par la nation. J'en trouvai une preuve tangible : pour franchir la Garonne à Bordeaux, la route Paris-Madrid disposait d'un seul pont, datant de 1825, dont la chaussée n'excédait pas neuf mètres. Quelques années plus tard, je le fis élargir par encorbellement, sans nuire à son esthétique. Deux autres ponts suivirent, et ce n'est pas fini.

Je m'entendis à merveille avec les Bordelais, à l'aise dans tous les milieux et avec tous les âges. En fait, je rentrais chez moi, sans le savoir encore. Quand je le sus, je compris que je portais de plus loin que moi-même des résonances accordées aux leurs. Ce qui ne m'empêcha pas de les choquer parfois. Je jouai au rugby pendant trois saisons dans l'équipe de Bègles. Le public bordelais n'appréciait pas tellement de voir le premier magistrat de la ville s'étaler dans la boue du stade municipal. On ne l'y avait pas habitué ! Je persévérai, estimant qu'il n'y avait pas à s'incliner devant les préjugés.

Emporté par la griserie d'une action si neuve et si prenante, je ne sentais pas monter une menace qui allait se révéler périlleuse : le retour d'Adrien Marquet.

15

Les délices de la IVe

Député, je voulais combattre les politiciens, je veux dire ceux pour qui la politique est une fin en soi. Je n'ai pas changé d'avis depuis cette époque. Dès le début de 1947, j'eus à décider si j'allais entrer ou non dans le jeu ministériel.

Au lendemain des élections de novembre 1946, un gouvernement socialiste homogène, dirigé par Léon Blum, avait mis en place les pouvoirs issus de la Constitution votée en octobre. Sa tâche remplie, il démissionna le 14 janvier 1947, au soir de l'élection du premier président de la IVe République, Vincent Auriol. Un ministère Paul Ramadier s'installa le 24 janvier. Il était pluripartiste, puisque, avec les socialistes, les communistes et les M.R.P., y figuraient, en nombre congru, des radicaux, des indépendants et des U.D.S.R. Deux jeunes parlementaires y faisaient leurs débuts : Pierre Bourdan et François Mitterrand, alors inscrit à l'Union démocratique et socialiste de la Résistance.

Bénéficiant de l'appui sans condition de Bourgès-Maunoury, qui avait été réélu en Haute-Garonne, dans la baronnie même de Ramadier, et qui disposait d'un poids hors de proportion avec son peu d'ancienneté, j'eus la possibilité de me faire attribuer un strapontin dans le nouveau ministère. Je ne la saisis pas. La nouvelle Constitution, contre laquelle j'avais fait campagne, ne pouvait que favoriser le jeu des partis dont le général de Gaulle avait mesuré les effets et dénoncé la nocivité. Je choisis de rester sur la réserve.

Quand, le 7 avril 1947, au balcon de l'hôtel de ville de Strasbourg, le Général annonça la création du Rassemblement du peuple français, je fus de ceux qui se tenaient à ses côtés. Voyant se lever la tempête, il en appelait, au-delà des partis, à tous les Français conscients des périls pour « promouvoir et faire triompher » avec lui, « dans le cadre des lois... la réforme profonde de l'Etat ». Comment ne pas être d'accord ? En attendant, il fallait agir. Je postulai que la double appartenance au R.P.F. et au parti radical était non seulement possible, mais logique et souhaitable. Les points de rencontre étaient plus nombreux que les points de friction. Sauf cas d'incompatibilité essentielle, il est préférable de tabler sur ce qui unit plutôt que sur ce qui divise. Pour l'heure, il s'agissait de faire front contre l'adversaire commun, le tripartisme, qui pour quelques semaines encore assumait l'essentiel des responsabilités gouvernementales. Tandis qu'en l'espace de six mois, juste avant le déclenchement de la guerre froide par Staline, les partis communistes d'Europe occidentale recevaient instruction de quitter le gouvernement là où ils y participaient, Paul Ramadier allait se séparer le 5 mai de ses partenaires communistes, au terme d'un violent désaccord. Un prétexte de taille lui fut fourni par l'un d'entre eux : François Billoux, ministre de la Défense nationale, refusa de s'associer à l'hommage rendu par l'Assemblée aux soldats qui combattaient — sous ses ordres — en Indochine.

Les partis, d'abord déconcertés par le Rassemblement qui transcendait leur existence, se donnèrent le mot pour l'attirer sur leur terrain, en proscrivant la « double appartenance ». Pour qu'aucune équivoque ne fût possible, je déclarai que je démissionnerais de celle des deux formations qui me l'interdirait.

Ce fut le cas des radicaux. Au long d'une tumultueuse journée de congrès à la Mutualité, je bataillai sur le sujet contre Herriot lui-même, relayé par Martinaud-Déplat. Mon intervention, qui suivait celle du président, fut habilement coupée par une suspension de séance « pour que le congrès n'aille pas déjeuner trop tard ». Après quoi, Herriot prononça un second discours, ce qui ne s'était jamais vu. La salle suivait, fascinée, ce duel inégal. Elle m'était largement favorable, mais c'était Herriot, et cette fois-ci, nous ne tenions pas le bureau. L'interdiction de la double appartenance fut votée à une majorité écrasante, qui démentait singulièrement les réactions de l'auditoire. Il y eut ensuite à la fédération départementale de Bordeaux, dans la salle du premier étage de *L'Aiglon,* une séance déchirante au cours de laquelle je me mis en congé du parti, formule originale à l'époque.

Robert Schuman succédait à Ramadier, André Marie à Robert Schuman, Robert Schuman — pour deux jours — à André Marie ; Queuille durait un an, le seul à atteindre cette longévité ; mais, ensuite, Bidault s'effaçait devant Queuille, qui, au bout de quarante-huit heures, cédait la place à Pleven, que relayait Queuille, que remplaçait Pleven... Comme le général de Gaulle l'avait prédit, c'était la ronde infernale des partis au rythme de la valse des ministères : neuf en quatre ans, le plus souvent avec les mêmes hommes. Que ceux-ci fussent lucides, intègres et courageux ne changeaient rien à l'affaire.

Le tripartisme avait été remplacé par la troisième force ; une combinaison qui, rejetant d'un même geste communistes et gaullistes, groupait tant bien que mal socialistes, U.D.S.R., M.R.P., radicaux et indépendants. Mais que ce fût à propos de la réduction des crédits militaires, de la liberté des salaires ou du reclassement des fonctionnaires, les socialistes, craignant de trahir la doctrine, avaient des crises de conscience souvent fatales pour les ministères auxquels ils participaient ; et quand ce n'étaient pas les socialistes, c'étaient les M.R.P. qui, débordés par leurs troupes et pour ne pas se priver du soutien de l'Eglise, rompaient des lances en faveur de l'école libre, provoquant l'ire des consciences laïques. Cette troisième force était la résultante de tendances divergentes, que le moindre problème faisait s'opposer et qui ne se retrouvaient unies que contre l'adversaire principal, le général de Gaulle.

A ces raisons internes de fragilité, s'ajoutait le harcèlement continu auquel l'Assemblée soumettait chaque ministère : les interpellations répétées, les attaques à tout propos et hors de propos, les bruits de couloir, les campagnes de dénigrement, l'ambition et la grogne mêlant leurs humeurs quinteuses.

Vint pourtant le moment où, au regard du « système », le problème se posa pour le R.P.F. de savoir s'il continuait à guerroyer aux portes, ou s'il allait, sinon participer au gouvernement, du moins soutenir des tentatives qui ne paraîtraient pas étrangères à toute entreprise de rénovation nationale. Cela commença en mars 1952, lorsque le président Auriol fit appel à Antoine Pinay pour former le gouvernement qui devait succéder à celui d'Edgar Faure. A l'époque, le président du Conseil ainsi désigné devait se présenter seul devant l'Assemblée nationale, pour obtenir l'investiture de celle-ci ne tenant donc son pouvoir que d'elle. Or, la tentative Pinay, qui semblait au départ un de ces « tours de piste » dont on amusait la galerie, se trouva aboutir, à la surprise générale, grâce aux suffrages de 27 membres du R.P.F., qui lui permirent d'atteindre un total de 324 voix, alors que la majorité constitutionnelle requise était de 313. Ces députés avaient rompu avec la position de l'ensemble du mouvement et du groupe. C'était la scission.

Depuis cinq ans déjà, le R.P.F. s'efforçait, « dans le cadre des lois », d'obtenir la profonde réforme de la Constitution qu'avait réclamée de Gaulle. Mais, quoique grinçant de toutes parts, le système tenait bon. Rien n'indiquait qu'il voulût bien accepter un jour de se laisser réformer. Rien non plus ne laissait présager qu'il dût s'écrouler de lui-même sous la pression des périls ; le drame indochinois commençait seulement à se nouer.

Bref, la traversée du désert se révélait plus longue que prévue et l'espoir d'aboutir semblait s'éloigner à mesure. Certains compagnons de route, non les plus authentiques, commençaient à se lasser. Il s'agissait pour la plupart de représentants de la droite classique qui, ayant trouvé un cantonnement au R.P.F., n'en étaient que des occupants marginaux. Antoine Pinay, avec ses propos empreints de bon sens, son énergie indéniable et son allure bonhomme, pouvait, à leurs yeux, faire figure d'homme providentiel dans la tourmente financière où se trouvait la France. Le « miracle Pinay » leur paraissait à coup sûr plus proche que le miracle de Gaulle ; l'homme aussi, plus accessible que le lointain et rigoureux prophète de Colombey. Ils n'avaient pas résisté à la tentation.

Le problème, en fait, s'étendait à l'ensemble du R.P.F. Tout en condamnant sans réserve la scission et l'appui fourni à Antoine Pinay, le mouvement balança jusqu'à la fin de l'année à trancher la question essentielle : fallait-il persister dans le refus absolu du système ou admettre l'éventualité d'un soutien ? De Gaulle lui-même, dans ses propos, alternait l'intransigeance et la conciliation. Entre-temps s'était ouvert un débat, qui allait peser pendant deux ans sur la vie publique, et dont l'enjeu était d'une importance telle qu'il méritait qu'on s'interrogeât aussi sur la tactique parlementaire à adopter. Ce débat concernait la C.E.D. (Communauté européenne de défense), autrement dit la création d'une armée européenne intégrée, projet dont le Général devait affirmer un peu plus tard, que, s'il était voté par le Parlement, « eh bien, c'en serait fini de la France... et de Gaulle aurait été le dernier Français ».

Le 27 mai, au nom du gouvernement de la République, Antoine Pinay avait signé le traité instituant la C.E.D., mais sa ratification exigeait un vote du Parlement, et le débat restait à venir. La motion finale des assises du R.P.F. de Nancy précisa la position européenne du général de Gaulle : « Les peuples de l'Occident libre peuvent être associés à la construction politique de l'Europe. Cette Europe ne doit pas résulter d'une fusion, qui reconstituerait inévitablement les conditions de l'hégémonie allemande, mais elle doit être une confédération d'Etats établie sur une base démocratique, le suffrage universel des peuples donnant mandat aux gouvernements d'accomplir cette tâche, et les gouvernements consentant les délégations nécessaires de souveraineté sur des points juridiquement définis. » Confédération et non fusion ; or, c'était bien de fusion qu'il s'agissait avec la C.E.D., et sur le terrain le plus brûlant qui fût, celui de la puissance armée, garante de l'indépendance nationale. Nous étions nombreux, et pas seulement au R.P.F., à y voir la menace du réveil du militarisme allemand, nombreux aussi à condamner l'attitude du gouvernement américain qui, en soutenant à fond le projet, poussait, avec la disparition de l'armée française, à la perte d'identité d'une France alors considérée comme « l'homme malade » de l'Europe. Bref, la querelle était sans merci. « Une nouvelle affaire Dreyfus », déclara Michel Debré.

Or, au congrès du parti radical, tenu à Bordeaux au mois d'octobre précédent, Herriot et Daladier, les deux Edouard enfin réconciliés sur ce point, avaient carrément pris position contre la C.E.D. René Mayer avait insisté sur la nécessité de subordonner l'éventuelle création d'une armée européenne à celle d'une véritable autorité politique européenne. Certes, il n'avait pas employé le même vocabulaire que de Gaulle, parlant de fédération et non de confédération, mais l'orientation était voisine.

En décembre 1952, il fut précisément appelé par Vincent Auriol à la succession d'Antoine Pinay, tombé dans des circonstances confuses tandis que j'étais à Bordeaux. Les bases d'une négociation entre radicaux et R.P.F. pouvaient être cherchées. Pour ma part, j'y étais enclin, pensant que le moment était venu pour le R.P.F. d'aller dans le sens de l'apaisement. Le malaise qui pesait sur le mouvement, la scission qui venait de se produire en son sein, les démissions de députés et de sénateurs qui s'ensuivaient, les exclusions prononcées contre certains conseillers municipaux de Paris, tout cela était inquiétant pour l'avenir. Et puisque le général de Gaulle avait alternativement soufflé le chaud et le froid, je décidai d'aller dans le sens de ceux de ses propos qui évoquaient, de façon d'ailleurs ambiguë, la perspective d'une conciliation.

René Mayer, qui menait des négociations préliminaires place Beauvau, eut tôt fait de comprendre que, les socialistes ayant décidé de prolonger leur cure d'opposition, son seul espoir d'obtenir l'investiture était que le groupe gaulliste — et pas seulement la fraction dissidente — lui apportât ses suffrages. Il lui fallait en convaincre les radicaux qui, pour la plupart, ne souhaitaient pas voir le R.P.F. prendre place dans la majorité de « rassemblement républicain » qu'ils appelaient de leurs vœux. Il lui fallait aussi persuader au moins le groupe parlementaire du R.P.F. L'idée lui vint de faire appel à moi.

Au soir de cette journée de la Mutualité, dont j'ai parlé, René Mayer, quoique ayant opiné avec Herriot contre la double appartenance, avait tenu à m'exprimer son regret des circonstances qui m'écartaient du parti. Il comprenait mon attitude tout comme je comprenais la sienne. C'était un personnage d'une intelligence forte, très brillant, possédant une triple formation de juriste, de fonctionnaire et de manager, et qui, ayant beaucoup appris, nourrissait peu d'illusions sur les hommes. Il avait déjà été désigné par deux fois pour former le gouvernement sans y parvenir. Il estimait, non sans apparence de raison, qu'un troisième échec lui fermerait définitivement les portes de Matignon.

Le 3 janvier, l'agence Reuter publia une interview du général de Gaulle réaffirmant que le projet de Communauté européenne de défense préparait la perte de l'identité nationale et conduirait soit à l'impuissance, soit à la domination allemande. Dans l'après-midi, j'étais dans mon bureau de l'hôtel de ville à Bordeaux, lorsque René Mayer m'appela par téléphone, me demandant de venir d'urgence.

Nous entreprîmes alors une négociation assez longue et délicate. Il ne s'agissait de rien moins que de trouver les moyens de contourner l'obstacle de la C.E.D., puisque celui-ci ne pouvait être ni supprimé — le traité ayant été signé — ni franchi, par un vote du Parlement. Nous inventâmes ce jour-là ce qui devait s'appeler les « préalables » à la ratification ; quant au traité lui-même, dans mon esprit, il devait être si profondément amendé qu'il en eût été différent. Ces préalables avaient trait, notamment, à la Sarre, dont étaient exigés l'autonomie économique et le détachement politique à l'égard de l'Allemagne ; ils concernaient aussi la possibilité pour notre armée d'être engagée à tout moment dans l'Union française, par une libre décision du gouvernement. Pour le reste, les intentions de René Mayer ne soulevaient pas de difficultés particulières. Elles présentaient même certaines analogies avec nos vues : une révision constitutionnelle devait rendre possible des délégations de pouvoirs, du législatif à l'exécutif, et rétablir de surcroît le droit de dissolution. Enfin, nous tombâmes d'accord sur le fait qu'il ne pouvait pas être question de faire entrer des membres du R.P.F. au gouvernement. L'objectif était de décider le groupe parlementaire gaulliste à voter pour la première fois l'investiture.

Le surlendemain, devant la délégation du groupe venue s'assurer de ses intentions, le président du Conseil désigné s'engagea à ne pas poser la question de confiance le jour où l'Assemblée serait appelée à se prononcer sur le traité, c'est-à-dire à ne pas lier le sort de son ministère à la ratification de celui-ci. Chacun restait sur ses positions et conservait sa liberté d'agir : le R.P.F. ne pouvait évidemment pas envisager de laisser carte blanche au gouvernement à partir du moment où la ratification viendrait à l'ordre du jour de l'Assemblée ; de leur côté, les partisans du traité pouvaient espérer l'emporter devant le Parlement. Telles étaient les conditions de formation d'un ministère en ces temps byzantins. Il allait de soi que le président du Conseil désigné rencontrerait dans son propre parti des oppositions plus ou moins déclarées mais tenaces. Ce ministère pourrait vivre, mais à petit feu.

Chargé d'intervenir pour le groupe à la tribune de l'Assemblée, je demandai à René Mayer des assurances publiques. Il les fournit, en affirmant indispensable de maintenir, par un protocole additionnel au traité, l'unité et l'intégrité de notre armée et de l'Union française. Puis, devant le groupe parlementaire R.P.F., se déroula un débat animé au cours duquel je m'opposai à fond à la tendance adverse, celle du maintien du R.P.F. dans l'opposition ; elle était soutenue avec talent par Gaston Palewski, ami sûr et compagnon fidèle, de qui rien ne me séparait sur le fond, comme le prouva le débat sur la ratification lorsqu'il intervint dix-huit mois plus tard. En attendant, je l'emportai ce jour-là sur la tactique à adopter, en développant que notre présence dans la majorité gouvernementale était la plus sûre des garanties contre le déclenchement du processus parlementaire de la ratification du traité dont nous ne voulions à aucun prix. Nous votâmes unanimement l'investiture que René Mayer obtint par 389 voix. C'était trop beau.

Cette large majorité figurait le manteau de cérémonie sous lequel les ministères de la IVe République cachaient leurs désaccords internes ; les partenaires de cette nouvelle donnée étaient plus que jamais divisés. Au cours des cinq mois que dura le ministère, il ne se passa guère de semaine que ne se produisît une alerte, une secousse, un incident, tantôt avec le R.P.F., tantôt avec le M.R.P., dont les positions étaient aux antipodes. Dans ce parti, seuls Robert Buron et certains de ses amis partageaient nos vues. Les autres formations politiques étaient divisées en elles-mêmes. Ainsi allait la France. Et des hommes comme René Mayer avaient bien du mal à éviter qu'elle ne trébuchât à chaque pas.

Le 1er mars, le général de Gaulle, alarmé par les échos venus de la conférence de Rome, qui se montrait plus que favorable à la C.E.D., donna un coup d'arrêt en déclarant que, sans protocole additionnel, le traité était inacceptable. Cette réaction, destinée aux oreilles étrangères, n'en eut pas moins des conséquences au plan national. La plus directe se fit sentir dès le mois d'avril 1953, à l'occasion des élections municipales. Le R.P.F., entièrement isolé, allait y laisser beaucoup de plumes, et je faillis devoir quitter la mairie de Bordeaux.

16

Menaces sur la ville

A quelques mois des élections municipales de 1953, Adrien Marquet, condamné en 1948 par la Haute Cour de justice à dix ans d'indignité nationale, avait été amnistié. C'était d'évidence une manœuvre politique. René Mayer, alors garde des Sceaux sous le bon docteur Queuille, en avait limité les effets, sans même m'en parler, en introduisant au cours du débat à l'Assemblée nationale un amendement qui interdisait à Adrien Marquet d'être candidat. J'en fis la découverte, tout comme l'intéressé, à quelques jours de l'ouverture de la campagne. Si bien que fut constituée une liste Adrien Marquet sans Marquet.

Je n'avais pas mesuré l'ampleur du danger. Le succès complet que nous avions remporté en Gironde aux législatives de 1951, grâce à l'emploi des apparentements, m'avait masqué le péril. Adrien Marquet, qui avait été maire de Bordeaux pendant dix-neuf ans, apportait à le redevenir, fût-ce par personne interposée, une passion extrême.

Il m'envoya des émissaires pour me proposer de figurer sur la même liste que lui. Elu maire par le conseil municipal, il se désisterait aussitôt en ma faveur. Je refusai de me prêter à ces faux-semblants électoraux et municipaux destinés, selon ses envoyés, à obtenir sa réhabilitation. Une telle confusion des genres m'apparaissait inenvisageable en elle-même et vis-à-vis de mes camarades de la Résistance. J'affirmai ma volonté de poursuivre ma tâche à l'hôtel de ville. J'ajoutai que, s'il s'agissait de réhabilitation, viendraient des élections strictement politiques pour évoquer des problèmes qui ne l'étaient pas moins. Adrien Marquet en conçut contre moi une vindicte définitive qui le conduisit aux pires excès et à deux doigts du succès. En peu de jours, je fus environné par la calomnie, jusque sur mes mœurs. Par insinuations, rumeurs, graffiti, tracts, lettres anonymes, une manœuvre grandissante m'enveloppa. Je la négligeai. J'avais tort.

La campagne fut très dure. J'allai porter la contradiction à Adrien Marquet à l'Alhambra de Bordeaux. C'était un orateur à la mode d'avant guerre, dont la voix profonde et le geste ample tranchaient avec ma manière. Ce fut une réunion dont gardent un souvenir précis tous ceux qui y participèrent ; il y avait autant de monde dehors que dedans. Le scrutin eut lieu le 25 avril et donna les résultats suivants : sur 37 sièges, 5 allaient aux communistes, 5 aux socialistes, 10 aux représentants d'Adrien Marquet et 17 — au lieu de 24 — à la liste d'union que je dirigeais. Nous étions en minorité.

Dans la semaine séparant les élections de la désignation du maire par le nouveau conseil, les représentants d'Adrien Marquet et les communistes n'osèrent pas aller jusqu'à s'accorder. Ces derniers avaient toujours dénoncé Marquet avec la plus grande violence devant la Haute Cour de justice ; ils avaient réclamé contre lui la peine de mort. C'était l'eau et le feu. En revanche, les socialistes, passant l'éponge sur les mauvais souvenirs, acceptèrent cette alliance. La coalition ainsi formée, qui disposait de 15 voix, s'avisa d'un stratagème de dernière heure : dans la nuit du samedi au dimanche, elle s'employa à débaucher un de mes colistiers, n'importe lequel pourvu qu'il fût plus âgé que moi. Il s'agissait de lui faire admettre cette proposition à la fois simple et malhonnête : « Abandonnez Chaban ; soyez candidat et nous voterons pour vous. Au troisième tour, vous serez élu maire à la majorité relative par 16 voix contre 16, au bénéfice de l'âge. » C'était imparable. Mais la morale voulut qu'il n'y eût pas de traître dans mon équipe et que le premier qu'ils tentèrent de soudoyer, Me Moynet, mon adjoint depuis six ans, me prévînt aussitôt :

— Que faut-il faire ? Ils ont forcé ma porte et sont dans mon salon. Dois-je les recevoir ?

— Bien sûr ! Et occupez-les le plus longtemps possible ; toute la nuit si vous le pouvez. Pendant ce temps, ils laisseront les autres tranquilles.

Ce qu'il fit. Et le maire de Bordeaux ainsi que ses douze adjoints furent, le lendemain matin, tous élus au troisième tour à la majorité relative des 17 voix dont nous disposions.

Ce fut la première et la dernière délibération du conseil municipal, du moins dans sa formation initiale. Les séances suivantes ne furent que tumultes qui s'enflaient dès l'ouverture et ne cessaient plus. J'étais aux prises avec un tripartisme d'un nouveau genre où marquettistes-socialistes-communistes — car il n'avait pas fallu huit jours à ceux-ci pour rejoindre les autres — se retrouvaient alliés pour donner de la voix et rendre impossible toute délibération. Après deux vaines tentatives, je dus renoncer à réunir le conseil. Cela dura dix-huit mois, pendant lesquels la municipalité fut ralentie et parfois bloquée. Bordeaux était menacée de paralysie totale.

Mais le destin d'une grande ville et celui de la nation sont parfois liés par quelque correspondance politique. Joseph Laniel était arrivé au pouvoir et j'avais pris une certaine part aux conversations qui avaient permis la constitution de son ministère. Comme il attendait de moi que je continuasse à jouer les bons offices auprès de mon groupe parlementaire, je lui donnai à entendre que je ne pouvais être au four et au moulin et qu'il importait, devant l'obstruction systématique dont j'étais l'objet à Bordeaux, que l'autorité de tutelle facilitât ma tâche en aplanissant les obstacles administratifs. Le préfet André Lahilonne sut faire une ample application des instructions qu'il reçut. Ainsi fut atteint, vaille que vaille, le début de l'année 1954.

Cette date imposait une échéance redoutable, celle du budget municipal, qu'il fallait bien se décider à soumettre au vote du conseil. Là, plus question d'autorité de tutelle ; c'était aux conseillers seuls de décider à la majorité des 37 voix, et aucune illusion n'était possible sur le résultat. Le budget refusé, c'était la dissolution inévitable et de nouvelles élections. Comme entre-temps Adrien Marquet était redevenu éligible, je n'aurais plus affaire seulement à une formation se réclamant de son nom, mais à une liste qu'il conduirait en personne. Dans cette hypothèse, les chances n'étaient pas de notre côté.

Si cette éventualité se fût produite, quel crève-cœur pour moi ! Une grande ville, surtout en situation déclinante comme l'était celle-ci, ne pouvait, sans en recevoir un coup fatal, se donner pour maire un homme réprouvé comme l'était Marquet par la quasi-totalité du personnel politique, et donc gouvernemental. C'eût été Bordeaux mise à l'index.

Conscient du péril qui menaçait la ville, je décidai de faire face, quoi qu'il arrive.

A toutes fins, je chargeai mes collaborateurs d'éplucher les textes qui régissaient la matière budgétaire municipale. Deux d'entre eux, devenus depuis lors, l'un, Robert Menciet, secrétaire général de la Communauté urbaine, l'autre, Gilbert Leroi, secrétaire général de la ville de Bordeaux, dénichèrent un texte qui leur parut miraculeux. Un décret-loi de 1935 — et signé de Laval — comportait trois lignes stipulant que le budget municipal était voté chapitre par chapitre, article par article, en équilibre, puis transmis au préfet pour approbation. Il apparaissait, au pied de la lettre, que n'était plus obligatoire un vote sur l'ensemble qui, depuis 1884, dans les trente-six mille communes de France, donnait lieu à des discussions et surtout à des votes décisifs. Ainsi, en dix-huit ans, personne ne s'était avisé d'une telle réforme !

N'osant y croire, j'ordonnai le secret à mes deux têtes chercheuses et résolus d'en avoir le cœur net en consultant l'autorité la plus indiscutable qui fût à mes yeux, par son appartenance au Conseil d'Etat et sa rigueur d'esprit : Michel Debré. Le messager revint, la veille de la séance, porteur d'un billet griffonné de sa main : « Tu peux y aller carrément. Tu es ferré à glace. » J'y allai donc !

Qu'on imagine cette séance. Elle se déroula devant un public nourri et frémissant, venu assister à ma chute, et dura de trois heures de l'après-midi à trois heures du matin. Je conduisis les débats en gardant un œil attentif sur la balance finale, puisqu'il était nécessaire que le budget fût présenté en équilibre au préfet pour être approuvé par lui. De la façon la plus réglementaire, le conseil examina d'abord les chapitres des dépenses. Chaque fois, donc, que je voyais s'accroître celles-ci, je notais les sommes qu'il faudrait ajouter aux chapitres des recettes. Cette obligation annonçait une manœuvre délicate. Lorsqu'on en vint, précisément, aux recettes, ces messieurs, qui avaient joyeusement voté les dépenses et même en avaient ajouté, répugnèrent à voter les impôts nécessaires à leur couverture. J'évoquai alors l'hypothèse des élections prochaines qui étaient la leur, disant qu'ils allaient me fournir un fier cheval de bataille si, ayant alourdi le budget, ils se refusaient à dégager les ressources correspondantes. Naturellement, c'était leur affaire. Ils hésitèrent durant quelques minutes qui me parurent longues. Assurément, Adrien Marquet eût flairé le piège. Mais les vingts conjurés impatients d'en finir s'y précipitèrent comme un seul homme, en décidant de voter les augmentations de recettes. La partie était gagnée.

Une fois acquis le dernier vote sur le dernier article du dernier chapitre, je me penchai vers mon premier adjoint, Roger Touton que je m'étais imposé de laisser dans l'ignorance, comme les autres.

— Etes-vous bien assis ? Sinon, carrez-vous.

— Oui, mon maire.

Et il me jeta un regard navré.

Pour lui, c'était l'hallali. Ce l'était aussi pour le public, pour les conseillers municipaux et pour les chefs des trois factions, le communiste Basile, le socialiste Jean-Raymond Guyon, le marquettiste Paul Estèbe. Chacun, déjà, sortait de sa serviette le discours affûté pour la mise à mort. Chacun désirait parler d'abord.

C'est alors que, de ma voix la plus neutre, je donnai lecture de la loi : « Le budget de la ville de Bordeaux pour 1954 ayant été, conformément au décret du 25 juin 1935, voté en équilibre chapitre par chapitre, article par article, est adopté. Il sera transmis au préfet pour approbation. »

Extraordinaire effet de stupeur. Une bonne vingtaine de secondes — c'est long — s'écoula sans que personne ouvrît la bouche. A ma gauche, le président Touton réprimait une forte envie de rire. Basile me contemplait fixement, le regard chargé d'une interrogation éperdue. Jean-Raymond Guyon alternativement baissait les yeux sur ses papiers et les relevait vers moi, laissant apparaître l'espace d'un éclair la sorte de considération qu'on éprouve entre techniciens — il était des Finances — devant un coup superbement joué. Quant à Paul Estèbe, la tête entre les mains, il se lissait les cheveux d'un geste mécanique, lui aussi m'interrogeant en silence dans une incrédulité promise à l'indignation.

Soudain, ce fut un exceptionnel chahut. Un avocat bordelais, porteur d'un nom respecté et qui avait été adjoint aux Beaux-Arts dans la municipalité précédente, était monté sur un pupitre et gesticulait en hurlant des imprécations dont aucune ne me parvenait distinctement. Je voyais les poings se fermer, les visages rougir de colère, les bouches articuler des mots, mais, par la force du tumulte, c'était le retour au cinéma muet. Après avoir fait appeler les chiffres globaux du budget de la régie du gaz et de l'électricité, je déclarai la séance levée et me retirai lentement en invitant mes collègues à me suivre.

La nouvelle fit grand bruit, se répandant à travers toutes les communes de France et accomplissant le tour du monde politique. Des années ont passé. La plupart des acteurs de cette scène ne sont plus là pour l'évoquer. Ni Basile, ni Jean-Raymond Guyon, ni Marc Fonade, secrétaire de séance, ni le cher président Touton. Mais je m'en souviens comme si c'était hier. Cette nuit-là, Bordeaux fut sauvée du pire.

Parmi les membres de la liste d'Adrien Marquet, figuraient quatre vieux Bordelais qui s'étaient engagés par fidélité à l'ancien maire. Quelques semaines plus tard, comme la situation restait inchangée et la machine municipale en panne, ils reçurent la visite d'amis communs venus leur représenter que ce n'était pas bien servir leur ville que de persévérer dans une opposition systématique. Au reste, ils avaient pu me voir à l'œuvre depuis plus d'un an. Etais-je l'infâme personnage qu'on leur avait dépeint : méprisant, perverti, cupide, prévaricateur ? Le retour d'Adrien Marquet à la vie politique bordelaise s'était, en effet, traduit par la reprise de ces campagnes personnelles qui avilissent ceux qui en sont les auteurs, mais dont ceux qu'elles visent ressentent les coups, tandis que l'opinion publique est égarée par la calomnie.

Ces quatre conseillers municipaux, après mûre réflexion, se rendirent aux raisons qui leur étaient exposées. Ils me firent une visite au palais de Rohan : ils renonçaient à l'opposition systématique tout en conservant leur liberté à mon égard ; leurs votes dépendraient dorénavant des solutions apportées aux problèmes. Je leur en donnai acte. Dans les huit jours se tint une réunion du Conseil. Elle fut fort longue : furent présentés plusieurs centaines de dossiers dont le traitement était des plus urgents ; enfin l'administration municipale put redémarrer.

Adrien Marquet, apprenant la position que s'apprêtaient à prendre ses quatre coéquipiers, avait fait une ultime tentative pour les retenir. Les ayant convoqués à son domicile, près de la Grosse Cloche, il leur avait enjoint, puis les avait exhortés, priés, suppliés, de ne pas donner suite à leur projet. Mon administration était à bout de souffle, tout au plus pourrait-elle tenir jusqu'au prochain budget, mais le coup du « vote inconscient » n'était pas près d'être refait, ni à Bordeaux ni ailleurs. Encore un peu de patience et la victoire était à eux. Rien n'y fit. Les quatre avaient pris leur décision et s'y tenaient. Ils le dirent ; il y fallait du courage : l'homme était doué d'un grand ascendant. Comme ils partaient, Adrien Marquet, penché sur la rampe de l'escalier, leur cria : « Ne faites pas cela ! Ne le faites pas ! Vous allez me tuer. » Ils pressèrent le pas.

Quelques jours plus tard, participant au tournoi de Monte-Carlo, je fus appelé au téléphone par Robert Menciet. C'était pour m'annoncer la fin d'Adrien Marquet dans des circonstances singulières. L'ardente passion qui l'habitait et sa volonté de poursuivre la lutte l'avaient conduit à organiser, à l'Athénée de Bordeaux, une réunion pour fustiger publiquement les quatre transfuges. Près de deux mille personnes débordaient des bancs, des partisans résolus, des curieux, et aussi des observateurs venus pour me rendre compte. Un orateur avait chauffé la salle, puis Marquet, grand prêtre d'un étrange jugement dernier, avait commencé par clouer au pilori chacun des quatre félons. Au moment précis où il annonçait qu'il allait en venir à « l'infâme », un malaise l'avait pris. Emporté hors de la salle, puis chez lui, il était mort après une brève agonie.

Par la suite, les quatre conseillers qui avaient incliné le destin de la cité purent constater que mon action était bien tendue vers l'intérêt général et que mon amour pour Bordeaux ne le cédait en rien au leur. Ils entrèrent progressivement dans mon équipe et devinrent de bons collègues et de bons amis. L'un d'eux, Jean Benais, fut, quelques années plus tard, un de mes adjoints les plus actifs. Un autre, Raoul

Lecu, avait été secrétaire général adjoint sous Marquet, puis directeur de cabinet de François Audeguil, fonction dans laquelle je l'avais trouvé et conservé jusqu'à sa retraite, n'ayant jamais eu qu'à me louer de sa loyauté. Revenu à la mairie comme conseiller municipal sur la liste Marquet, il se retrouvait faisant équipe avec le jeune maire qu'il avait naguère vu débarquer, non sans appréhension. A leur exemple, beaucoup de marquettistes se rallièrent à moi ; du moins ceux qui ne me faisaient pas procès de mon activité sous l'Occupation ni de mes positions politiques, encore que je n'en fisse ni étalage ni emploi dans l'accomplissement local de mes fonctions municipales.

Dès cette époque, Bordeaux était devenu pour moi un de ces êtres de chair et de sang auquel toutes vos fibres vous attachent et de qui le sort, à chaque instant, vous inquiète.

17

Les temps difficiles

Les élections municipales de 1953 sonnèrent le glas du R.P.F., qui perdit 15 % de ses voix. Le flux de l'inquiétude lui avait apporté des suffrages modérés que le reflux du soulagement lui retirait au profit des indépendants et du M.R.P. Balancement incessant des conservateurs, retournant, passé le péril, à leurs préférences originelles, et qui se reproduira plus tard en s'amplifiant.

Sitôt cet échec enregistré, le général de Gaulle décida de rendre leur liberté aux parlementaires qui avaient été élus sous l'égide du R.P.F. en 1951. Le moment lui semblait venu de prendre ses distances vis-à-vis d'un régime hostile et qu'il n'était pas possible, pour l'heure, de changer. « Voici la faillite des illusions. Il faut préparer le recours », proclama-t-il le 6 mai.

C'était la fin du R.P.F., dont le sigle disparut pour faire place à l'U.R.A.S., Union des républicains d'action sociale, qui, à l'Assemblée, maintint son effectif à quelques exceptions près. André Diethelm assura la présidence du groupe. Sa présence fut pour beaucoup dans la sauvegarde de l'unité, sinon de l'homogénéité de l'ensemble. Il devait mourir quelques mois plus tard et je lui succéderai à la tête de l'U.R.A.S.

Les temps difficiles étaient venus. La plupart des parlementaires gaullistes, livrés à eux-mêmes, auraient peine à subsister dans un univers politique qui d'instinct se fractionnait en partis traditionnels, rejetant par là même la notion de rassemblement, synthèse d'un nouveau genre qui empruntait aussi bien à la gauche qu'à la droite ses analyses et ses conclusions, domaine par domaine, sujet par sujet. Aux élections de janvier 1956, les gaullistes allaient être balayés. Il n'en reviendrait pas deux douzaines à l'Assemblée. Ceux-là du moins seraient définitivement affermis dans leur conviction et leur détermination. Et chacun à sa manière attesterait la nécessité d'en finir avec des institutions qui faisaient la part trop belle aux défauts des Français, et d'en appeler à celui qui, après avoir libéré la France, avait si bien défini la nécessité et les moyens de libérer la République.

En ce printemps 1953, ma conviction s'était renforcée. Il fallait ne rien céder sur l'essentiel, mais ne pas rompre sur ce qui ne l'était pas sans avoir tenté de trouver des terrains d'entente. Mes apprentissages, à trente-huit ans, étaient à peu près achevés. J'avais, par nature et par expérience, défini ma démarche politique. La rigueur l'inspire, la souplesse la guide. Jamais je n'ai retranché quoi que ce fût des principes auxquels j'avais engagé ma foi. Jamais non plus je n'ai examiné un problème, une situation, et les plus difficiles, sans rechercher d'abord les thèmes d'accord existants. Cela m'a valu, parfois d'être soupçonné d'habileté. Serait-elle interdite à la lucidité ? Le sport m'a appris qu'à la condition de respecter les règles, on doit essayer de construire le jeu intelligemment.

Il était devenu évident que René Mayer ne pourrait plus longtemps surseoir au fatal débat parlementaire sur la C.E.D., et qu'il lui serait de plus en plus malaisé de résister à la pression croissante qu'exerçaient sur lui les autres éléments de sa majorité. Le sort de son ministère fut scellé le 21 mai 1953. Il ne fallut pas moins de trente-six jours de crise pour que l'Assemblée nationale investisse Joseph Laniel, dans la lassitude générale. Guère tenté par la C.E.D., il me donna l'assurance qu'il ne ferait rien de positif à cet égard sans s'en être ouvert à moi. Je jouai, en effet, dans les conversations préalables à la constitution de son ministère, le même rôle discret qu'avec René Mayer, et dans la même conjoncture : à partir du moment où les socialistes boudaient le gouvernement, rien ne pouvait se faire sans l'appui de nos voix.

Nous nous accordâmes sur la désignation de cinq membres de l'U.R.A.S. Trois ministres : Corniglion-Molinier, ministre d'Etat, Maurice Lemaire à la Reconstruction et au Logement et Pierre Ferri aux P.T.T. Deux secrétaires d'Etat : Marc Jacquet aux Affaires étrangères et Henri Ulver au Budget. Pour la première fois, des gaullistes orthodoxes allaient participer au gouvernement. Pour ma part, j'avais jugé décent de me tenir à l'écart et fait observer au président du Conseil qu'il était préférable qu'il en fût ainsi, tant pour lui apporter une aide efficace que pour défendre auprès de lui les positions gaullistes.

La querelle de la C.E.D. ne rebondit qu'à l'automne. Pour le président du groupe de l'U.R.A.S. que j'étais devenu, il s'agissait de faire en sorte que le débat sur la ratification ne vînt pas avant l'échéance capitale que constituait l'élection du président de la République, fixée en décembre

Ce qui fut obtenu. En attendant, à la demande insistante des partisans du traité, on discuta du projet à l'Assemblée, du 17 au 27 novembre. Le ministère ne dut de survivre à cette épreuve qu'à l'abstention quasi générale des membres de l'U.R.A.S. dans le vote sur son ordre du jour. J'expliquai à la tribune qu'il s'agissait d'une neutralisation signifiant au gouvernement qu'il n'était pas en mesure de prendre de nouveaux engagements au nom de la France. Ce virage parlementaire avait été ardu à négocier. Un autre, plus difficile encore, se présentait.

Vint, en effet, ce Congrès de Versailles qui, du 17 au 23 décembre 1953, pendant sept interminables jours et treize tours de scrutin, donna, à l'étranger goguenard et à la France scandalisée, le spectacle de l'impuissance où s'enlisait le Parlement, et avec lui le système institutionnel tout entier. J'occupais un excellent poste d'observation, m'efforçant d'orienter les votes du groupe U.R.A.S. de l'Assemblée ; Le Basser, qui présidait le groupe gaulliste du Sénat, était pour moi un coéquipier avisé. Au total, les gaullistes représentaient plus de cent voix et constituaient, avec les indépendants menés par Roger Duchet et le M.R.P., un des trois piliers sur lesquels s'appuya la candidature de Joseph Laniel, tandis que Marcel-Edmond Naegelen, ancien gouverneur de l'Algérie, disposait des suffrages socialistes, communistes et radicaux.

On n'a pas oublié avec quelle obstination pesante Joseph Laniel maintint sa candidature pendant dix tours, dans une confusion croissante, face à un Congrès qui n'avait paru lui promettre sa faveur que pour mieux la lui retirer à petits coups. Au huitième tour, sa patience faillit être récompensée : il avait obtenu plus de voix que les 465 de la majorité requise. Mais André Le Troquer, qui présidait le Congrès, décida de tenir pour nuls les bulletins qui ne mentionnaient pas le prénom du candidat, arguant qu'il y avait deux Laniel, Joseph et son frère René. Comment les amis du président du Conseil présents aux opérations de dépouillement purent-ils laisser faire ?

Quand, après le neuvième tour, il fut avéré que Laniel ne passerait pas, Roger Duchet et moi décidâmes d'un commun accord que cela ne pouvait plus durer. Ce soir-là, le président du Conseil dînait à la préfecture de Versailles, à la table du préfet Demange. Nous fûmes le trouver au café pour lui dire, avec fermeté, qu'il ne nous paraissait pas possible d'aller plus loin et que s'il n'était pas élu au tour suivant, il lui faudrait renoncer, car nous n'étions plus en mesure de le porter à bout de bras, comme nous l'avions fait depuis quarante-huit heures. Il en convint avec le plus grand calme. Au dixième tour, son score tomba à 392 voix. La cause était entendue.

Duchet et moi jugeâmes qu'il fallait un candidat de relais, et notre choix se porta sur Louis Jacquinot, fin politique et excellent ami commun. Il commença par en rire, puis eut ce mot plaisant :

— Si je peux rendre service, je veux bien. Mais je ne me fais pas d'illusion sur le sort de cette candidature. Elle me vaudra beaucoup d'ennuis. Je serai battu ; et ma femme sera furieuse !

La petite histoire racontera comment il fut à deux doigts de réussir, n'ayant dû qu'à un incident fugitif au cours d'une séance de groupe, le vote contraire du M.R.P. Il accueillit avec bonne humeur le total honorable que le Congrès lui avait accordé — 338 voix — et s'en fut.

Nous épluchions les listes, Roger Duchet et

moi, à la recherche de sénateurs modérés qui ne fussent pas modérément républicains. Je me souvins alors d'une conversation de table que j'avais eue à Strasbourg avec un sénateur de la Seine-Maritime, René Coty. C'était au cours d'un dîner, donné à la préfecture en l'honneur de l'Assemblée du Conseil de l'Europe où je militais pour la représentation des collectivités locales dans les institutions européennes. Devant les convives intéressés et amusés, René Coty avait détaillé les fonctions, l'existence et l'emploi du temps du président de la République, indiquant aussi ce qu'il convenait d'y changer, avec une minutie éloquente. Effectivement, René Coty avait songé à l'Elysée. Il nous le confia dans le dédale du palais de Versailles où, pour quelques jours, campait la République.

— Mais, nous dit-il, la candidature de Laniel a chassé ce projet de mon esprit. Et maintenant, celle de Jacquinot...

Averti par nous du retrait certain de Jacquinot, il se prit à considérer sérieusement l'hypothèse de son élection. Je voyais son honnête visage s'éclairer à mesure que le projet prenait corps et crédibilité. J'en vins à lui poser la question de son attitude sous l'Occupation, sachant l'U.R.A.S. et le M.R.P. justement exigeants à cet égard. Je savais aussi qu'il n'était pas exclu que des ambitions se fissent jour dans notre groupe, auxquelles je ne voulais pas donner prétexte : la candidature d'un gaulliste, vouée à l'échec, ne pourrait qu'embrouiller les choses et prolonger la comédie.

— Mais, dit-il, nous nous sommes rencontrés sous l'Occupation. Souvenez-vous.

Il me rappela un épisode qui n'avait guère laissé de traces dans ma mémoire. C'était en juin 1944.

Le frère de mon beau-père, Henri Hamelin, questeur du Sénat, m'avait appris qu'un groupe de sénateurs résistants avait formé le projet de réunir en Congrès à Versailles les parlementaires ayant eu sous l'Occupation une conduite honorable. Ces parlementaires pourraient ainsi exprimer leur confiance au général de Gaulle à l'arrivée de celui-ci à Paris, afin de lui faciliter les choses. Ils désiraient prendre les contacts utiles. Ce n'était pas ma partie et je commençai par orienter mon interlocuteur vers Alexandre Parodi, à la Délégation générale. Mais il insista tant et si bien que je compris qu'il avait déjà parlé de moi, ce qui montrait que mon dispositif de sécurité n'était pas à l'abri des indiscrétions. Finalement, eu égard à nos relations familiales, je consentis à une entrevue.

Nous nous retrouvâmes du côté de l'Hôtel-Dieu, dans un appartement des plus bourgeois donnant sur la Seine. Quelques sénateurs chenus développèrent devant moi le schéma dont m'avait parlé leur collègue. C'était faire preuve d'une entière bonne volonté, mais aussi d'un complet déphasage par rapport au jugement que je prêtais au général de Gaulle sur ses relations présentes et à venir avec l'opinion. Je pris congé assez rapidement, et branchai ensuite ce groupe sur la Délégation générale.

— Eh bien, me précisa René Coty, cet appartement, quai aux Fleurs, c'était le mien, et je vous y ai reçu !

Il ne me restait plus qu'à exprimer ma confusion pour cet oubli, et à mettre notre nouveau candidat en piste à l'U.R.A.S., en lui faisant aussitôt rencontrer Le Basser, tandis que Roger Duchet se multipliait auprès de ses amis. Et voilà comment l'élection de René Coty fut assurée en deux tours : le douzième où il recueillit 431 voix, et le treizième qui lui vit obtenir la majorité absolue des membres du Congrès avec 477 suffrages. Dans les jours qui suivirent, avant l'installation à l'Elysée, Roger Duchet et moi fûmes reçus quai aux Fleurs comme les enfants de la famille ; nous eûmes droit à un déjeuner succulent que Mme Coty avait cuisiné elle-même, avec un art consommé et une extrême gentillesse.

Par la suite, le président Coty ne cessa de me manifester la plus grande confiance. Il me fit entendre que, si je me trouvais placé à point nommé au centre de gravité de l'Assemblée nationale, il serait heureux de m'appeler comme président du Conseil. Il déplorait que les circonstances ne s'y prêtassent pas.

En 1956, il devait me confier un message capital :

— Je constate comme vous, que la France est ingouvernable dans les conditions actuelles, autrement dit, que les institutions ne peuvent rester en l'état. Mais j'en suis le gardien et il ne faut pas compter que je les viole. Cela étant, mon devoir est de rester aux aguets pour trouver une issue. Voulez-vous faire savoir au général de Gaulle que je suis dans cet état d'esprit ? Voulez-vous ajouter que je le tiens pour le seul homme capable de tirer la France de ce marasme ? Dites-lui que, si une crise se présente, et qu'elle soit assez grave pour que je puisse tirer au maximum sur le crédit que la Constitution octroie au président de la République, je ne manquerai pas de m'engager à fond en faisant appel à lui pour former le gouvernement, dans le cadre de nos institutions, afin, précisément, de changer celles-ci. Soulignez aussi que je comprendrais fort bien qu'un homme tel que lui ne veuille pas être gêné par la présence, à la table du Conseil des ministres, d'une autorité juridiquement supérieure à la sienne — lui qui détient de fait la plus haute autorité morale qui soit dans ce pays. Dans ce cas, il n'y aurait pas de problème René Coty : je serais fier de rentrer au Havre, ma ville, avec le sentiment d'avoir bien servi la France et la République, mieux encore que j'avais rêvé de le faire.

Il ajouta :

— Vous pourriez dire également au général de Gaulle que je me pique de connaissances constitutionnelles pour avoir beaucoup travaillé ces questions, et qu'il serait sans doute utile que je fasse partie de ceux qui auront leur mot à dire pour la définition et la mise en œuvre des futures institutions.

Tel était le personnage que Roger Duchet et moi avions aidé à gravir les marches élyséennes : le plus honnête des hommes. Je fis tenir le message, et le général Ganeval, chef de la maison militaire du président Coty, fut chargé d'établir une liaison directe entre le faubourg Saint-Honoré et Colombey-les-Deux-Eglises.

En attendant, la IVe République poursuivait son existence convulsive. Le gouvernement Laniel survécut six mois dans une atmosphère empoisonnée, son existence sans cesse remise en cause, à propos du budget, de la C.E.D., et surtout de l'Indochine. Le drame, là-bas, se transformait soudain en tragédie ; le vent de la défaite soufflait sur nos armées obligées de combattre dans des conditions déplorables. Pour n'avoir pas prévu l'efficacité du système d'intendance et de transport de l'adversaire, la France de Verdun allait être vaincue par une multitude de coolies à vélo et à pied, opérant sur des distances surprenantes et portant comme les fourmis des charges inattendues. La conférence de

Genève, qui s'ouvrit le 26 avril sur l'Indochine et la Corée, traînait en longueur dans l'attente d'une défaite de nos armes. Ce fut la chute de Dien Bien Phu, le 7 mai 1954.

Le gouvernement Laniel tomba le 14 juin. Au cours du débat final, à l'Assemblée, deux interventions tranchèrent. Celle de Georges Bidault, ministre des Affaires étrangères, qui menait au nom du gouvernement les négociations de Genève, et qui fit montre d'une volonté indéniable de les poursuivre sans précipitation ni mollesse. Et celle de Pierre Mendès France, qui prononça ces paroles prémonitoires : « Au moment où la succession d'erreurs et de fautes qui ont fait du Vietnam le tombeau de tant de vies et d'espérances françaises prend le relief le plus dramatique, voici que de nouvelles menaces graves et imminentes viennent peser tout à la fois sur l'avenir de notre Afrique du Nord et sur l'avenir des alliances qui conditionnent notre sécurité et notre indépendance... Cette fois, avec l'Afrique du Nord, il s'agit d'une partie du corps et de l'âme de la France, du soubassement de notre force politique, économique, militaire et internationale... »

Quatre jours plus tard, Pierre Mendès France devenait président du Conseil, et j'étais son ministre des Travaux publics, Transports et Communications.

18

Mendès et les autres

J'étais entré au gouvernement parce que la personnalité de Pierre Mendès France avait transformé le jeu politique. Sa démarche d'esprit, son approche des problèmes, ses relations avec les partis, en un mot son style, étaient différents de ce qu'avait jusqu'alors connu le régime. Le 18 juin, il avait adressé au général de Gaulle un télégramme qui ne pouvait que me toucher : « En ce jour anniversaire qui est aussi celui où j'assume de si lourdes responsabilités, je revis les hautes leçons de patriotisme et de dévouement au bien public que votre confiance m'a permis de recevoir de vous. » Il y avait là un souffle qui balayait les réticences.

C'en était fait de ces négociations, de ces conciliabules, de ces compromis et compromissions qui compliquaient à l'envi la constitution des ministères ; Pierre Mendès France refusa tout contact avec les états-majors politiques, y compris le sien. Il s'entretint seulement avec ceux qu'il entendait appeler auprès de lui : radicaux, U.D.S.R., indépendants et U.R.A.S. Pour ma part, je fus réveillé à quatre heures du matin par un messager casqué et botté. Le télégramme était concis : « Désirant vous participiez au gouvernement, vous attendrai onze heures mon cabinet présidence commission des Finances. » Cinq autres gaullistes entraient également : le général Kœnig à la Défense nationale, Maurice Lemaire à la Reconstruction, Christian Fouchet aux Affaires tunisiennes et marocaines, Diomède Catroux à l'Air et Maurice Ulver au Budget. J'avais vocation à la représentation politique de notre groupe parlementaire. Pierre Mendès France avait d'abord proposé ce rôle à Jacques Soustelle ; celui-ci avait refusé, considérant que les fonctions qu'il venait de remplir auprès du général de Gaulle au sein du R.P.F. le lui interdisaient ; il avait indiqué mon nom.

J'assumai donc une charge ministérielle pour la première fois, et sans émoi particulier pour m'être de longtemps familiarisé avec le plus haut service de l'Etat et les hommes qui l'assumaient. J'avais en charge, avec les Travaux publics, l'ensemble des Transports et Communications, vaste domaine dont Pierre Mendès France, qui savait déléguer pouvoirs et responsabilités, me demanda de ne lui parler que pour des questions de principe. De telles dispositions me convenaient fort bien et je n'eus avec lui que deux entretiens de cette nature. Le premier, un dimanche matin, au sujet de la S.N.C.F., dans l'autorail qui le ramenait de Rouen à Louviers. Le deuxième, à Matignon, au cours d'un comité interministériel qui me permit d'emporter la décision de construire le paquebot *France*.

Mes interventions politiques auprès du président du Conseil furent plus nombreuses, sans toutefois se multiplier. Dès notre conversation initiale, j'avais souligné ma position à l'égard de la C.E.D. qu'il connaissait fort bien, en lui précisant que je quitterais le gouvernement, et sans doute pas seul, si venait devant l'Assemblée nationale le projet de loi portant ratification du traité. Les choses étaient claires. Elles l'étaient toujours avec Pierre Mendès France, l'homme le moins sinueux qui fût.

Sur ce problème, Pierre Mendès France n'avait pas une position bien arrêtée. Il en supputait le pour et le contre, mais ne tranchait pas. Au surplus, l'Indochine monopolisait son attention. Dès la fin du conflit, à la suite de la conférence de Genève, il engagea d'un même pas le processus tunisien. Le 31 juillet 1954, à Carthage où le maréchal Juin l'avait accompagné, il reconnut l'autonomie interne de la Régence, prélude à la création d'un gouvernement tunisien chargé de négocier un accord avec la France.

L'affaire de la C.E.D. ne vint qu'ensuite. Elle donna lieu, en Conseil des ministres, à des discussions serrées, qui étaient familières à certains, notamment au président Coty. C'était la France qui, à l'origine, avait proposé la C.E.D. à ses partenaires européens. C'était elle qui tardait à se déterminer. Il fallait en finir, d'une manière ou d'une autre. Le seul moyen était de soumettre le problème au Parlement. Pierre Mendès France, après un long débat, décida que le projet serait présenté le 30 août.

Je démissionnai aussitôt. Le général Kœnig fit de même, ainsi que Maurice Lemaire. Les trois secrétaires d'Etat jugèrent utile de rester, notamment Fouchet qui, responsable des développements tunisiens, jugeait de son devoir de poursuivre sa tâche.

Mendès France se rendit à Bruxelles. Il y fut, à la lettre, effaré du traitement qui lui était infligé. Sa neutralité à l'égard du traité s'en nuança de quelques réserves, tandis que toute proposition de caractère transactionnel était rendue impossible par l'intransigeance de nos partenaires. De retour de Bruxelles, il tint parole en déposant le projet de loi sur le bureau de l'Assemblée et en se gardant de toute action pressante.

La nuit qui précédait le débat, quittant le Palais-Bourbon où la situation était fluctuante, Gaston Palewski et moi forçâmes la porte du président Herriot à l'hôtel Commodore, sur les boulevards. Nous le savions foncièrement hostile à la C.E.D. et nous voulions mobiliser sa forte voix. Il fallut longtemps parlementer avec la vigilante Césarine, sa gouvernante, avant que le président nous reçût dans son lit, la tête émergeant tout juste de la couverture et le regard encore embrumé par le premier sommeil. L'entretien porta sur la motion que devaient présenter en séance publique les adversaires du traité ; elle avait pour but d'écarter définitivement celui-ci en soutenant qu'il n'y avait pas même lieu d'en discuter. La conversation fut longue et embrouillée. Finalement, Edouard Herriot accepta de présenter la motion. J'ai lieu de croire qu'il avait déjà sérieusement envisagé cette éventualité et réfléchi à ce qu'il dirait. Ce devait être un de ses derniers rôles.

Le lendemain, Edouard Herriot, que ses infirmités empêchaient de monter à la tribune, parla de sa place, devenue aujourd'hui la mienne. Ma formation parlementaire était encore à parfaire : le discours me déçut et m'inquiéta. Mais Herriot connaissait mieux que moi son monde et les thèmes propres à le charmer. Il obtint le meilleur résultat qu'on pût espérer : 319 voix contre 264 et 41 abstentions. Ainsi disparut la C.E.D.

Cette longue bataille autour de l'armée européenne était de celles qui ne s'achèvent pas. Partisans et adversaires de la C.E.D. demeurent aujourd'hui sur leurs positions. Mieux vaut ne pas revenir sur ces sujets et que ceux qui croient à la nécessité de construire l'Europe s'attellent à la tâche, ensemble et sans regarder en arrière.

Des mois avant ces événements, j'avais eu l'occasion d'en prévenir le nouvel ambassadeur des Etats-Unis à Paris, Douglas Dillon. Son père était propriétaire d'un des grands crus bordelais, le Château-Haut-Brion. Je le rencontrai avant qu'il ne prît ses fonctions. Je lui dis que, contrairement à ce qu'avaient pu assurer à Washington tous ses prédécesseurs, le traité instituant la C.E.D. ne serait probablement pas ratifié par le Parlement français. Il en fut stupéfait. Je lui conseillai de ne pas limiter ses contacts aux milieux favorables à la C.E.D., dont l'influence allait diminuant, ni au Tout-Paris mondain, qui lui offrait un portrait déformé de la France politique. Du coup, je lui indiquai un certain nombre de gens à voir pour élargir son information. Il le fit et en fut par la suite louangé dans son pays ; mais ses débuts furent difficiles avec le Département d'Etat, où personne ne mettait en doute l'adoption de la Communauté européenne de défense.

Pierre Mendès France m'avait dit ne pas se résigner facilement à mon départ. Il ne le considérerait pas comme définitif au cas où le traité ne serait pas ratifié. Dès le lendemain du vote, il me demanda de reprendre ma place. Il n'en usa pas de même vis-à-vis du général Kœnig, avec qui il n'avait pas noué d'entente profonde. En revanche, il accepta que Maurice Lemaire reprenne sa place à la Reconstruction, après quelques semaines pendant lesquelles j'en assurai l'intérim, avec le relais affable mais attentif de René-Georges Thomas, détaché à cet effet du boulevard Saint-Germain au quai de Passy.

On connaît la suite. Le 5 février 1955, l'homme qui avait choisi la voie la plus étroite et la plus élevée et, en si peu de temps, crevé tant d'abcès et affronté tant de problèmes — l'Indochine, la Tunisie, la C.E.D., la lutte contre l'alcoolisme — tombait par 319 voix contre 271, victime de la médiocrité qu'il avait su, un temps, tenir en respect. Destin combien injuste, celui qui n'a offert qu'un peu moins de huit mois à Pierre Mendès France, sur toute une vie, pour développer une puissance si grande et si efficace.

Je demeure cependant convaincu que cette fin prématurée aurait pu être évitée et que Pierre Mendès France, en 1954, avait une opportunité décisive à saisir. Je tentai de le lui faire admettre le jour même de la formation de son gouvernement, tandis que le bouclage de la liste ministérielle traînait en longueur. « Il est avéré, lui disais-je, que les institutions ne permettent pas de gouverner réellement. Voyez ce qu'il est advenu depuis que la Constitution de 1947 est en vigueur. Personne, pas même vous, ne parviendra à conjurer les démons. Si l'affaire d'Indochine peut se régler, profitez-en, au premier incident de parcours, pour saisir l'opinion publique en disant ses vérités à l'Assemblée. Reprenez à votre compte, à huit ans de distance, la constatation du général de Gaulle, renforcée depuis par l'expérience. Puis annoncez que le gouvernement engagera sa responsabilité sur un projet de réforme constitutionnelle. »

Ce projet, ajoutai-je, devait aller dans le sens de la « Constitution de Bayeux », du nom de la ville où, le 16 juin 1947, le général de Gaulle avait prononcé un discours fameux. Selon toute probabilité, le gouvernement serait renversé à la suite d'une telle déclaration, les esprits n'étant pas mûrs pour la recevoir. Ce ne serait qu'une péripétie. Avant dix-huit mois, devant l'impuissance des successeurs, on viendrait de toutes parts rechercher Pierre Mendès

France pour former un nouveau gouvernement et réformer la Constitution. Alors, le général de Gaulle reprendrait les rênes de l'Etat, et Mendès siégerait à ses côtés.

Quelques mois plus tard, je tins le même langage, une nuit à l'Assemblée. Nous étions seuls, assis au banc du gouvernement ; la séance avait été une nouvelle fois suspendue et le groupe socialiste était en train de marchander son appui. Les officieux s'affairaient dans les couloirs où le désenchantement des uns commençait à s'effacer devant la convoitise des autres. Tout se délitait, s'ensablait, s'enlisait. A son tour, le gouvernement allait être étouffé cette nuit-là ou la suivante.

— Ne voyez-vous pas, dis-je à Mendès France, qu'il n'est que temps de rompre l'encerclement ?

Pas plus cette fois que la précédente, ce langage ne lui plut. Il y vit de ma part une sorte de défaitisme et peut-être aussi un manque de confiance dans sa capacité à dominer les difficultés. C'était ainsi que se perdait le temps de la France ; et avec quelles conséquences ! Quoi qu'il en fût, j'ai conservé de cette époque, et de mon travail sous la direction de Pierre Mendès France, un souvenir ineffaçable.

Après lui vint Edgar Faure. Je me tins à ses côtés, d'abord lorsqu'il se présenta à l'Assemblée, ensuite lorsqu'il constitua son gouvernement. Toutefois, en dernière heure, je refusai d'entrer dans sa formation, me jugeant plus utile dehors que dedans. Cette formule trop souvent employée à masquer une dérobade, ou pire encore, inquiéta Edgar Faure. J'eus de la peine à lui faire admettre qu'il s'agissait dans mon cas d'une réalité et ne jurerais pas d'y être parvenu. J'avais décidé de me tenir à l'écart pour mieux assurer ma présence parmi les députés et sénateurs gaullistes, et aussi pour consacrer davantage de temps à ma ville et à sa région. La représentation gaulliste était d'ailleurs convenablement assurée au sein du gouvernement.

Pour l'essentiel, je confirmai au président du Conseil mes deux lignes de force personnelles : préparer les voies à la réforme des institutions, c'est-à-dire au retour du général de Gaulle ; prendre garde à ce que vinssent à terme les recherches en vue d'atteindre à la puissance nucléaire. Sur ce second point, Edgar Faure fit en sorte que je n'eusse pas à regretter de lui avoir facilité les choses, puis de l'avoir soutenu durant ses débuts, souvent difficiles.

La chute du gouvernement Mendès France avait, en effet, retardé la mise sur pied du système d'études de l'atome militaire. Tout avait été rendu possible par le programme que Pierre Guillaumat avait fait adopter en 1952 pour son Commissariat à l'énergie atomique (C.E.A). Ce programme, avec les trois piles de Marcoule, était plutonigène, et c'était précisément le plutonium qui était indispensable à l'entreprise. Le dossier avait été confié au colonel Binoche, chef du cabinet militaire de Pierre Mendès France. Binoche avait pour vis-à-vis à la Défense nationale, Guillaume Widmer, le directeur du cabinet du ministre, Emmanuel Temple. Ces hommes étaient convaincus de la nécessité d'agir, mais, tant au plan intérieur qu'à l'extérieur, une action au grand jour paraissait devoir rencontrer des obstacles insurmontables. Un système discret fut imaginé : prenant la responsabilité des études, le C.E.A. se verrait détacher du personnel militaire, et déléguer par la Défense nationale des crédits inscrits aux charges communes, échappant de ce fait à un contrôle parlementaire spécifique. C'était à prendre ou à laisser. Laisser aurait compromis l'avenir du pays. L'affaire fut reprise sous Edgar Faure et l'entrée de Gaston

Palewski au gouvernement se révéla décisive. Chargé de la Recherche scientifique, il se trouvait au point de rencontre des Armées et du Commissariat à l'énergie atomique. Le 1er mars 1955, un protocole secret fut signé entre Pierre Guillaumat, pour le C.E.A. et les directeurs de cabinet des ministres de la Recherche scientifique et des Armées, Marc Boegner pour Gaston Palewski et Guillaume Widmer pour le général Kœnig qui avait remplacé Emmanuel Temple rue Saint-Dominique. Binoche, héroïque compagnon de la Libération, n'était plus là ; mais il avait bien joué son rôle. Allait arriver Buchalet qui deviendrait le plus jeune général de France, détaché des Armées au C.E.A. pour « faire la bombe atomique », comme on disait dans un cercle étroit. Ayant annoncé la première explosion pour le premier trimestre 1960, il l'accomplit le 13 février à Reggane. Belle précision. Et utile.

Quelques semaines après la formation du gouvernement, je tentai un rapprochement entre Pierre Mendès France et Edgar Faure. Il me paraissait souhaitable qu'ils puissent conjuguer leurs efforts. J'avais présumé de mes talents. Bien qu'extériorisant beaucoup d'amitié entre eux — avec de la part de Mendès une pointe d'agacement et de celle d'Edgar Faure un rien d'ironie — ils étaient trop opposés de tempérament pour ne pas se séparer. Un déjeuner à trois, chez moi, me démontra la vanité de mes efforts. Le retard de l'un, puis la comédie des places à table — elle était ronde pourtant — donnèrent d'entrée un tour dérisoirement tendu et manqué à la rencontre.

Les mois passèrent ; la divergence entre Pierre Mendès France et Edgar Faure s'accentua ; elle devint même une difficulté majeure ; le chaudron parlementaire recommençait à bouillir. Arriva le moment où Edgar Faure ne fut plus seulement aux prises avec les socialistes, mais avec une bonne partie des radicaux. Dieu sait pourtant que ces derniers, du moins leurs dirigeants, avaient tout fait précédemment pour s'opposer à l'accession au pouvoir de Pierre Mendès France, quoi qu'il fût un des leurs. Pour leur part, les gaullistes quittèrent le gouvernement en octobre.

La situation se bloquant, Edgar Faure prit la décision de dissoudre l'Assemblée nationale. Ce fut pour se trouver en présence d'un cartel, le Front républicain, où voisinaient les socialistes de Guy Mollet, les radicaux de Mendès France, les U.D.S.R. de François Mitterrand — sans René Pleven en opposition ouverte de longue date avec lui — et les républicains sociaux dont j'étais le président. Il s'agissait d'une simple plate-forme électorale, aux composantes trop disparates pour qu'elle pût résister à l'épreuve du temps, mais qui, indiquant une tendance réformiste, fut assez bien présentée pour rendre possible le succès. Aux élections de janvier 1956, le Front républicain l'emporta de justesse. Dès le lendemain, bon nombre d'élus de l'autre bord s'empressèrent de venir grossir ses rangs, n'ayant à franchir qu'une frontière illusoire.

Pierre Mendès France avait gagné les élections, menant la campagne avec son énergie et sa sobriété habituelles. Ce fut Guy Mollet que le président Coty appela pour être président du Conseil. Il s'en expliqua devant moi en disant que les qualités mêmes de Pierre Mendès France, la force de sa personnalité, la rigueur de son action le desservaient dans le moment. L'hostilité à laquelle il était en butte chez les radicaux et ailleurs risquait de déclencher contre son gouvernement des menées plus ou moins souterraines, qui auraient tôt fait de le détruire. La situation était trop tendue pour qu'on pût prendre un pareil risque. L'affaire d'Algérie, qui avait débuté par la Toussaint sanglante de 1954, s'annonçait redoutable. Dans l'état d'instabilité constitutionnelle où se trouvait la France, il fallait prévenir tout à-coup. Et les hommes devaient d'autant plus s'effacer devant l'intérêt public qu'ils en étaient les meilleurs serviteurs.

Il dut tenir le même langage à Pierre Mendès France, car nous nous retrouvâmes tous deux ministres d'Etat auprès de Guy Mollet. Le président de la République ne manquait pas de prendre une part active aux délibérations du Conseil, où il développait avec rigueur des arguments empreints de bon sens et d'humanité.

Mon entrée dans ce gouvernement se fit à petits pas, en raison du caractère délicat de l'affaire nucléaire. Les études sur l'atome militaire se trouvaient plus que menacées. Le fait que les travaux initiaux n'avaient pas été portés à la connaissance du Parlement n'y était pas pour rien. Guy Mollet était décidé à mettre fin à une dissimulation dont la découverte ne manquerait pas et d'entraîner la chute de son gouvernement, et de lui faire perdre la face devant les siens. Il estimait que la majorité de son parti S.F.I.O., dont il était le Secrétaire général, balaierait cette entreprise considérée par elle comme belliciste, et qu'il convenait d'y mettre un terme.

J'indiquai à Guy Mollet que, s'il interrompait les travaux en cours, ceux-ci ne pourraient pas reprendre de longtemps, du seul fait de la dispersion de l'équipe de pointe qui avait été constituée à grand-peine. Ainsi la France serait privée de l'arme de la dissuasion dans un monde où celle-ci avait les plus grandes chances de se révéler indispensable, du moins tant que le désarmement général ne s'imposerait pas aux esprits et dans les faits. De toute ma force, je fis appel à sa conscience d'homme politique responsable de la nation pour qu'il me permît de l'informer complètement sur les études entreprises, leurs conditions de développement, leurs perspectives et, davantage encore, leur signification au regard d'une vision globale de l'univers.

Froid au premier abord, tranchant dans ses jugements, parfois brutal, Guy Mollet est beaucoup plus sensible qu'il ne veut le paraître. Je dois lui rendre cette justice pour les mois pendant lesquels j'ai travaillé à ses côtés : chaque fois qu'un intérêt supérieur était en cause, il a manifesté sa probité intellectuelle. Nous passâmes à l'hôtel Matignon une soirée discrète avec mes deux experts : l'un, le général d'aviation Gallois, allait faire autorité en ces matières ; l'autre, Henri Ziegler, avait déjà toute ma confiance. Cette séance de travail, rondement menée, emporta la conviction du président du Conseil. Prenant ses risques, tout en souhaitant sortir de la clandestinité, il décida la poursuite des recherches.

19

La montée des orages

Je voulais éviter le récit chronologique et le voici qui s'impose. Mon existence, en ces temps incertains, a été si étroitement mêlée à la vie nationale que je ne puis raconter l'une sans évoquer l'autre. Ainsi d'un couple qui s'essaie à revenir sur le passé : un épisode en amène un autre, et l'écheveau des souvenirs se dévide. Qu'ai-je connu d'autre qu'une longue histoire d'amour avec la France ? Ses joies et ses malheurs sont les miens ; je brûle de ses fièvres et m'efforce d'assurer son salut en la servant de mon mieux. Ayant la chance d'être parmi ceux qui ont accès à son chevet, j'en éprouve un sentiment exaltant d'intimité avec elle, partageant mon existence entre les soins que je lui dois et ceux que je consacre à Bordeaux, ma grand-ville.

Qu'est-ce donc qu'un homme politique, sinon un être capable d'éprouver pour des abstractions — la nation, l'Etat, la cité — les mêmes sentiments bouleversants que pour autrui ?

Des contrats me lièrent successivement à des présidents du Conseil très différent les uns des autres. Ils furent des plus simples à passer et à appliquer. Pourvu, par l'arithmétique électorale, d'un atout majoritaire, j'en jouais au mieux des idées que je défendais, soit en étant le mentor gaulliste des négociations préparatoires, soit en participant moi-même au gouvernement.

Dans les deux cas, les limites de l'épure étaient nettes. Ministre, il était de convention expresse que, servant le président du Conseil aussi longtemps que je ne trouverais pas dans son action de motif de désaccord fondamental, je garderais une entière liberté de parole. L'instabilité où nous plongeaient nos institutions, l'urgence d'y porter remède, la nécessité pour cela de faire appel à de Gaulle : autant de points sur lesquels j'entendais ne pas être réduit au silence. Parce que je parlais clair, j'obtenais satisfaction.

Il m'arrivait, après quelque discours dominical enflammé, de me trouver en porte à faux, le mercredi matin, au Conseil des ministres. Certains de mes collègues se scandalisaient de ma liberté d'expression, moins de leur fait qu'en raison des récriminations qu'ils avaient dû subir de leurs amis. L'atmosphère de l'Elysée en était parfois alourdie. Il arriva que le président du Conseil, voire le président de la République lui-même fussent conduits à souligner que je n'avais pas rompu le contrat gouvernemental.

En une occasion, la difficulté prit un tour plus aigu. Certains crurent déceler un complot contre la République dans ce qui n'était qu'un acte de courtoisie, dont je reconnus d'ailleurs que j'aurais pu me dispenser. Une revue militaire avait eu lieu à Bordeaux, à l'occasion du 8 Mai, dont la célébration, à l'époque, n'était pas discutée. Le comte et la comtesse de Paris se trouvaient cette année-là parmi les hôtes de Bordeaux pour le Mai musical. Je conviai le comte à prendre place dans la tribune, puis à venir saluer le drapeau en compagnie du préfet Lahilonne et du général Humbert, commandant la région militaire. Tempête à l'Elysée, dans un verre d'eau.

Plût au ciel que le gouvernement Guy Mollet n'eût été obligé d'affronter que de tels orages ! Bien d'autres le menaçaient. C'était Alger en ébullition, poussant des cris de haine et lançant des projectiles sur le président du Conseil venu, le 6 février 1956, installer Robert Lacoste comme nouveau ministre résidant pour remplacer Jacques Soustelle. C'était la montée de la violence et du racisme, et la rébellion algérienne peu à peu gagnant à la main. Ce fut, en juillet, Nasser nationalisant le canal de Suez dans un énorme éclat de rire, puis, en réaction, début novembre, l'expédition franco-anglaise, échouant tout près du but sous la pression conjointe de l'Union soviétique et des Etats-Unis.

On ne saura jamais, à propos de cette expédition de Suez, ce qui se fût produit une fois les objectifs militaires atteints, ni si l'ordre des facteurs, au Moyen-Orient et en Afrique du Nord, eût été modifié au point de dériver le cours des événements. En tout cas, j'ai gardé le souvenir de l'exaspération de Bourgès-Maunoury revenant de Londres, où il avait vainement tenté d'accélérer la marche de la lourde machine de guerre britannique. Il mesurait à quel point le temps nous était compté. C'était une course poursuite entre les troupes engagées sur le terrain et l'offensive diplomatique menée par les puissances principales, et d'abord les U.S.A. : leur pression s'accentuait chaque jour sur un Anthony Eden aux capacités de résistance minées par la maladie. Cette vaste opération, montée par les Anglais et les Français à l'insu des Américains, devenait d'autant plus insupportable à ces derniers qu'en ne s'y opposant pas ils avaient l'air de l'encourager en sous-main, ce qui renforçait la position des Soviétiques auprès des pays arabes.

J'étais de la demi-douzaine de ministres que Guy Mollet fit venir, un soir après dîner, à son cabinet de l'hôtel Matignon pour leur communiquer un message par lequel Moscou menaçait d'utiliser l'arme nucléaire si les franco-britanniques ne renonçaient pas à leur entreprise. La menace était à l'évidence tournée contre la France et notamment sa capitale. Paris sous les bombes atomiques ? Après une discussion au fond, nous convînmes d'écarter cette hypothèse et de répondre sur le mode d'une incrédulité polie. C'était ma thèse, celle aussi du président du Conseil et de la plupart des ministres présents.

Cette alerte passée, ce fut du côté de Londres que la situation se dégrada. Les coups de téléphone d'une rive de l'Atlantique à l'autre se faisaient de plus en plus impérieux. Anthony Eden, menacé d'une attaque de grande envergure contre la livre sterling, était à bout de forces. Guy Mollet se battit pied à pied, demandant des délais pour faire aboutir l'opération commune. Il gagna une journée, puis encore quelques heures arrachées à un partenaire vacillant. Pendant ce temps, les troupes anglaises qui étaient en tête de colonne n'avançaient plus le long du canal qu'avec une lenteur processionnelle. Le commandement français protestait. En vain. Je me rappelle ce télégramme adressé au ministre de la Défense par un de nos chefs de corps, bloqué par le bouchon britannique : « Puis-je forcer le passage à coups de canon ? »

Le gouvernement survécut à ces épreuves de portée internationale, mais non aux poisons distillés par les députés et les sénateurs dans l'atmosphère confinée du Palais-Bourbon. Sort quelque peu surprenant de ces ministères de la IVe République : on y tenait mieux tête à Washington et à Moscou qu'à une poignée de parlementaires menant leurs cabales. Au bout de quelques mois, le président du Conseil et ses fidèles se voyaient contraints de consacrer le plus clair de leur temps et de leur énergie à déjouer les pièges tendus par quelques personnages consulaires qui, supportant de plus en plus mal leur absence de pouvoir, dépêchaient leurs séides à la buvette et dans les couloirs pour catéchiser tout ce que la majorité pouvait compter d'esprits flottants. « Mon patron estime regrettable, disaient ces sicaires avec une mine dévote, que dans des circonstances aussi difficiles, un homme tel que vous ne soit pas encore au gouvernement. » Ce travail de sape, accompli dix, vingt, cent et mille fois au long des semaines, finissait immanquablement par creuser sous les pas du président du Conseil de profondes et invisibles galeries, qui n'épargnaient pas sa propre demeure. A la première occasion, le gouvernement tombait sous un prétexte quelconque ou bien éclatait comme une grenade trop mûre.

Guy Mollet donna sa démission le 21 mai 1957. Maurice Bourgès-Maunoury lui succéda. Il eût aimé me voir figurer dans son ministère avec Félix Gaillard, qui y occupait les Finances. Quelle joie si les trois amis avaient pu se retrouver au sein d'un même gouvernement ! Il me fallut décliner son offre. Je ressentais l'impérieuse nécessité de me consacrer de nouveau à mon groupe qui, pour avoir été réduit à une poignée de députés par les élections de 1956 — nous étions vingt et un — n'en était pas devenu plus homogène. Il avait tendance à se diviser en trois : les « pour », les « contre », et les abstentionnistes. Il était temps pour moi de retourner au moulin.

Bourgès-Maunoury tint trois mois et demi, le

temps d'être submergé à son tour par les vagues de la grogne déferlant à cadence accélérée. Il tomba sur le projet de loi-cadre concernant l'Algérie. Pour affronter les rigueurs de l'époque, il eût fallu que les hommes en charge de la responsabilité du pouvoir fussent mieux soutenus par les institutions. Ces hommes n'étaient pas en cause, si ce n'est pour la légèreté qu'ils apportaient, précisément, à rester dans le cadre institutionnel de la IVe République. Ni la bonne volonté, ni la capacité, ni même l'énergie ne leur faisaient défaut. Mais le système les vouait à la paralysie et à l'impuissance. Souvenons-nous.

Après cinq semaines de crise, Félix Gaillard fut appelé à son tour. Il était jeune, étincelant, et possédait la formation comme les capacités requises pour gouverner le pays. Cette fois, je ne différai pas davantage la satisfaction de nous voir réunis avec Bourgès-Maunoury au sein d'un même gouvernement. Je sentais venir de grands événements et voulais être à un poste de responsabilité. En outre, l'heure approchait où, de la fabrication du premier engin nucléaire, on allait pouvoir passer à la préparation de la première explosion. Moment capital. Convaincu de la nécessité pour la France d'accéder à la dissuasion atomique, Félix Gaillard était résolu à donner une nouvelle impulsion à cette vaste et coûteuse entreprise que notre pays devait conduire à son terme par ses seuls moyens. C'était rue Saint-Dominique, au ministère de la Défense nationale, que je serais le mieux posté pour veiller à la manœuvre. Je le dis à Félix Gaillard. Bien que la composition du ministère en fût quelque peu compliquée, il acquiesça.

Rue Saint-Dominique, je retrouvai un domaine qui ne m'était pas étranger et certains collaborateurs de longue date. Cela ne me dispensa pas des tâches habituelles de reconnaissance. Un ministre, à son arrivée, est comme un éclaireur envoyé en territoire incertain. Il lui faut au plus vite repérer la topographie, les chausse-trapes, les voies de grande et petite communication, les défilements possibles, et aussi prendre une vue de l'ensemble. Comparaison d'autant plus évidente qu'il s'agissait, en l'espèce, du ministère de la Défense nationale, et qu'en 1957, il fallait d'abord y traiter de l'Algérie. Terrain plein d'embûches, s'il en fut.

Afin de replacer la défense dans son cadre véritable, qui est celui de l'activité nationale sous toutes ses formes, notamment économiques, je constituai une sorte de conseil privé où j'appelai une vingtaine d'hommes éminents dans leur branche, des militaires, mais également des civils. Il en sortit des conclusions et des propositions selon une nouvelle conception de la défense et de l'armée dans la nation. Une partie d'entre elles fut reprise sous le général de Gaulle ; certaines refont surface encore aujourd'hui.

De la même manière, afin d'être informé de la réalité militaire, je créai une équipe de missi dominici sur le modèle de la mission de liaison et d'inspection de l'armée que j'avais mise sur pied en 1945. Ces officiers supérieurs, choisis parmi les plus remarquables de l'armée française, eurent pour consigne de tout voir, tout entendre et tout me rapporter. Il leur était recommandé de procéder avec les plus grandes précautions. Leur venue heurta néanmoins un certain nombre de généraux commandants de région. Elle indisposa surtout le général Salan.

Salan avait, de tous nos chefs militaires, la responsabilité la plus lourde, celle de la conduite des opérations en Algérie ; tandis que Robert Lacoste avait, lui, la conduite de l'ensemble des affaires algériennes. Je connaissais bien Lacoste, qui était de mes amis et l'est resté. Je connaissais à peine le général Salan. C'était, j'eus tôt fait de m'en apercevoir, un homme de toute finesse qui, à travers ses commandements successifs et notamment en Indochine, n'avait pas seulement acquis une expérience consommée de la guerre du maquis, mais aussi était passé maître dans l'art de trouver un cheminement aux frontières indécises du militaire et du politique.

Mon dispositif mis en place, je m'envolai pour Alger, son labyrinthe, ses fureurs généreuses, ses absurdités tragiques. Je dois le confesser : j'espérais encore qu'il serait possible aux Algériens de trouver leur identité sans que l'Algérie cessât d'être française. C'était la quadrature du cercle, mais je ne le mesurais pas : l'esprit éprouve les plus extrêmes difficultés à franchir certains pas qui l'angoissent. La solution politique que je jugeais nécessaire et inévitable passait à mes yeux par une action militaire vive, rapide et efficace, qui eût facilité les négociations au gouvernement français, tant vis-à-vis du Parlement que de l'opinion publique. Chimère encore : la partie adverse eût d'autant moins accepté la négociation qu'elle eût été plus diminuée. Ou alors, il fallait la réduire à néant, ce dont il n'était pas question.

Le ministre de la Défense nationale n'avait ni bien retenu ni entièrement décodé ce que le général Chaban avait vécu. « Si les Français quittent l'Algérie, quelle chute pour l'activité économique, le niveau de vie. Quelles difficultés pour édifier un Etat, assurer sa vie et son développement. » A l'époque, nous avançions cette sorte de raisonnements et les imaginions de nature à convaincre les

Algériens du seul fait qu'ils nous paraissaient de bon sens. C'était méconnaître qu'aucun peuple ne peut se satisfaire des plates nourritures de la raison, une fois levé l'ouragan de la passion. L'avions-nous fait quand soufflait sur nous l'espoir de la Libération ? Les Algériens ne le feraient pas davantage à présent que germait en eux l'espoir de l'indépendance. Mais je ne le comprenais pas encore. Et mon action, pour passionnée qu'elle fût, à l'image de celle du gouvernement français, se trouvait fondamentalement inadéquate à son objet.

J'allai plusieurs fois à Alger et dans les zones de combat. Il ne se passait strictement rien là où il était avéré que nous étions en force. Cette victoire toujours insaisissable avait de quoi user. J'appréciai l'intelligence et la subtilité du commandant en chef, mais constatai, d'inspection en inspection, que la vivacité, l'esprit d'initiative, la mobilité que j'avais réclamés ne se manifestaient pas autant que je l'eusse souhaité. Il m'apparut, au fil des mois, que le principal du problème résidait dans la personnalité du général Salan, trop enfermé dans ses habitudes pour pouvoir faire mieux que les modifier, alors qu'il fallait rompre avec elles.

J'en vins à l'idée de remplacer le commandant en chef et m'en ouvris à Félix Gaillard, qui acquiesça. Nous nous mîmes d'accord sur les dispositions préparatoires. Celles qui lui incombaient étaient politiques, c'est-à-dire multiples, à une époque où la moindre décision exigeait un luxe de précautions en rapport avec le degré de paralysie du pouvoir. Que d'efforts pour remuer si peu que ce soit un corps où le sang s'embarrasse ! Ma tâche était plus directe : elle concernait le général Salan et son successeur. Après avoir soigneusement défini le profil et le gabarit souhaitables, j'arrêtai mon choix sur le général Challe, d'ailleurs à son insu. Il me restait à prévenir le général Salan, suffisamment à l'avance afin d'assurer une bonne passation du commandement. Je le fis à ma dernière venue à Alger, sans livrer le nom du successeur. Salan, promis à d'autres fonctions éminentes, encaissa le coup avec une impassibilité de seigneur de la guerre. Mais il était écrit qu'il ne devait pas quitter de sitôt l'Algérie. Avant que ma décision fût exécutoire, le gouvernement était tombé sur l'affaire des « bons offices », ellemême consécutive au bombardement de Sakiet. La IVe République était entrée en agonie.

20

L'aube se lève

J'appris la tragédie le 8 février 1958, tandis que je présidais le conseil municipal de Bordeaux. Des avions français, visant une concentration de fellaghas implantée en territoire tunisien, avaient touché le village de Sakiet-Sidi-Youssef et fait des victimes parmi les femmes et les enfants. Dans l'heure, je rendis publique une déclaration selon laquelle une telle opération n'avait pu avoir comme objectif que de mettre fin au harcèlement dont nos unités avaient à souffrir de la part de commandos campés de l'autre côté de la frontière. En réalité, le ministre de la Défense nationale marchait au canon, ignorant les circonstances exactes dans lesquelles avait pu être déclenchée une telle action ; ignorance tenant à la distance qui séparait le gouvernement du théâtre des opérations.

Comme je l'appris par la suite, l'idée de la manœuvre avait germé de façon logique : les incidents se multipliaient à partir de Sakiet ; le 11 janvier, un coup de main déclenché depuis cette base nous avait coûté quinze morts ; il avait été décidé de détruire ce nid de frelons ; le mitraillage d'un avion de reconnaissance en avait fourni l'occasion.

Le commandement avait négligé d'en référer au

gouvernement, alors qu'un tel raid, même réussi — et sans victimes civiles — posait à l'égard de la Tunisie des problèmes qui relevaient évidemment du pouvoir politique. Dans le feu de l'action, la circonstance avait paru trop belle. Tout cela était clair et méritait sanction. Je décidai néanmoins, avec l'accord de Félix Gaillard et de Robert Lacoste, de la limiter à un blâme. Nous devions tenir compte des conditions insoutenables qui étaient imposées à nos troupes. Le devoir du responsable de la Défense nationale était de les souligner vis-à-vis de l'opinion française et internationale. Je le fis.

On connaît la suite. Comment, après que Habib Bourguiba se fut emparé de l'affaire et l'eut portée en virtuose devant l'O.N.U., deux bons apôtres, l'Américain et l'Anglais, offrirent leur entremise ; comment le gouvernement s'empêtra dans leurs bons offices et y perdit, le 15 avril, la confiance de l'Assemblée qui l'accusait, non sans quelques apparences, de céder aux pressions américaines ; comment, à partir de là, s'enclencha le processus qui allait conduire à la Ve République.

Les temps étaient venus. Je le pressentais à mille signes avant-coureurs ; le plus significatif était le succès grandissant de mes appels publics en faveur de la réforme institutionnelle et du retour du général de Gaulle au pouvoir. Au cours de mes inspections en Algérie, après m'être strictement acquitté de mes devoirs ministériels, je réunissais des auditoires civils devant qui je traitais ces thèmes. J'en discutai aussi au cours d'un entretien avec les instructeurs de l'école des cadres Jeanne d'Arc. Bigeard et quelques autres doivent se souvenir de cette journée.

Dans les premiers jours de mai à Alger, je m'entretins avec Robert Lacoste au palais d'été, éblouissante résidence du ministre de l'Algérie. Conversation très libre et très franche comme de coutume entre nous. L'avenir de l'antenne du ministère de la Défense fut évoquée avec insistance par mon interlocuteur. Cette antenne, complétant le système des missi dominici, avait pour mission de m'informer au jour le jour de tous les faits en relation avec le domaine militaire, c'est-à-dire de tout. Elle était placée sous les ordres du commandant Jean Pouget, aussi précis que passionné. Léon Delbecque assumait la liaison avec moi ; cet homme du Nord, solide et réfléchi, d'une détermination sans faille, s'était révélé animateur de premier ordre au R.P.F. Avec Lucien Neuwirth, son adjoint, il prit quelques jours plus tard une part essentielle aux événements du 13 mai, intervenant à la minute fatidique pour que, dans la folle nuit algéroise, un appel fût lancé au général de Gaulle par un télégramme de Massu, que la foule applaudit d'enthousiasme. Ce fut également lui qui incita le général Salan à terminer par un « Vive de Gaulle ! » décisif son intervention au balcon du Gouvernement général.

Or, rien ne me fut dit des multiples actions qui étaient engagées depuis des semaines et des mois. Ce silence devait m'être ensuite présenté comme la marque la plus accomplie qui fut de loyauté à mon égard, destinée à m'éviter d'avoir à faire un choix impossible entre mon aspiration au changement de régime et l'accomplissement de mon devoir gouvernemental. Ce qui était objectivement vrai et m'épargna tout débat de conscience.

Ce jour-là, Robert Lacoste me fit part des difficultés grandissantes qu'il rencontrait pour tenir la situation en main. L'agitation se développait de semaine en semaine. Il avait dû interdire des manifestations pourtant coutumières. Ainsi pour les anciens combattants, à une date rapprochée. Or, il lui était revenu que les associations poursuivaient leurs préparatifs, encouragées en sous-main par l'antenne de la Défense, qui s'octroyait ainsi un rôle politique en contrecarrant l'action du ministre responsable.

Sitôt après cette conversation, j'interrogeai Léon Delbecque qui me donna tous apaisements en mettant les choses sur le compte d'un malentendu fort explicable, dans l'état de bouillonnement où se trouvait Alger. Je lui dis de s'en expliquer avec Robert Lacoste et repris l'avion pour Paris, croyant l'affaire réglée.

J'étais encore en charge à la Défense nationale bien que le gouvernement auquel j'appartenais fût tombé depuis trois semaines. La crise ministérielle se prolongeait après les échecs de Georges Bidault et de René Pleven. Pierre Pflimlin, nouveau pressenti, se préparait à comparaître devant l'Assemblée. La IVe République était coutumière de ces longues vacances du pouvoir, pendant lesquelles l'équipe précédente expédiait les affaires courantes : expression qui ne manquait pas d'humour tragique dans ces sombres moments.

Le 13 mai, j'étais revenu à Bordeaux d'un coup d'aile pour l'ouverture du Mai musical. Au cours de la représentation d'un ballet sur *Roméo et Juliette*, me parvint un message de Félix Gaillard me demandant de rentrer à Paris de toute urgence. A l'aéroport de Mérignac, je reçus des nouvelles sommaires. Elles faisaient état d'une grande agitation à Alger, sans en préciser l'ampleur ni permettre, donc, d'en prévoir les développements. Quelques instants après, nous décollions. Certains, je l'appris par la suite, s'étonnèrent de ce que j'eusse fait mettre le cap sur Villacoublay et non sur Alger. Pour moi, la question ne se posait pas.

A Matignon, je trouvai Félix Gaillard et aussi Robert Lacoste. Les télégrammes commençaient à donner corps à l'événement. Emeute ou soulèvement ? Il fut un instant question de m'envoyer sur place, pour tenter d'apporter quelque clarté à une situation qui en manquait. Je fis observer que c'eût été désavouer l'action menée par Robert Lacoste et que rien n'y autorisait. Nous en restâmes là. Je regagnai mon bureau de la rue Saint-Dominique. Ce fut pour y apprendre que l'Assemblée, fouaillée par les dépêches d'Alger, venait d'accorder à Pierre Pflimlin une très large investiture. Le ministère était formé.

Allait donc prendre fin cet intérim gouvernemental qui constituait une des tares du régime d'assemblée. Déjà faibles au cours de leur existence, les équipes ministérielles se trouvaient quasiment paralysées pendant cette exécution des affaires courantes. En principe, aucune décision de quelque importance n'était prise et les plus banales avaient bien du mal à aboutir. Le pays n'y trouvait assurément pas son compte.

J'avais néanmoins obtenu de Félix Gaillard l'accord nécessaire pour donner l'ordre de commencer la construction du premier engin atomique expérimental. Cet ordre, à défaut duquel rien n'était possible eu égard à l'importance de l'enjeu, venait en son temps pour Buchalet et son équipe du C.E.A. : il allait leur permettre d'engager les travaux d'infrastructure du champ de tir dont les études étaient achevées. La région de Reggane avait été choisie, en plein Sahara. Pas une agglomération, pas une palmeraie dans un rayon de huit cents kilomètres : le plus beau champ de tir du monde, auquel seul peut être comparé le désert australien, primitivement choisi par les Anglais. Pour repérer les points d'eau nécessaires, il avait été fait appel aux pétroliers.

Il n'était pas question pour moi d'abandonner aux vicissitudes ministérielles suivantes une décision indispensable. Félix Gaillard, tout convaincu qu'il était de l'urgence de trancher, était retenu précisément par les usages de l'intérim gouvernemental, que ses propres collaborateurs lui rappelaient avec ténacité. Nous eûmes plusieurs conversations dans le beau parc de l'hôtel Matignon, que je découvrais à cette occasion. Finalement, j'emportai le morceau, sous la condition formelle d'antidater l'ordre au 17 avril. Notre équipe de chercheurs, civils et militaires, n'en demandait pas plus. Partis de rien, avec des moyens limités, ralentis par les contraintes du secret, ils avaient brûlé les étapes. C'était aux politiques d'imprimer un nouvel élan.

Le général de Gaulle trouverait les choses en ordre dans ce domaine essentiel et saurait faire de cette arme nucléaire, encore à l'état d'embryon, un élément, hélas ! indispensable, en ces temps d'Apocalypse, au libre exercice de la souveraineté nationale. Comme en août 1944, je me sentais à jour de mes tâches. Mais cette fois-ci, je m'étais prescrit ma mission et l'avais exécutée sans en référer à d'autres qu'à moi-même. En la voyant s'achever, j'étais à la fois heureux et rassuré.

Cette nuit-là, vers trois heures, au moment où je m'apprêtais à quitter la rue Saint-Dominique, un messager vint m'apprendre que Jacques Soustelle se trouvait sur l'esplanade des Invalides, rue de Constantine, vers la rue de Grenelle. Après avoir assisté à la séance d'investitude de Pierre Pflimlin à l'Assemblée nationale, il avait tenté de prendre l'avion pour Alger, où la foule réclamait avec ferveur son ancien gouverneur général, mais s'était heurté aux consignes qui clouaient au sol tous les avions.

Libération de Paris. Août 1944.

En Gironde. 1948.

C.A.S.G. contre Cardiff. 1945. (Photo A.B.C.).

Internationaux de Paris.
Roland-Garros 1972.
(Photo France-Soir).

Assemblée Nationale. 1959.

Khrouchtchev à Paris. Mars 1960.

Washington. La Maison Blanche. Mars 1961.

Visite de la Reine Elisabeth. Mai 1972. (Photo Alain Nogues-Gamma).

Auschwitz. Novembre 1970.

Pékin. Juin 1973.

Assemblée Nationale. 1962.

Palais de l'Élysée. 1972. (Photo Claude Pœnsin-Burat).

Bordeaux. 1975.

Je connaissais bien le dédale de l'hôtel Lauzun et des immeubles voisins. Trois minutes plus tard, j'étais sur les lieux. Une douzaine de personnages mystérieux y battaient la semelle. Parmi eux, je distinguai malaisément Jacques Soustelle, engoncé dans un lourd pardessus et chapeauté jusqu'aux sourcils. Je le pris à part ; fort échauffé, il tenait à s'envoler. Je lui appris que c'était impossible, en soulignant que sa sécurité exigeait qu'il rentrât immédiatement à son domicile de l'avenue Henri-Martin. On l'avait vu à l'Assemblée nationale. Il était encore temps pour lui de soutenir qu'il avait pris un verre chez un ami avant d'aller se coucher. Mais les minutes comptaient pour n'être pas rangé parmi les suspects.

Comme il semblait s'obstiner à la recherche d'un moyen de départ dont, visiblement, il n'existait aucune trace à cette heure et dans ce lieu, je lui dis pour le décider :

— Mon pauvre Jacques, rien ne presse ; le général de Gaulle n'est pas près de revenir au pouvoir.

Je n'en pensais pas un mot, mais l'argument fit balle. Jacques Soustelle monta en voiture pour rentrer rapidement chez lui, assurant sa sécurité du moment.

J'eus à passer les pouvoirs à mon successeur, Pierre de Chevigné, homme d'honneur et de courage. Sitôt fait, je rentrai chez moi. Pendant les jours qui suivirent et jusqu'à la désignation du général de Gaulle comme président du Conseil par le président Coty, je me trouvai en position fausse. Certains éléments du nouveau gouvernement s'inquiétaient, en particulier le ministre de l'Intérieur, Jules Moch, dont c'était la tâche : on lui présentait mes activités comme étant subversives. Je fus prévenu qu'en une occasion, il avait été envisagé de s'assurer de ma personne. Président de la République et président du Conseil s'y étaient opposés. Du coup, je retrouvai, pour quelques nuits, le charme discret des caches fugitives.

Comme, à l'inverse, je n'avais pas participé aux colloques, entretiens, conférences et conciliabules qui — le plus souvent à l'insu du Général — avaient mobilisé son entourage aux fins de préparer les voies de son retour, je me trouvais hors circuit de ce côté-là et n'eus pas l'occasion de revoir Charles de Gaulle avant qu'il fût installé à Matignon.

Mon dernier entretien avec lui remontait au mois de mars et s'était tenu à l'hôtel La Pérouse. Seul Félix Gaillard avait été avisé sous le sceau du secret. J'étais demandeur. En tant que membre du gouvernement chargé de la Défense nationale, il me paraissait utile de recueillir les avis du général de Gaulle ; et particulièrement de savoir quel regard il jetait sur la situation en France comme en Algérie, quelles perspectives aussi il envisageait pour son action propre et son retour aux affaires. Ce soir-là, le Général avait fait preuve devant moi d'un grand pessimisme. Il y englobait l'évolution des événements tant intérieurs qu'extérieurs, dont la clé lui paraissait être la situation de dépendance de la France à l'égard de ses bailleurs de fonds, puisque aussi bien la IVe République devait tendre la main pour boucler ses fins de mois. La paralysie des pouvoirs inhérente aux institutions brochant sur le tout, les efforts des gouvernants comme ceux des gouvernés ne pouvaient être que stériles. Quant à son retour aux affaires, il était clair que les partis politiques, incapables de gouverner la France, sauraient s'unir pour s'y opposer. Le système se défendait. Il y avait les plus fortes chances qu'il le fît avec succès.

Etait-ce son opinion profonde ? Je ne pus que

lui répéter combien je croyais son retour indispensable tant au salut de la France qu'au maintien de l'Algérie française. Puisque le président de la République était également de cet avis, les voies constitutionnelles du retour lui seraient sans doute ouvertes. S'ensuivirent des considérations techniques sur la conduite des opérations en Algérie, et d'autres portant sur la nécessité de pousser les feux en ce qui concernait la fabrication et l'expérimentation de notre première bombe atomique. Dirais-je que tout cela s'effaça devant le précieux encouragement que je retirai de la bienveillance qui m'avait été, une nouvelle fois, témoignée, et de la confiance qui m'était toujours faite ?

Bienveillance et confiance devaient m'être manifestées de la façon la plus éclatante à la fin de cette même année 1958, en vue des élections à la première Assemblée nationale de la Vᵉ République. A mes adversaires politiques habituels, s'ajoutèrent certains des éléments dynamiques qui m'avaient jusqu'alors soutenu. Il s'agissait d'anciens combattants de 39-45, fervents de l'Algérie française. Ces esprits tranchants estimaient que le retour du général de Gaulle impliquait que l'on précipitât de la roche Tarpéienne tous ceux, à commencer par les ministres, qui avaient exercé une activité politique sous la IVᵉ République. Zèle d'autant plus méritoire que certains de leurs dirigeants ne nourrissaient aucun attachement pour le chef de la France libre, voire lui étaient franchement hostiles.

Ainsi fut montée une opération qui fit grand bruit à Bordeaux : la candidature du général d'armée Chassin. Le général Chassin était un homme aimable, grand amateur de rugby. Alors qu'il commandait la région aérienne de Bordeaux, il avait demandé mon appui pour assurer sa dernière promotion de grade et je le lui avais volontiers accordé. Mais son inexpérience politique l'avait conduit à se laisser circonvenir, après une équipée dans les Landes qui avait fait sourire les uns, mais enflammé les autres.

Le général de Gaulle eut vent de ce qui se tramait par Olivier Guichard. Il décida d'intervenir de deux façons. J'eus d'abord la surprise d'apprendre que j'étais promu commandeur de la Légion d'honneur à titre militaire. Ensuite, ayant à accomplir un périple dans l'hexagone, en vue du référendum constitutionnel, le Général fit barrer de la liste une autre grande ville pour y faire inscrire Bordeaux qui, primitivement, avait été écartée du programme parce que ma présence et le dévouement de nombreux militants semblaient y suffire. Là, sa manière fut spectaculaire. Devant une grande foule, le Général me rendit justice, indiquant que, « depuis près de vingt ans, son ami Chaban n'avait cessé dans aucune circonstance de se trouver auprès de lui pour défendre la France ». Ce qui fut d'un grand poids pour la suite de la campagne.

Celle-ci fut assez médiocre. Mes adversaires occasionnels usèrent d'un slogan qui s'étalait sur les murs de la ville : « Chassin chassera Chaban », repris sur un air de cha-cha-cha. Une séance publique et contradictoire se tint selon les rites de l'époque, à l'Alhambra de Bordeaux, vaisseau à la taille de la ville, et cerné de rues avoisinantes où hurlaient les haut-parleurs. En définitive, je l'emportai largement. Cette victoire était rendue amère par l'opposition d'hommes qui auraient dû être à mes côtés. Elle prenait toute sa valeur dans le fait que le général de Gaulle était venu m'apporter son témoignage.

Au mois de mai 1958, nous n'en étions encore

qu'aux approches. Alors que le Général était en train de former son gouvernement, nous discutâmes longuement. Je lui dis combien j'estimais souhaitable qu'il s'assurât le concours de Pierre Mendès France. Il y avait à cela plus de raisons qu'il n'en fallait : l'action de Mendès en tant que membre du Gouvernement provisoire dirigé par de Gaulle, sa rigueur de pensée, son respect intransigeant de l'Etat. Il n'était pas jusqu'à sa mésaventure au sein du gouvernement de la Libération qui ne méritât une revanche. Ayant à arbitrer entre la politique financière proposée par Pierre Mendès France et celle que préconisait Pleven, de Gaulle avait préféré la seconde. Ces raisonnements n'apprenaient rien au Général. Il me fit observer que j'étais bien naïf. Pierre Mendès France refuserait.

J'insistai tant et tant que le Général, à la fin, me laissa libre d'aller lui dire que, s'il en était d'accord, il ferait partie du gouvernement. Je grimpai quatre à quatre les étages de la rue du Conseiller-Collignon où habitait Mendès France, pour m'entendre opposer une fin de non-recevoir amicale, mais sans appel. Thème principal : le régime qui allait s'instaurer serait marqué du péché originel, parce que le retour du général de Gaulle s'effectuait sous la pression des militaires d'Alger, et, subsidiairement, de Paris. Je débattis, soutenant que le Général avait été étranger au déroulement des événements du 13 mai et des jours suivants, qu'il était dûment appelé par le président de la République, qu'il allait se présenter devant l'Assemblée nationale et que la nouvelle Constitution serait soumise au suffrage universel. Rien n'y fit. Je repartis navré. Je n'ai pas cessé de regretter cette occasion manquée pour la France, pour la Ve République, pour le général de Gaulle, qui eussent tiré bénéfice du concours de Pierre Mendès France. Au retour de mon ambassade, le Général se contenta de sourire et m'épargna tout commentaire.

Le 1er juin 1958 eut lieu à l'Assemblée la séance d'investiture du général de Gaulle en tant que président du Conseil du dernier gouvernement de la IVe République. Des négociations serrées avaient été conduites sur le sujet, auxquelles participaient Pierre Pflimlin, les présidents de deux Assemblées — Le Troquer, pour l'appel à de Gaulle, Monnerville contre — le général Ganeval, représentant l'Elysée, et Olivier Guichard au nom du Général.

Cette formalité désagréable, l'examen de passage devant l'Assemblée, était inévitable. Le Général avait fini par s'y résigner. Mais il se bornerait à lire une déclaration, quitterait ensuite la séance et laisserait le débat se dérouler sans lui. Ce geste hautain signifiait que, si Charles de Gaulle était respectueux des institutions, quelques dommageables qu'elles eussent été au pays, il entendait réduire au minimum des contacts susceptibles d'altérer, dans l'opinion publique, le retentissement de son retour. Ce retour, selon lui, tenait à une autre forme de légitimité, historique celle-là, dont la source avait jailli à Londres, le 18 juin 1940.

Charles de Gaulle vint donc lire sa déclaration. C'était un texte bref, de style volontairement concis, dont chaque phrase portait, et dit sur un ton qui ne laissait aucun doute : la France allait se trouver de nouveau dirigée ; le redressement du pays ne serait possible que par un renouvellement des institutions, celles-là même qui, jusqu'alors, avaient neutralisé les efforts d'hommes dont on ne niait pas qu'ils fussent pleins de bonne volonté, voire de talent.

L'Assemblée écoutait, comme anesthésiée. Tant

d'inquiétudes et de périls ! Tant de remous dans le pays et surtout à Alger, où montait la fièvre antiparlementaire ! Et devant eux, pour la première fois depuis douze ans, l'homme, objet tout ensemble de leur crainte, de leur émerveillement, de leur animosité, dont beaucoup commençaient à dire qu'il était seul capable d'épargner à la France une guerre civile, sans parler de la sauvegarde de leurs personnes. Ayant pendant des années désigné le général de Gaulle comme un danger pour la République, il fallait que cette Assemblée fût en état second pour lui donner l'investiture par 329 voix contre 224. Et pour accepter, préalablement, de l'entendre avec une attention de plus en plus chaleureuse.

Après le départ du Général, la séance se déroula avec les interventions d'usage. Raymond Triboulet fit une excellente intervention au nom des républicains sociaux, apportant à orner sa conviction tout le tact souhaitable : rien n'eût été plus néfaste en de telles circonstances qu'un pavé de l'ours. Pourtant, des difficultés surgirent au long de l'après-midi. L'Assemblée, sortant de son rêve éveillé, regimbait. Comme la soirée s'avançait, il devint évident que le général de Gaulle devrait revenir au Palais-Bourbon pour fournir lui-même ses réponses aux diverses interventions. Il en résulta des allées et venues et des appels téléphoniques nombreux avec l'hôtel La Pérouse où il résidait. Le Général se fit prier et ne se rendit que devant l'unanimité de son entourage.

De l'Assemblée, j'avais participé à ces discussions, comme à d'autres, dont les développements me retardèrent. J'arrivai dans l'hémicycle au moment où le général de Gaulle prenait la parole. Entré par la porte qui, en haut des travées, se trouve face au fauteuil présidentiel et à son niveau, je la refermai avec précaution et, pour ne déranger en rien la cérémonie, restai là, assistant de cette position élevée à l'exposé du Général.

Dans un silence sépulcral, six cents visages observaient, non sans appréhension et réticence, l'orateur venu de si loin et de si haut s'entretenir avec eux, les députés de la République.

De son banc, le Général, tourné vers l'hémicycle, l'air avenant, le geste engageant, parlait d'une voix calme qui portait jusqu'aux rangs les plus éloignés son désir de conciliation et le prix qu'il attachait à sa présence en ces lieux. En moins de temps qu'il ne faut pour l'écrire, l'Assemblée fut sous le charme. Quelles vaines appréhensions l'avaient donc agitée ? Pourquoi ces réserves ? Ces intentions prêtées ? Soudain, tout paraissait si simple, si naturel, si évident. Le Général fut investi à une large majorité et, chose inimaginable, dans une atmosphère détendue. L'Assemblée avait apprécié ce morceau d'anthologie parlementaire.

Le lendemain, bien des craintes, des préventions et des oppositions avaient reparu. Mais la pièce était jouée. J'ai gardé le souvenir de cette intervention d'après-dîner, au soir du 1er juin 1958, comme de la plus belle des performances parlementaires auxquelles il m'ait été donné d'assister.

21

Un quarteron...

Semaines d'allégresse. L'horizon me semblait chargé de promesses, comme en 1944 ; mais je n'étais plus seulement ce combattant clandestin ; j'avais appris de quel poids pèse la politique. Je ne me dissimulais ni les problèmes ni les périls dont j'avais pu faire le compte ; mais j'étais de ceux pour qui la présence du général de Gaulle à la tête du pays allait renverser le destin national. Avec lui, la France ressaisie trouverait en elle-même des solutions acceptées par tous en Algérie. Elle saurait stimuler la construction de l'Europe. Elle remplirait dans le monde cette mission d'humanité que je lui ai toujours imaginée et qu'elle doit exercer d'abord en son sein : à cet égard, ce que je savais de la volonté du général de Gaulle de transformer les rapports sociaux et de tendre la main aux plus démunis — comme l'avait annoncé l'association « capital-travail » au temps du R.P.F. — me donnait tout à attendre. Et ces perspectives, ces projets, ces possibilités offertes, ces espérances fraternelles me remplissaient d'une joie indicible.

J'ai raconté comment, contre les intentions du Général, puis avec son assentiment bougon, je fus élu président de la nouvelle Assemblée nationale

— la première de la Ve République — le 9 décembre 1958. C'était l'effet arithmétique du succès qu'avait obtenu aux élections législatives de novembre, avec 196 sièges, la nouvelle formation gaulliste, l'Union pour la nouvelle République, mise sur pied en moins d'un mois par Roger Frey, au prix d'efforts subtils et acharnés.

Préalablement, en octobre, au référendum, la nouvelle Constitution avait été approuvée par dix-sept millions sept cent mille Françaises et Français, 78,3 % des votants. Le 21 décembre, le général de Gaulle allait obtenir un résultat voisin, 77,7 %, auprès du collège de quatre-vingt mille notables qui l'élirait président de la République.

J'avais vécu en position de réserve les six mois qui venaient de s'écouler depuis le retour du Général. Il avait été convenu que mon activité gouvernementale serait interrompue pour un temps. Puisqu'un référendum allait décider de la nouvelle Constitution, pourquoi ne pas me consacrer à sa préparation ? Je fondai à cet effet une association nationale dont je demandai à Louis Pasteur Vallery-Radot d'assurer la présidence. Humaniste, grand médecin, homme de cœur et de courage, il était devenu pour moi le frère aîné que je n'avais pas eu. Je l'avais rencontré pour la première fois, hâtivement, dans les jours qui précédaient la libération de Paris. A Matignon occupé par Yvon et Claire Morandat, j'avais été chargé par Alexandre Parodi de faire un exposé aux secrétaires généraux de l'ombre. Il s'agissait des opportunités qui se présentaient à eux, compte tenu de la situation militaire, de se démasquer et de prendre leurs fonctions à la tête, chacun, d'une administration centrale. P. V.-R. avait apprécié le ton de cet exposé. Nous nous étions revus et il m'avait adopté. Comme il était sans détour, il n'en prêtait pas aux autres. De mon côté, j'avais été conquis par son inépuisable bonté. Sa présence à la tête de l'Association pour le référendum ne manqua pas d'attirer de nombreux personnages du monde de la science et de la pensée. Quant à moi, je rameutai les coéquipiers que je m'étais faits depuis 1940. Aucun ne manqua à l'appel. D'autres s'y adjoignirent, qui ne m'ont plus quitté.

Me voici donc au perchoir. J'y resterai onze ans. Le temps de voir se dérouler du haut de ce fauteuil tant et tant de manœuvres, de marches et de contremarches qui concernaient le sort de la nation.

Auparavant, je veux en venir à ce qui brûle dans ma mémoire : la tragédie algérienne devenue tragédie française, qui avait contribué à porter le général de Gaulle au pouvoir et qui allait poser la question primordiale des trois premières années de sa présidence. J'ai suivi son déroulement d'aussi près qu'il était possible. J'ai vu se nouer l'action pas à pas et senti monter le paroxysme. Surtout, j'ai eu le privilège, dès avant mon arrivée à l'hôtel de Lassay, d'entretiens dont une large part était consacrée à ce sujet et qui m'ont permis de suivre dans chacun de ses replis l'évolution de la pensée du général de Gaulle. Spectacle prodigieux et amer, exaltant aussi, qui me donnait à mesurer les limites d'un homme d'Etat, si grand fût-il, pour maîtriser l'histoire. Car, si un aspect du problème algérien était commandé par des événements qu'il pouvait contrôler en partie, l'autre, propre à la nature du problème et des hommes, lui échappait. L'admirable était qu'il fût capable de l'admettre, de s'en accommoder, et de faire face. Je le vis arriver par degrés à la conclusion que l'indépendance de l'Algérie devait être complète et que, s'il était naturellement souhaitable que fussent maintenus entre les deux pays des liens aussi étroits que possible, aucun contrat institutionnel ne pourrait les garantir. Finalement, les rapports devraient être régis par des accords en bonne et due forme, entre Etats libres et égaux en droits.

J'eus la bonne fortune de bénéficier d'exposés magistraux au cours desquels, faisant le point, s'interrogeant, m'interrogeant, le Général essayait sur moi tel raisonnement ou démonstration. Faveur insigne, parfois lourde à porter. Longtemps j'ai voulu croire que se dégagerait une solution française. Je ne me résignais pas facilement à admettre le contraire, interprétant à ma manière la logique des événements. Celle-ci n'aurait pas suffi à convaincre l'opinion publique. Il y fallait nécessairement la dialectique de celui en qui la majorité des Français avait placé sa confiance pour dissiper le cauchemar, de celui aussi que beaucoup d'hommes politiques souhaitaient voir écarté du pouvoir après qu'il aurait, à leur place, liquidé le dossier algérien.

A la veille d'une allocution radiodiffusée de portée majeure, je me trouvai devant le Général pour plaider la cause des pieds-noirs qui avaient tant besoin d'être informés, consultés, réconfortés, secourus, et d'abord sur le plan moral. Puis j'en vins à l'armée : à ces officiers qui, conduits de bonne foi à s'engager à ne pas quitter le sol algérien, l'avaient fait sur leur honneur vis-à-vis tant des pied-noirs que des Algériens. Emporté par mon élan, sans doute m'étais-je laissé entraîner très loin. Le Général, toujours si courtois, si attentif et si patient, eut une réaction stupéfiante de brutalité ; il frappa violemment du poing sur sa table et s'écria d'une voix altérée :

— Et de Gaulle ?

S'ensuivit un monologue essentiel où s'enchaînaient les raisons que lui, de Gaulle, avait, plus que personne, de ne pas être en Algérie le syndic de faillite de la France, de son armée, de ses administrateurs et de son peuple. Toute son existence, sa formation, son expérience, les services qu'il avait rendus au pays proscrivaient cette horrible tâche. Comment pouvait-on croire qu'il s'y résignât d'une âme égale ? Comment ne pas comprendre qu'il n'agissait que sous la pression du plus haut et du plus irrécusable des impératifs : l'intérêt de la France. Jamais je n'avais vu le Général aussi décomposé dans son attitude, son visage, ses traits, son regard.

C'était le cri d'un père douloureux, secrètement révolté de n'être pas compris par les siens sur un sujet essentiel. Pour la seule fois dans nos rapports, en me raccompagnant et comme je bredouillais des mots de compréhension, il posa un instant sa main sur mon épaule. A cet instant, je sus qu'il m'avait tout livré de lui.

Je le vis dans d'autres circonstances décisives. Par exemple, en avril 1961, lorsque le putsch des généraux d'Alger visait, sous l'aiguillon du désespoir, à faire basculer le pouvoir d'un bord de la Méditerranée à l'autre. Je venais d'être opéré et prenais quelques jours de convalescence dans le Midi. Ayant appris la nouvelle le soir, par la radio, je téléphonai à Paris pour annoncer mon retour et m'entendre dire que le Général m'avait demandé. J'arrivai dans son bureau le lendemain matin.

J'avais pu, dès mon atterrissage à Paris, faire le point sur l'état d'esprit des uns et des autres, constatant que, dans les cercles militaires les plus élevés, d'où auraient dû partir les ordres d'exécution de toute action gouvernementale, personne n'envisageait sérieusement de s'opposer à la camarilla en dissidence. Tout au plus envisageait-on avec une mâle détermination, si les parachutistes débarquaient, de ranger les troupes sur le chemin de l'Elysée, des ministères et de tous les points névralgiques de la capitale. Mais en aucun cas on n'irait jusqu'à l'affrontement. Si les conjurés insistaient — et comment n'auraient-ils pas insisté ? — les rangs s'ouvriraient. Je ne pouvais douter que cette situation fût connue de Challe et des siens, puisque bien des moyens de transmission — notamment ceux de l'armée de l'air — étaient entre leurs mains. J'abordai l'entretien avec le Général, bien décidé à faire ressortir l'équivoque et le danger d'une pareille conjoncture.

D'entrée, je lançai :

— Eh bien, mon Général, vous voilà une fois de plus dans la main de Dieu, ou plutôt dans celle de Challe ! Ce qui m'étonne, c'est qu'il ne soit pas déjà ici. Je parle de Challe, bien entendu.

— Que voulez-vous dire ?

— Mon Général, si j'étais homme à faire un coup d'Etat, je serais déjà ici. Je vous aurais fait mettre en état d'arrestation. Puis vous auriez été liquidé non loin d'une porte sous couleur d'une tentative d'évasion. La légitimité captive est insupportable au pouvoir illégitime.

Sans apprécier ces propos outre mesure, le Général n'en parut pas surpris. Après un temps, il laissa tomber :

— Oui, mais voilà : Challe n'est pas Chaban.

La conversation me conduisit à demander si je pouvais être de quelque utilité, bien que le président de l'Assemblée fût en marge de l'action de l'Exécutif.

— Eh bien, allez donc voir à Matignon ce qu'ils font.

Mes réflexes de l'Occupation jouaient comme si c'eût été la veille. J'indiquai ce que j'estimais indispensable, puis me rendis à Matignon pour y trouver, en compagnie de Roger Frey, Jacques Foccart et quelques autres, un Michel Debré déterminé, tendu, mais déjà marqué par le manque de sommeil. En résultait un certain flottement dans la discussion. J'avançai qu'il fallait faire savoir à Challe, aviateur chevronné, que, si une flotte aérienne quittait Alger en direction de Paris, elle serait, d'ordre du gouvernement, interceptée par la chasse et n'aurait pas une chance, faute de pouvoir être couverte par les chasseurs basés en Algérie, incapables d'opérer à si grande distance.

Un détour de cet échange de vues déclencha une des célèbres colères de Michel Debré. Le compte rendu qu'il faisait d'un entretien téléphonique avec le sous-chef d'état-major de l'armée de l'air, me fit m'exclamer :

— J'ai compris. Il est de l'équipe Challe ; tu es trahi.

Eclairs et tonnerre de Michel Debré, protestant qu'il était inadmissible de tenir un pareil langage. Le général en question allait pourtant se signaler parmi les conjurés : il n'avait dû de se trouver au premier rang de l'armée de l'air à Paris, en ces circonstances dramatiques, qu'à l'absence du chef d'état-major, le général Stehlin, parti pour Madagascar, d'où il revint une fois les événements tassés.

Le calme revenu, je proposai à Michel Debré d'appliquer des méthodes inhabituelles à la mobilisation de l'aviation de chasse disponible, sans oublier la neutralisation des aérodromes. Il me donna son plein accord. J'appelai Messmer, alors ministre des Armées : dans l'incertitude où nous nous trouvions sur l'attitude de certains généraux, et pour éviter qu'une cascade d'ordres trop bien calculés n'aboutît à tout bloquer en cas d'alerte, je suggérai de faire appel à des réservistes bien entraînés, dont certains étaient célèbres pour leur virtuosité.

Messmer trouva l'idée bonne. Il se déclara prêt à recevoir celui que je lui enverrais pour la mettre en application. Quant à la neutralisation des aérodromes, elle ne posait pas de problème particulier, s'agissant seulement de placer sur les pistes des véhicules qui en rendraient l'accès impossible.

Je téléphonai au général Gallois, lui demandant si loin du service actif, il ne s'ennuyait pas trop.

— Je ne m'ennuie pas du tout, répondit-il. Mais si la défense de la République l'exige, je suis prêt à réactiver.

Je le dépêchai à Messmer, non sans lui recommander d'adresser à Challe, qu'il connaissait bien, un télégramme signé en clair de son nom, pour lui indiquer que, si Alger dépêchait sur Paris une armada de parachutistes, lui, Challe, ferait bien de venir au rendez-vous en personne, parce que lui, Gallois, serait aux commandes d'un avion de chasse et ferait des confettis des transporteurs et de leurs passagers.

— Entendu, me dit-il.

Rentré à l'Assemblée nationale, je convoquai le général Marquand, commandant militaire du Palais-Bourbon, à la retraite depuis plusieurs années, mais à qui rien n'avait appris à reculer. Il fallait mettre en défense rapprochée le Palais-Bourbon avec, seuls éléments dont nous pouvions disposer : les gardes républicains. Chargés d'assumer des tâches de représentation, ces soldats n'en sont pas moins astreints à un entraînement constant. Le général Marquant, au garde-à-vous, me remercia de le mettre en situation de lutter, voire de mourir, pour défendre la France et ses institutions, si désolant que fût un conflit où des Français étaient condamnés à s'entre-tuer. L'âme de ce soldat était droite comme sa silhouette.

Après un dîner hâtif, je décidai de retourner à l'Elysée. Au dispositif mis en place, il me semblait manquer un élément essentiel : la mobilisation des huit millions de personnes que comptait à l'époque la région parisienne. Le général de Gaulle était apparu le soir à la télévision, des plus énergiques, mais s'adressant aux forces armées en métropole, puisque les émissions ne parvenaient pas jusqu'en Algérie. Il était, par ailleurs, intervenu à la radio, et l'on sut par la suite que son appel aux soldats du contingent avait eu une influence décisive. Restait à s'adresser au peuple de Paris et des alentours. J'étais accompagné de Jacques Maillet, compagnon de la Libération, qui bouillait de colère contre les généraux d'Alger et d'indignation contre ce défaut d'appel à l'opinion publique.

— Une telle omission n'est pas dans le style de Michel Debré, lui dis-je. Il y a sûrement pensé.

Croisant un Michel Debré sombre sur le perron de l'Elysée, je lui exposai les motifs de ma démarche ; il me répondit :

— C'est précisément ce que je viens de proposer au Général. Il ne veut pas en entendre parler.

Etaient là Messmer, impassible, Roger Frey furieux, Foccart rongeant son frein. Le Premier ministre et le ministre des Armées montèrent en voiture ; je dis aux autres de m'attendre et grimpai le grand escalier. Le colonel de Bonneval était en train de faire la couverture de son lit de camp. Il pouvait être vingt et une heures trente. Bonneval, à qui me liait une camaraderie déjà ancienne, me demanda ce que je venais faire.

— Je viens voir le Général.

— Mais vous n'êtes pas inscrit sur la feuille d'audience.

L'amitié que je lui portais me conduisit à prendre le temps de lui faire observer que certaines circonstances pouvaient justifier des dérogations au protocole. Il en convint et m'annonça. J'entrai.

Le Général était en uniforme ; il l'avait conservé après son enregistrement à la télévision. Pour une fois, il paraissait très fatigué. Il ne se leva pas, me fit signe de m'asseoir et dit d'une voix lasse :

— Alors, Chaban, alors ?

— Alors, répondis-je, nous n'avons pas vieilli, que je sache. Je suis toujours le très jeune Chaban de la Libération de Paris. Vous êtes toujours le général de Gaulle de l'appel du 18 juin. Qu'est-ce qui nous empêche d'agir comme à ces époques ?

— Rien, bien sûr !

Je lui contai l'opération Gallois qui le fit sourire, et en vins à mon propos, soulignant qu'il était nécessaire de faire appel à tous, y compris aux travailleurs et à leurs représentants.

— Naturellement, dit-il. Eh bien, faites-le. Passez à la télévision.

Je lui objectai que de voir la télévision prise d'assaut par le président de l'Assemblée nationale pouvait entraîner des effets fâcheux sur le dispositif de l'Etat, et que Michel Debré était là pour faire le nécessaire. L'ayant rencontré à l'instant, j'avais la certitude de son acquiescement. Mais je savais aussi qu'il venait de présenter cette proposition et n'avait pas été entendu.

Le Général écarta l'objection d'une phrase :

— On ne m'a pas dit cela.

— Je vais donc me rendre à Matignon et faire part à Michel Debré de votre décision.

Le Général se leva pour me raccompagner. Il avait surmonté sa fatigue.

— Voulez-vous un ordre écrit ?

— La confiance qui me lie à Michel Debré me dispense de vous en demander un.

La suite appartient au domaine public. Arrivé à Matignon, je trouvai Michel Debré tout à l'action. Mis au fait, il commença incontinent à rédiger un texte. C'était le fameux appel qui, un dimanche soir, invita les Parisiens, rentrant de week-end par centaines de milliers, à se rendre sur les aérodromes « en voiture ».

— Pourquoi pas à pied ? demanda une voix sans visage.

La pièce était dans la pénombre, éclairée seulement par deux admirables lampes bouillottes posées sur la table de travail.

— Après tout, poursuivit la voix, il ne s'agit pas de faire appel seulement aux gens qui ont des voitures.

J'en convins, mais fis observer à Michel Debré :

— En voiture et à pied, tu sais, cela peut faire sourire. On ajoutera « à cheval ».

Michel Debré n'était pas en humeur de rire et maintint la formule. Il intervint sur l'antenne à onze heures du soir, non sans mal : l'O.R.T.F. freinait. Il fallut un ordre des plus secs pour qu'il pût enregistrer à temps.

Sortant de Matignon, je rencontrai Louis Joxe, ministre d'Etat chargé des Affaires algériennes, venu aux nouvelles. Il rentrait d'une tournée d'information particulièrement risquée en Algérie. Piloté de main de maître, il avait fait du rase-mottes en Caravelle, ne devant qu'au loyalisme de certains chefs militaires, en premier lieu le général Fourquet, d'échapper à la capture. Avant l'aube de ce jour si long, il avait été reçu par de Gaulle qui s'était borné à lui dire, en lui serrant fortement la main : « Epargnez-nous le ridicule ! »

— J'ai compris, me dit Joxe, qu'il s'agissait d'abord de ne pas se faire prendre.

Je l'emmenai se restaurer à l'hôtel de Lassay. Michel Debré apparut sur le petit écran, hâve, pas rasé, les traits creusés, mais plein d'énergie et de conviction. Au passage, la formule « à pied, en voiture » nous fit sourire avec amitié.

En raccompagnant Louis Joxe, je songeai à la deuxième partie de la conversation que j'avais eue le matin avec le général de Gaulle. Je lui avais demandé ce qu'il envisageait de faire au cas où les rebelles arriveraient à Paris. Il y avait songé. Cette fois-ci, la destination ne serait pas Londres, mais Dakar.

Comme nous en venions aux dispositions à prendre en prévision de cette hypohèse, le Général me dit :

— Parlez-en à Foccart.

Jacques Foccart avait son bureau au rez-de-chaussée de l'Elysée. Je m'y rendis, certain que l'opération Dakar avait été montée avec minutie. C'était le cas.

Je rentrai me coucher. Je savais d'expérience que mieux vaut être dispos pour se battre. On me réveilla parce que des moteurs bourdonnaient autour du Palais-Bourbon. Maugréant, je fis observer qu'il s'agissait d'éléments militaires de protection, et me rendormis aussitôt.

Quand je m'éveillai, il faisait grand jour. Il ne s'était rien passé ! La France faisait à nouveau l'économie d'une guerre civile.

22

D'une légitimité à l'autre

Les généraux rebelles eurent tôt fait de comprendre que leur tentative était vouée à l'échec. Challe en tira les conclusions, renonça et se livra. Cette attitude digne d'une meilleure entreprise m'a conduit à lui rendre mon estime. Quant au général de Gaulle, si rigoureux envers toute trahison du devoir militaire comme du devoir d'Etat, il cessa de considérer que le cas de Challe exigeât le châtiment capital. L'intéressé en fut le premier surpris. En se rendant, il pensait marcher à la mort ; je le tiens de la meilleure source.

Il y eut d'autres épreuves, à mesure qu'apparaissait plus inéluctable l'issue qui arracherait l'Algérie à la France : les barricades d'Alger ; la naissance de l'O.A.S. ; la violence fratricide s'installant sur les deux rives de la Méditerranée ; le terrorisme ; les attentats.

Un d'abord : celui de Pont-sur-Seine, sur la route de Colombey, le 8 septembre 1961. J'en eus le récit de la bouche même du Général : tout s'était passé en quelques secondes ; dans la D.S. présidentielle, à l'arrière de laquelle avaient pris place le Général et Mme de Gaulle, la vue des passagers avait été soudain obscurcie par une épaisse fumée ;

la voiture en était sortie instantanément, bien qu'elle ne roulât pas à très vive allure.

— Sur l'instant, me raconta le Général, j'ai pensé qu'ils voulaient seulement m'intimider. J'ai dit au chauffeur d'accélérer. Il faut toujours accélérer dans ces cas-là. Ou bien il ne s'agit que d'une manœuvre d'intimidation, et s'arrêter, c'est sembler lui donner prise. Ou bien c'est vrai, le mécanisme est déclenché, et il y a tout intérêt à prendre du champ. Deux kilomètres plus loin, j'ai fait stopper mon monde. On m'a dit qu'il s'agissait d'un attentat sérieux. Seule l'humidité ambiante l'aurait fait rater en empêchant le détonateur, manœuvré par une commande à distance, de remplir tout à fait son office. Il a fonctionné, d'où la fumée, mais mal, sans faire exploser la charge principale. Et me voilà.

Comme je me réjouissais qu'il fût sauf, le Général reprit d'un air jovial :

— Oui, il paraît qu'on n'aurait rien retrouvé de moi, même pas le képi. Il est vrai que j'étais en civil.

Un temps. Et, sur un ton plus grave :

— Et puis, Chaban, réfléchissez. C'était une belle sortie !

Je me récriai. Il désigna d'un geste la porte qui donnait sur l'arrière de son bureau et, gouailleur :

— Allons ! Ça vaut tout de même mieux que de mourir d'une attaque aux cabinets !

Quant à l'attentat du Petit-Clamart, le 22 août 1962, il eut des conséquences directement politiques et même constitutionnelles. Depuis plusieurs mois, nous nous étions relayés pour faire le siège du général de Gaulle à propos de l'éventuelle institution d'une vice-présidence de la République, formule dont nous apercevions les avantages mieux que nous n'en mesurions les inconvénients. Après bien des palabres, le Général semblait pencher dans ce sens. Il me l'avait dit juste avant mon départ pour le Pays basque, où je devais passer quelques jours. A la nouvelle de l'attentat, je lui écrivis la lettre que l'on devine. Il me répondit par retour, à sa manière sibylline, que, si cette affaire ne lui avait pas ôté la vie, elle avait contribué à lui ouvrir les yeux sur la réalité du projet dont nous nous étions entretenus, et qu'il y renonçait. Suivait une invitation à venir le voir dès mon retour.

Le cheminement de sa pensée était clair. La mort était passée si près qu'il paraissait incroyable qu'elle ne l'eût pas saisi. Une des balles avait percé la carrosserie à onze centimètres au-dessus du siège arrière qu'il occupait. Une deuxième avait traversé la malle pour se ficher dans le dossier. Une troisième avait été stoppée par le montant entre les portières. Une quatrième était tombée sur le plancher de la malle. Sur le lieu de l'attentat, on ramassa cent cinquante douilles.

Le Général s'était littéralement vu mort. Et là, dans l'illumination que projettent de telles circonstances, il avait perçu comme une évidence ce qui, jusqu'alors, ne lui avait paru qu'un argument parmi d'autres : dans les événements tragiques du moment, aucun homme accédant à l'Elysée comme vice-président n'aurait été en mesure de faire face aux exigences nationales, faute d'avoir été investi personnellement par le peuple français lui-même.

C'était poser le problème de la légitimité qui, pour le général de Gaulle, avait deux faces, comme une médaille. A l'avers, était gravée la légitimité démocratique, issue du peuple, s'exprimant par ses suffrages, qu'il jugeait indispensable aux autres dans l'avenir et nécessaire pour lui jusqu'à l'achèvement de sa tâche. Au revers, figurait une autre légitimité qui le concernait personnellement, fondée sur la relation particulière entre le général de Gaulle et les Français, davantage encore entre la France et le général de Gaulle. Chaque fois qu'il était possible que les Français manifestassent leur volonté, il le jugeait préférable, et s'y employait. Mais sans doute interrogeait-il toujours la France, au cœur de ce dialogue mystique qu'il ne cessa d'entretenir avec elle jusqu'au terme de sa vie. « O Mère, écrivait-il, nous voici pour vous servir, tels que nous sommes. »

Ainsi en avait-il usé en 1940 et en 1944. Qui avait-il consulté pour appeler au nom de la France, le 18 juin, quand tout roulait à l'abîme, sinon la France elle-même ou l'idée qu'il s'en faisait ? Et si, dès avant la Libération, il avait annoncé qu'un de ses premiers soucis, une fois rétablie l'indépendance nationale, serait d'organiser des élections libres et d'interroger les Français par référendum sur leurs futures institutions, pas un instant il ne s'était posé la question, arrivant à Paris en août 1944, de savoir s'il avait le droit de s'installer rue Saint-Dominique et de prendre la direction du pays. Dans de telles circonstances, jouait la légitimité qui lui était particulière. Il y mit fin de lui-même en 1969 lorsqu'il se démit de ses fonctions après l'échec du référendum sur la réforme régionale et celle du Sénat. Ce qu'il avait demandé aux Français, cette fois-là, c'était de lui dire s'ils confirmaient leur accord profond avec lui ou s'ils le dénonçaient. Bien que les questions eussent été mal posées, la réponse lui parut sans équivoque. Il partit. Une légitimité avait chassé l'autre.

Longue route. Comment ne pas comprendre, après tant d'alarmes, de périls, de malheurs surmontés, que le Général pût appréhender la fatigue qui s'infiltre sournoisement avec l'âge ? A partir de 1962, il revint à diverses reprises sur un sujet obsédant, celui de la vieillesse, de ses infirmités et de ses dangers. Il ne redoutait rien tant que de subir ses effets sans en prendre conscience et de devenir le jouet de son entourage : cela s'était déjà vu. Toute personnalisation du pouvoir comporte cet inconvénient parmi d'autres ; ceux qui approchent le souverain commencent par se prémunir contre leur mise à l'écart, creusent pour cela leurs galeries dans le système, puis s'efforcent insensiblement de s'emparer des leviers de commande, en tablant sur l'habitude, la négligence ou le déclin. Sur ce thème inépuisable, le Général brodait ses formules à l'emporte-pièce. Après une visite à Paris du chancelier Adenauer, qui, cependant, avait fort bien tenu sa partie, il me demanda goguenard :

— Vous avez vu, Chaban ? Et vous voudriez que je prenne ce risque ?

Tout cela me paraissait excessif. Connaissant mieux que personne son discernement, je mesurais à l'outrance de ses propos combien ce problème l'angoissait. C'était l'époque où se posait la question de savoir si le général de Gaulle se présenterait aux élections présidentielles de 1965. J'en étais partisan, non par sentiment, mais parce que le Général n'avait pas encore eu le temps de mettre en place le troisième volet de son action, essentiel à mes yeux : la transformation de la société en poussant assez loin pour qu'elle fût irréversible. L'association capital-travail avait exprimé une première recherche. L'intéressement était venu ensuite. S'annonçait la participation, prometteuse d'une société nouvelle. Je réunissais régulièrement, à l'hôtel de Lassay, d'excellents esprits de tous horizons. Nous y traitions des sujets d'ordre économique ou politique, vus sous l'angle du progrès social. Débats multiples et approfondis. Le problème de la vice-présidence fut évoqué alors que, chez les gaullistes, Georges Pompidou, Premier ministre depuis 1962, commençait à faire figure de dauphin éventuel. Le bruit ne tarda pas à s'en répandre auprès du Général. A des touches légères, je compris que celui-ci en éprouvait des sentiments contradictoires : le soulagement de ne pas laisser le vide après soi ; l'agacement d'avoir à songer à un successeur, alors qu'il estimait n'avoir pas eu de prédécesseur.

Le Général retarda l'expression publique de sa décision jusqu'à un mois du premier tour des présidentielles de 1965, qui semblait devoir être le seul. Avait-il pris sa résolution au dernier moment, repoussant de jour en jour l'idée d'avoir à recharger le fardeau sur ses épaules ? Etait-ce simple tactique ? Ou un épisode de cette dramaturgie publique qu'il aimait à célébrer, surtout lorsqu'entrait en jeu sa relation fondamentale avec le pays ? Toujours est-il qu'il prit de singulières distances avec l'événement, décidant de ne pas faire campagne, et notamment de ne pas utiliser les deux heures d'antenne que la loi électorale accordait aux candidats à la radio et à la télévision. Son dessein, après avoir fait, le 4 novembre, un discours de huit minutes qu'il estimait suffisant, était de ne reprendre la parole que le 3 décembre, avant-veille du scrutin.

La suite est connue. Faute d'être descendu à temps dans l'arène, le Général se trouva mis en ballottage. L'arène, c'était la télévision. Les apparitions répétées de ses concurrents, en particulier François Mitterrand et Jean Lecanuet, avaient fait d'autant plus vive impression qu'il s'agissait de personnages alors peu familiers au grand public, et qui se révélaient dans toute leur nouveauté. A cette époque, l'O.R.T.F.

n'accordait guère de place aux opposants. Les découvrir d'un coup suffit à faire basculer en un mois quelque 20 % des suffrages. Entre les deux tours, le Général fit ce qu'il fallait pour regagner une partie du terrain perdu. Il parut à l'écran, et, interviewé à trois reprises par Michel Droit, sut se montrer familier, grandiose, moqueur, rassurant, tragique, retrouvant tout son génie dans la difficulté. L'alerte avait été chaude.

La leçon ne fut pas perdue. Pendant la campagne présidentielle de 1969, Georges Pompidou, au cours d'un entretien radiodiffusé avec Jacques Duhamel, s'engagea sans ambiguïté à ouvrir largement l'accès du petit écran à toutes les tendances politiques.

Nommé Premier ministre, je n'en bataillai que mieux pour libérer la télévision du carcan gouvernemental. Aux raisons de principe déterminantes à mes yeux, s'ajoutaient des raisons de prudence, directement liées au souvenir de ce premier tour des élections présidentielles de 1965 : ne plus donner à l'adversaire, en l'écartant de l'antenne, l'avantage de s'y faire désirer et, au moment décisif, d'y apparaître dans sa fraîcheur comme à un premier rendez-vous ; qu'il ait eu le temps, au préalable, de se faire juger dans le cours des heures ordinaires. Je fus moins avisé pour en tirer des enseignements personnels. J'en reparlerai.

Au cours de ces années marquées par le drame algérien, de grandes secousses avaient modifié le paysage politique français, à commencer par les territoires gaullistes. Il ne fallut pas longtemps, une fois réunie l'Assemblée nationale issue des élections du 30 novembre 1958, pour constater des lézardes puis des fissures dans l'édifice de la majorité et dans l'U.N.R. Jacques Soustelle occupait une place éminante, que justifiaient ses services passés et sa carrure intellectuelle. Il s'écarta peu à peu de notre route au nom de l'Algérie française, sans doute marqué à jamais par les douze mois qu'il avait passés au Gouvernement général, à Alger. En tout cas, il était résolu à combattre les orientations qui ne lui paraîtraient pas conformes à ses opinions, vinssent-elles du Général. Nous différions sur ce point. Avec Roger Frey, Olivier Guichard, Jacques Foccart et Michel Debré, quel que fût son débat intérieur, nous étions d'avis que Charles de Gaulle se trouvait en charge de l'affaire et qu'il y avait lieu de lui faire confiance. Cela ne nous empêchait pas de lui présenter nos observations comme de soutenir auprès de lui des thèses qui n'avaient pas sa faveur. Mais une fois qu'il avait tranché, il n'était question pour aucun d'entre nous de contrecarrer son action.

L'opposition, pour ne pas dire le divorce, entre les uns et les autres, se marqua publiquement aux assises nationales que l'U.N.R. tint à Bordeaux du 13 au 15 novembre 1959. Le conflit éclata au sujet du passage de la motion finale qui avait trait à l'Algérie. En contrepoint, se jouait la désignation des membres du nouveau comité central, dont chacun des deux camps voulait s'assurer le contrôle. Journées et nuits fiévreuses : discussions en commission, conciliabules dans les couloirs, vérification et contre-vérification des votes. Il me revint de faire le discours de clôture. J'y pris, de la façon la plus tranchante, un certain nombre de positions. Il ne suffisait pas de constater que le retour au pouvoir du général de Gaulle constituait pour la politique française la meilleure des garanties ; il fallait que le Général fût libre d'agir en ce qui concernait la politique étrangère, la diplomatie qui en était l'expression, l'armée qui en fournissait le garant, et l'Algérie où se posait le problème le plus brûlant de l'heure. Dans ces domaines qui se trouvaient ainsi lui être réservés, il s'agissait pour les gaullistes d'appuyer son action en toutes circonstances.

Ce discours donna naissance à une thèse, qui a la vie dure, puisqu'elle est toujours reçue auprès de nombreux spécialistes du droit constitutionnel. Président de l'Assemblée nationale, avec l'autorité que me conférait ma fonction, j'aurais créé une théorie du « domaine réservé » au chef de l'Etat ! Pure légende. En réalité, j'avais tenu ce langage dans un congrès de l'U.N.R., s'agissant du général de Gaulle au regard des gaullistes, et non pas de n'importe quel chef d'Etat vis-à-vis de l'ensemble des citoyens et de leurs représentants. Etant ses fidèles, nous avions pu, dans le passé, mesurer sa prescience des voies du salut national ; nous devions lui faire confiance.

J'eus l'occasion de m'expliquer sur ce sujet du fauteuil de la présidence, à l'Assemblée nationale. Gaston Defferre avait fait écho à cette théorie du « domaine réservé », marquant quelque surprise de ce qu'elle vînt d'un homme qui exerçait ma charge. Je lui répondis sur le même ton, précisant sans ambages ce qu'il en était. L'incident fut immédiatement clos, et chacun semblait avoir entendu mes paroles. Il faut croire qu'il n'en était rien ou que cette mise au point n'avait pas franchi l'enceinte du Palais-Bourbon. J'ai retrouvé la théorie du domaine réservé dans des ouvrages qui m'en attribuent la paternité. Il est des mythes qu'il faut tuer plusieurs fois.

Premier ministre sous l'autorité de Georges Pompidou, je fus à même de vérifier l'irréalité d'une pareille thèse. Le grand homme disparu, ainsi que les circonstances de guerre et d'alarme, il apparaissait à l'évidence qu'il n'y avait pas de domaine réservé au chef de l'Etat pour cette bonne raison qu'ils lui appartenaient tous. Au président de déterminer les orientations du pouvoir dans tous les secteurs ; au Premier ministre et à ses collègues de mettre en musique les thèmes ainsi définis, c'est-à-dire de conduire l'action gouvernementale.

La seule difficulté, et elle n'est pas négligeable, provient du déphasage entre les termes de la Constitution et les usages, nés certes de la présence de l'homme exceptionnel à la tête de la nation, mais confortés, en 1962, du fait de l'élection du président de la République par le peuple français tout entier. Comment l'oint du suffrage universel n'orienterait-il pas la politique du Gouvernement ? Cela ne me paraît souffrir aucune ambiguïté. Le problème posé est d'ordre pratique ; il concerne la mise en harmonie de l'article 20 de la Constitution avec le texte instituant le nouveau régime électif du chef de l'Etat.

Ce développement des controverses constitutionnelles n'arrêtait pas pour autant le train des affaires. Le général de Gaulle, auprès de qui j'avais plaidé à différentes reprises le retour au gouvernement de Jacques Soustelle, décida de se séparer de celui-ci. Ce fut en février 1960. Comme je m'étonnais, le Général me donna du naïf et passa outre. Jacques Soustelle rallia ouvertement l'autre camp en compagnie de Bernard Cornut-Gentille, à qui je suis lié d'amitié depuis la Résistance. A l'U.N.R., il n'y eut pas de lame de fond. En dépit de l'importance du rôle qu'y jouait Jacques Soustelle, la ferveur dont était entouré le général de Gaulle permit de passer le cap sans difficulté majeure.

Par la suite, l'U.N.R. devait devenir U.N.R.-U.D.T., par une fusion utile autant que naturelle avec les éléments qui se trouvaient, comme on dit, les plus à gauche de l'ensemble gaulliste. Ce vocabulaire paraît dépassé, je l'ai dit, par la notion de rassemblement qui implique que des hommes venus d'horizons les plus différents se réunissent pour pousser leur action en direction d'objectifs tantôt de gauche, tantôt de droite, s'il faut les étiqueter un par un. Mais ces objectifs réunis constituent la somme de ce qu'il faut atteindre pour qu'un pays comme le nôtre évolue vers plus de justice et de liberté, tout en jouant son rôle dans le monde.

Plus tard, l'U.N.R.-U.D.T. se rebaptisa U.D.R. Ce changement de sigle ne modifia pas l'orientation générale. Je constatai seulement, non sans inquiétude, qu'en dépit des efforts de Roger Frey et de quelques autres, le mouvement manifestait parfois une tendance au repliement sur soi, voire à la fermeture, antinomique de la notion même de rassemblement. Pour continuer de faire œuvre commune et obtenir que leur action rayonne à l'échelle du pays, les gaullistes doivent prendre garde à ce point. Faute de quoi leurs discours, leurs projets, leurs prises de position et leurs travaux se trouveraient ramenés à des proportions incompatibles avec leurs ambitions les plus salutaires.

23

Les travaux et les jours

Ainsi s'accomplissait mon destin. Il eût été privé d'une dimension essentielle sans la rencontre avec Bordeaux. Ni le combat clandestin, ni l'action politique n'eussent suffi à me donner un sentiment de plénitude. Bordeaux surgit, devenant l'objet de mes soucis, tout en me fournissant un riche terrain d'expériences.

Mes origines familiales m'avaient tenu à l'écart de la misère comme de l'opulence. Mon ardente et laborieuse adolescence n'imaginait pas des mondes parallèles où le dénuement, la promiscuité, le bruit, la saleté et l'ennui composent tout l'horizon d'une vie. A Bordeaux, la misère me sauta aux yeux et au cœur. De braves gens s'étaient constitués, depuis fort longtemps, en comité de fêtes et de bienfaisance, puis groupés en une fédération, tissant à travers la ville un réseau secourable que je commençai par trouver quelque peu dérisoire. Ayant été appelé, dans l'exercice de mes fonctions, à « honorer de ma présence » des collations et des repas organisés annuellement par ces comités, à l'occasion de la fête du quartier, j'entrai personnellement en contact avec ceux et celles qu'ils fêtaient et secouraient.

L'étonnement que j'en ressentis m'engagea à me rendre chez certains d'entre eux.

Quelle révoltante révélation ! Ces vieillards, qu'on n'appelait pas encore des « personnes âgées », vivaient dans des taudis pour moi inimaginables. Leurs compagnons y étaient le froid en hiver, la solitude et la faim toute l'année, l'angoisse jour après jour. Ceux-là n'avaient pas à craindre le lendemain : la crainte était pour l'instant même. J'en ressentis une peine dure et amère, ouvrant d'un coup les yeux sur les lacunes des actions auxquelles je m'étais attaché. La politique, l'administration, c'étaient pour moi des dossiers, des chiffres, des formules, des budgets, vision désincarnée. Je découvrais d'un coup que c'étaient aussi et d'abord des êtres humains, et qu'en plein XXe siècle, en France, ces êtres pouvaient mourir à petit feu, d'abandon, de misère et de chagrin. Le sort des malheureux s'imposa d'un coup au premier rang de mes pensées. Il ne devait plus le quitter. Ainsi, en ces jours de cruelle illumination, fut déposée la première semence de la nouvelle société.

Dès l'instant, j'entrepris d'intensifier systématiquement l'action en faveur des personnes âgées, qu'aucune législation sociale, ou à peu près, n'avait encore distinguées. Des foyers furent créés, quadrillant la ville. J'agis en liaison étroite avec les comités de quartier, auxquels souvent participaient des religieuses, dévouées au-delà de toute expression. Mais je veillai soigneusement à ce que, dès l'abord, la charité fût remplacée par la solidarité. Je n'ai rien contre la charité, fille de l'espérance et de la joie, mais elle reste un don, qui appelle un merci. La solidarité se rapporte à un devoir et me paraît préférable, car elle laisse ceux qui en bénéficient libres de leurs sentiments. Quiconque s'acquitte de son devoir n'a pas de remerciement à attendre. Je ne manque pas une occasion de souligner qu'il en est ainsi : ma génération se trouve débitrice à l'égard de celles qui l'ont précédée ; inversement, les titulaires de l'aide sociale sont nos créanciers, dont la dignité comme les droits sont reconnus ; ils ne doivent de merci à personne. Combien de visages qui s'éclairent, de tailles qui se redressent, de fiertés retrouvées ! Quel bonheur !

D'année en année, portant plus loin et plus profondément ma recherche, je poursuivis comme une croisade contre les préjugés des uns, l'indifférence du plus grand nombre. Je fus aidé, dans ce travail, par des collègues et des collaborateurs qui en avaient compris tout le sens et, notamment, qu'aucun électoralisme ne s'y glissait. Beaucoup s'y trompèrent, dans un premier temps, même l'excellent cardinal Paul Richaud, qui me le confessa un jour. Simone Noailles a pris le relais des mains d'André Mauvillain ; les foyers se sont doublés de clubs ; cette chaîne de solidarité bordelaise conserve toute sa valeur tant que la France ne fait pas aux anciens le sort qui leur revient.

Aussi bien n'ai-je jamais cessé d'appeler à la tâche, dans ce domaine comme dans les autres, tous ceux et toutes celles qui me paraissaient capables d'agir dans une orientation bien définie. Dès 1947, je m'efforçai dans cette perspective de constituer une liste de la plus large union possible. Plus la ville est grande, plus les facteurs politiques s'exercent sur les élections municipales. Mieux les formations existantes sont représentées sur la liste, plus la neutralisation politique est accessible une fois l'administration mise en place. Or, cette neutralisation s'impose. D'abord parce que la nature des problèmes posés n'appelle pas les ingérences partisanes. Ecoles, stades, hôpitaux, autobus ne sont d'aucun parti ; ils sont ou ne sont pas. Ensuite parce que les interminables séances consacrées indûment aux couplets des politiciens de rencontre dévorent un temps volé à l'administration, donc au bien de la cité et de ses habitants. En résumé : aux élections municipales, large débat démocratique ; dans l'administration, rigueur de l'action.

Ainsi, depuis bientôt trente ans, aucun de mes coéquipiers, ne s'est pas plus que moi-même, réclamé de son appartenance politique dans la gestion de la ville. Et, pourtant, nous avons traité les dossiers par dizaines de milliers et pris autant de décisions. Cette dépolitisation de l'administration municipale est la clé de l'efficacité que nous avons pu avoir. Qui peut se vanter de tout réussir ? Du moins avons-nous fait ce qui nous est apparu possible. Si nous y sommes parvenus, c'est grâce à cette règle née de l'élargissement des équipes et scrupuleusement respectée des élus. Il n'y a donc pas lieu de changer de méthode.

J'étais arrivé dans cette ville voué au service de la France, et m'y étais aussitôt consacré au service de Bordeaux. Je me retrouvai au service des Bordelais. Quelle meilleure préparation pour être un jour au service des Français ? Tant de fois j'eus l'occasion, sur les terrains les plus variés, de poser les problèmes dans leurs termes réels, de déterminer les orientations après y avoir mûrement réfléchi, d'adopter des procédures nouvelles ; bref, de faire ce qui est le plus souvent impossible à l'échelon national : le parcours complet du labour à la moisson, voire à la farine qu'on moud et à la pâte qu'on pétrit. Irremplaçable apprentissage. J'y acquis la conviction que, chaque décision se répercutant à l'échelon du grand nombre, il était nécessaire d'y associer la plus large représentation possible : collègues du conseil, fonctionnaires, techniciens, mais aussi ceux et celles qui, par leur appartenance à la communauté bordelaise, se trouvaient concernés. Ainsi en arrivai-je à développer progressivement un ensemble de concertations, toujours à animer, développer, relancer, et qui constituent pour une administration un élément irremplaçable d'information, tandis qu'elles inspirent aux administrés un juste sentiment d'être écoutés. J'appliquais, d'instinct, le principe de la participation.

Outre le problème de la réduction des effectifs du personnel municipal, j'eus à traiter sans délai celui des grands équipements dont il fallait doter la ville. Bordeaux, comme d'autres cités françaises, sommeillait depuis le second Empire, et, à part quelques réalisations de la fin du XIXe siècle, n'avait guère entrepris. Adrien Marquet avait eu le mérite de réaliser un ensemble de constructions à la fois utiles et spectaculaires, mais qui ne touchaient pas à l'essentiel : le parc des sports, deux piscines, une bourse du travail dont Bordeaux s'enorgueillit encore. Je pris d'autres chemins et y fus poussé par la nécessité.

Au cours des premiers hivers de ma magistrature, j'eus la surprise d'apprendre que la partie nord de Bordeaux était menacée par les eaux. Un jour, ce fut le pire. Sur place, je trouvai des équipes dévouées, regroupant les habitants valides. Sous la conduite des pompiers et des services techniques, elles s'ingéniaient, de jour et de nuit, à contenir la montée des eaux, à grand renfort de sacs de terre. Plus elles s'acharnaient, plus leur front reculait. Les maisons en patrouille avancée furent les premières abandonnées, puis vint le tour des quartiers périphériques, enfin de la cité elle-même. Et des milliers de Bordelais, en dépit de nos efforts incessants, durent fuir devant l'invasion.

Le plus étrange était le caractère quasi rituel de ce remue-ménage. Un plan d'hébergement était prévu pour recevoir les évacués : logements de parents ou d'amis, écoles, garages, locaux publics en tout genre, à grand renfort de matelas, de couvertures et de boissons chaudes. Tout le monde semblait courber la tête devant une fatalité empruntée aux forces élémentaires qui, depuis le déluge, gouvernent le monde. Dissimulant ma stupéfaction, je m'entendis expliquer qu'il en était ainsi « de tout temps à jamais », comme on dit à Bordeaux, et que, de mémoire d'homme, il n'y avait pas d'exemple qu'un hiver poussant l'autre on ne fût parvenu à loger ces inondés, quel qu'en pût être le nombre. Avec cela, un brin de satisfaction dans la voix !

Je résolus que ces inondations seraient les dernières. Il en résulta des travaux importants et coûteux. Le mal disparut avec la mise en place du remède, et personne ne s'en soucia plus. L'homme est naturellement oublieux des mauvais jours. Au bout de quelques années, c'est à peine si une phalange de vieux Bordelais évoquaient encore le temps où Bordeaux, comme la vallée du Nil, était régulièrement envahie par les eaux. Par un retour inéluctable des choses, le développement récent des communes alentour menace de reposer le problème de nos jours. Plus importants, les travaux n'en seront que plus coûteux.

Cet épisode me conduisit à traiter l'assainissement général de Bordeaux. Il existait quelques linéaments d'égouts, mais aucun système véritable. En établir un se heurtait à une difficulté propre à la ville. A la marée et pour peu que le temps soit pluvieux, la Garonne se trouve rouler son cours à un niveau supérieur à celui d'une bonne partie de Bordeaux. D'où une sérieuse complication pour assurer à tout moment l'évacuation des eaux. Un autre problème est posé par plus de cent ruisseaux, minces pour la plupart, mais toujours prêts à se grossir d'un orage et qui sinuent à travers la ville. Pendant quinze ans, nous poursuivîmes notre travail de termites, d'autant plus ingrat qu'il était invisible. Une tâche accomplie en amenait une nouvelle. Aux grands collecteurs et aux stations de pompage, succédaient les collecteurs moyens ; à ceux-ci, les égouts secondaires. Après quoi il fallait inciter les habitants, qui n'y défèrent pas toujours, à raccorder leurs immeubles au tout-à-l'égout ainsi installé. Et ainsi de suite.

Quand enfin nous aperçûmes le bout du tunnel en ce qui concernait la ville, ce fut pour transposer l'entreprise à une échelle infiniment plus vaste, en raison de l'urbanisation progressive de l'agglomération bordelaise. Cette urbanisation, notamment sur la rive gauche en contrebas, entraînera des travaux énormes. Depuis les années 60, la Communauté urbaine s'y est attelée au prix d'efforts considérables et toujours insuffisants. Un ordre de grandeur des dépenses à engager est fourni par les crédits prévus au plan d'urgence : 600 millions de francs, valeur 1975. Pendant les dix prochaines années, le développement urbain de l'ensemble bordelais, fort de six cent mille âmes, sera directement commandé par les impératifs de l'assainissement, sous peine d'encourir de véritables catastrophes. Encore un bel exemple de problème où la politique n'a que faire.

Sous des formes différentes de celles utilisées à Bordeaux même, je me suis efforcé de neutraliser les facteurs politiques dans la Communauté urbaine créée en 1968. Il s'agit d'un établissement public réunissant vingt-sept communes dont Bordeaux. Un certain nombre d'entre elles sont dirigées par des socialistes. Il eût été possible de les exclure de l'administration communautaire, c'est-à-dire du bureau élu par le conseil et qui comprend douze vice-présidents. Je m'en gardai bien, et quatre de ces vice-présidences leur furent proposées. Il les acceptèrent.

Depuis vingt ans, leurs principaux dirigeants, Robert Brettes, maire de Mérignac, et René Cassagne, maire de Cenon, avaient coopéré avec moi au sein de l'Union des maires de l'agglomération. Ils ont disparu après avoir accompli une tâche considérable et montré la voie de l'efficacité. Ceux qui les ont remplacés sont parvenus jusqu'à présent à suivre leurs traces, au prix de difficultés accrues par les avatars de la politique générale.

Le franchissement de la Garonne provoquait des inquiétudes justifiées. J'ai dit comment avait été élargi en encorbellement l'unique pont, réalisé par l'ingénieur Deschamps en 1825 ; l'ordre de construction en avait été donné par Napoléon qui se rappelait avoir dû faire emprunter des ponts de bateaux par l'armée d'Espagne. Ce pont est un beau pont, mais un siècle après sa construction, il était devenu d'une insuffisance qui soulignait la négligence de la nation à l'égard de Bordeaux.

S'agissant de l'itinéraire direct Paris-Madrid, de la voie qui, de Stockholm à Gibraltar, traverse l'Europe du Nord au Sud, ce genre d'équipement mobilise des intérêts et des responsabilités multiples. La ville y participe, le conseil général aussi, mais c'est l'Etat qui, principal bailleur de fonds, s'érige en maître d'œuvre. Il fallait donc convaincre et décider l'Etat. Cela prit des années. Il fallut également se mettre d'accord sur place. Ce ne fut pas facile. Mes efforts pour dépolitiser le débat, efficaces auprès de ma majorité, ne suffisaient pas à convaincre l'opposition. Les ponts des uns bataillaient contre les ponts des autres, ne se réconciliant que pour s'en prendre aux ponts du maire. Ce n'étaient ni les mêmes ouvrages ni les mêmes emplacements. Pour un peu, ce n'eût pas été la même Garonne.

Un jour survint l'événement qui mit d'accord tous les plaideurs : un embouteillage, ou plutôt « l'Embouteillage », si vaste, si cacophonique, si inextricable, qu'on n'en avait pas vu de semblable de mémoire d'homme. C'était veille de fête. La pluie s'en mêla. Ce fut un cauchemar. Des femmes accouchèrent dans des véhicules bloqués. Le feu prit dans une citerne et faillit se propager à tout un quartier. Que se serait-il passé ? Chacun frémit en l'évoquant. Roger Frey était ministre de l'Intérieur. Je l'alertai sur le mode majeur. En quelques jours, il fut décidé de jeter, en amont de l'ouvrage de Deschamps, un pont parallèle à la passerelle du chemin de fer. Baptisé pont Saint-Jean du nom de la gare toute proche, il fut construit à une vitesse record. Fin des discussions théoriques. Le franchissement de la Garonne à Bordeaux, sans que tout fût parfait à beaucoup près, cessa de poser des problèmes insolubles.

Je livrai aussi la « bataille des passages à niveau », avec pour vis-à-vis la S.N.C.F., partenaire solide et difficile. Les problèmes sont toujours clairement posés par elle, mais il est malaisé de satisfaire à ses exigences, ce qui est à son honneur. Pour atteindre Bordeaux en venant du nord, il fallait, avant de franchir le pont de pierre, traverser deux fois les lignes de chemin de fer, avenue Thiers ; les barrières étaient au total abaissées plus de douze heures sur vingt-quatre. Le résultat était pitoyable, compliqué encore par les tramways, dont la maniabilité n'était pas la qualité maîtresse. Les passages à niveau disparurent, les tramways aussi ; et l'avenue Thiers fut restructurée. Aujourd'hui, cette entrée de Bordeaux est à tel point méconnaissable que je dois faire effort pour me souvenir de ce qui a été.

Telle est l'ingratitude de la tâche. Les problèmes sont abolis sitôt résolus. Les plus valeureux combats s'effacent de la mémoire une fois le résultat acquis. Chaque solution fait surgir un nouveau problème, et d'autant plus épineux qu'elle a été plus efficace. En fait, rien n'est jamais fini. Quoi qu'on fasse, tout reste à faire. Ne pouvant se justifier ni par des actions passées tombées dans l'oubli, ni par un présent qui reste difficile, ni par les réalisations à venir toujours contestées, l'homme public doit trouver en lui la foi indispensable à la poursuite de son œuvre et les ressources qu'il faut pour accepter de ne pouvoir tout achever. Dure leçon de modestie. Il faut des années pour la tirer de l'expérience et l'admettre. La première fois que j'en pris conscience, j'en fus très affecté. C'était récemment, au sujet d'une opération de caractère véritablement historique pour Bordeaux, le quartier du Lac. La réussite est certaine, mais l'entreprise si vaste qu'il faudra encore vingt ans pour que les arbres que nous venons de planter avec les enfants des écoles aient atteint la taille nécessaire pour couronner l'ensemble. Dans vingt ans, serai-je encore là ? Cette pensée me fut pénible. Puis je m'en accommodai, trouvant dans la finitude même du destin des hommes une raison supplémentaire de m'acharner. Nous ne sommes que des relayeurs et devons l'admettre.

Un autre sujet pressant était l'habitat social. Ceux qui disposaient de revenus suffisants avaient résolu leurs problèmes à titre individuel. Les autres se trouvaient souvent en difficulté, parfois en détresse, comme on l'a vu pour les personnes âgées. Entre les deux guerres, une législation malthusienne avait conduit à fort peu construire. Sous l'Occupation, on n'avait plus construit du tout. Depuis la Libération, la priorité justement accordée aux équipements publics avait fait le reste. J'entrepris la réalisation de logements sociaux. Mon prédécesseur m'avait laissé des plans sérieusement étudiés. Ainsi furent édifiés les ensembles « Bouguereau », près de la rue Judaïque, et « Parc des Sports », au voisinage de ce dernier. Ils sont habités encore aujourd'hui. Le problème est maintenant d'y faire accéder des occupants dont l'entrée soit justifiée par la modicité de leurs moyens.

Dans ce domaine survint une mésaventure de taille. Sur la rive droite de la Garonne, le quartier de la Bastide doit faire l'objet de soins particuliers pour donner à ses habitants le sentiment légitime de ne pas être défavorisés au profit du centre de la ville. A cette époque s'y trouvaient de vastes terrains vagues ponctués de bunkers allemands et où paissaient les vaches. Je fis réaliser un ensemble moderne dit de « la Benauge ». Dès 1952, plus d'un millier de logements avaient été édifiés. Un immeuble de dix étages souffrit de vices de construction. A cet endroit de Bordeaux, le terrain est spongieux. Il faut aller chercher le sol dur à quelque quinze ou vingt mètres de profondeur et entreprendre des fondations spéciales. Celles-ci furent en partie manquées. L'immeuble donna de la bande, avec un gîte de quatre-vingts centimètres au sommet et le craquement sinistre des longrines se brisant à la base. Adrien Marquet, dans sa campagne électorale de 1953, ne manqua pas d'exploiter ces difficultés, vite surmontées, qu'il mit sur le compte de mon ignorance de Bordeaux, où on ne saurait construire au-dessus de cinq étages. Ces énormités firent mouche, on s'en souvient.

Le redressement d'une ville, comme celui d'une nation, ainsi que leur évolution ordinaire doivent être traités simultanément dans tous les domaines. J'engageai une action culturelle résolue, sous les formes envisageables à l'époque. L'acquis n'était pas mince. Le Grand Théâtre de Bordeaux, rivalisant avec le Capitole de Toulouse, était fort connu et apprécié. Ici et là venaient les plus fameux ténors, pour pousser leurs contre-ut. Mais il fallait y adjoindre de nouvelles formules. Sur la proposition de l'ami de mon adolescence, Georges Delort, fut créé le « Mai musical ». Durant trois semaines, se succéderaient à Bordeaux, tandis que fleurissent les lilas, concerts, ballets, récitals, opéras et opéras comiques. La vie bordelaise en recevrait une impulsion nouvelle et le rayonnement de Bordeaux en serait multiplié. Ainsi fut fait. Simultanément, Gilbert Martin-Méry, que Georges Salles m'avait recommandée comme conservateur du musée de peintures, commença d'organiser des expositions qui prirent rang sur les calendriers internationaux. Théâtre, musique, danse, arts plastiques : toutes les initiatives susceptibles de rendre à Bordeaux l'élan de la jeunesse étaient bonnes à encourager. Je n'y manquai pas.

Tout doit être adapté au temps qui passe, et si possible le précéder. Le Mai musical de Georges Delort et les expositions avec Jean-Louis Froment se sont diversifiés. Tandis que naissait le « Sigma » de Roger Lafosse et que Raymond Paquet maintenait la compagnie dramatique d'Aquitaine, le Grand Théâtre, fidèle au souvenir de Roger Lalande, s'est ouvert à de nouveaux publics. Ce n'est pas fini. De nombreux animateurs surgissent, auxquels il est nécessaire de donner leur chance, à l'entrepôt Lainé, peut-être.

Mais il ne suffit pas de présenter des spectacles et des expositions qui permettent une plus grande implication du public. Il faut aussi faire participer les habitants de nos villes à la détermination des actions à engager afin que la culture ne leur soit pas octroyée par le fait du prince. Je m'y efforce à Bordeaux et pour l'ensemble de l'Aquitaine. C'est une tâche déjà lancée, et pour demain.

24

Le perchoir

La présidence de l'Assemblée nationale présenta pendant onze ans un intérêt d'autant plus grand qu'il fallait appliquer de nouvelles institutions. Le régime précédent donnait tous les droits au législatif et vouait l'exécutif à un bégaiement que les usages avaient accentué. Il s'agissait désormais d'assurer l'équilibre des pouvoirs en permettant à chacun de s'exercer dans sa plénitude sans empiéter sur l'autre. Lutter sur deux fronts s'annonçait nécessaire : d'un côté, prévenir le retour insidieux au passé ; de l'autre, empêcher le gouvernement d'abuser des prérogatives qui étaient devenues les siennes. En 1958, compte tenu de la condamnation générale du système aboli, les risques ne pouvaient venir que du second côté ; sans en avoir l'intention ni même conscience, le Premier ministre le plus respectueux de l'esprit des institutions peut commettre des abus ou laisser s'en produire ; je l'ai vérifié quand je m'installai moi-même à Matignon.

Le problème se posa en 1961, dans des circonstances dramatiques. Je fus amené à prononcer du haut du fauteuil un discours qui déplut fort à Michel Debré, alors Premier ministre, avec qui j'entretenais déjà une amitié fraternelle. Le lendemain du coup de force militaire du 22 avril à Alger, le général de Gaulle avait décidé d'appliquer l'article 16 de la Constitution. Cet article donne les pleins pouvoirs au chef de l'Etat dès lors que les institutions de la République se trouvent menacées et les pouvoirs publics constitutionnels empêchés de fonctionner normalement. Ce qui était le cas. J'en convins tout uniment, lorsque le président de la République me consulta officiellement selon les termes de la Constitution.

Le putsch d'Alger échoua, je l'ai raconté, en peu de jours. Mais les séquelles en étaient menaçantes. D'autant que, le 8 mai, le général de Gaulle remit le feu aux poudres en annonçant, en prélude à la première conférence d'Evian qui allait s'ouvrir le 20, qu'il fallait désormais régler l'affaire algérienne. Il avait entamé le processus qui allait conduire, de convulsion en convulsion, à la fin des combats et à l'indépendance de l'Algérie. L'article 16 allait rester en vigueur pendant près de six mois, au cours desquels l'impatience parlementaire ne cessa de grandir.

La Constitution prévoit que l'Assemblée nationale, en pareil cas, siège de plein droit et ne peut être dissoute. Nous eûmes à nous réunir aux jours chauds, non seulement de l'affaire algérienne, mais de la colère paysanne. Troublés par l'une, directement inquiétés par l'autre, les députés estimèrent que leur action de contrôle était trop réduite. Ils regimbèrent de différentes façons. La mauvaise humeur menaçait de tourner à la guérilla. Une fronde parlementaire eût rendu plus explosive encore une situation qui ne l'était que trop.

Le 6 juillet, en installant le nouveau bureau de l'Assemblée, je résolus d'intervenir publiquement dans le conflit, pour demander au gouvernement d'en user avec modération, calmer les esprits au Parlement et éviter ainsi à mes collègues de s'enflammer à tout propos.

Le problème principal, affirmais-je, demeurait celui de l'équilibre à établir entre les pouvoirs. L'Assemblée, admettant de ne plus être omnipotente, n'entendait pas se contenter de devenir une simple chambre d'enregistrement. Les députés, qui acceptaient de ne plus avoir à supputer tous les six mois les chances et les perspectives d'une crise ministérielle, ne pouvaient s'accommoder de l'éloignement dans lequel ils étaient fréquemment tenus par le pouvoir, tant dans la capitale qu'au sein de leurs circonscriptions. Depuis le début de la session parlementaire, la situation était allée se dégradant. Comment le gouvernement entendait-il remplir sa tâche de direction des travaux parlementaires ? Comme un guide soucieux de satisfaire, voire de prévenir les désirs de ses compagnons de route, quand ceux-ci étaient compatibles avec la sécurité commune ? Ou comme un autocrate s'arrogeant tous les droits pour mieux en abuser, notamment en employant sa priorité d'inscription à l'ordre du jour pour écarter la discussion de toute proposition parlementaire, et même de tout sujet désiré par la représentation nationale ?

Un silence profond accueillait mes propos, qui eussent été entendus comme la messe si l'intention n'avait été, par instants, détournée vers le Premier ministre. Son visage passait par toutes les expressions de la surprise, de l'irritation, de la lassitude excédée. Plusieurs fois, je craignis que Michel Debré ne quittât la salle, ou demandât la parole pour répondre sur-le-champ. Il s'abstint de l'un comme de l'autre, et eut raison de le faire. Il avait compris à temps que mon intervention n'avait pour but ni de contrarier son action ni de la compliquer. Elle concernait l'intérêt général.

Le général de Gaulle l'admit, encore que, dans sa philippique du 12 juillet, celle de « la hargne, la rogne et la grogne », celle aussi qui s'ouvrait par l'admirable formule : « La France a épousé son siècle », une phrase ait donné à penser à quelques-uns. « Certains couplets politiques que supportaient les temps passés perdent aujourd'hui leur écho. Le petit jeu représentatif... qui se pratiquait naguère ne répond plus à nos activités. » Je n'étais pas visé. Le Général appréciait la franchise, voire la rudesse dès l'instant qu'elles s'exprimaient pour le bien de la nation. Sur ce point, il ne douta pas de moi. Il fallait savoir défendre, au besoin, de Gaulle devant de Gaulle. J'en étais capable. Il en était conscient. Il voulut bien l'écrire dans ses *Mémoires d'espoir*.

Le résultat tangible de mon intervention fut l'apaisement des esprits, comme il advient dans une communauté où ce qui était fortement pensé par un grand nombre a été exprimé par un seul. Le 22 juillet, l'Assemblée décida de suspendre ses séances. Ce n'était qu'un répit. Le 3 août, la Fédération nationale des syndicats d'exploitants agricoles demanda l'ouverture d'une session extraordinaire, se faisant appuyer par plus de la moitié des députés en exercice, ce qui, aux termes de la Constitution, « pouvait », selon les uns, « devait », selon les autres, entraîner la convocation du Parlement. Le 31 août, dans un message adressé au Premier ministre, le général de Gaulle, acceptant d'appliquer la lettre, n'y fit pas obstacle, mais précisa qu'il tiendrait « pour contraire à la Constitution que la réunion annoncée du Parlement ait un aboutissement législatif. » Ce jugement de Salomon présentait un double avantage : apaisement parlementaire et liberté d'action gouvernementale.

La session extraordinaire débuta le 12 septembre. Dès l'ouverture de la séance, je fus saisi d'une motion de censure dont les socialistes avaient pris l'initiative. Cette motion posait un épineux problème de droit constitutionnel. L'Assemblée ne pouvait être dissoute aussi longtemps que les dispositions de l'article 16 restaient en vigueur. Or, une motion de censure, si elle était adoptée, aboutirait à renverser le gouvernement, ce qui constituerait un cas habituel de dissolution de l'Assemblée. Que se passerait-il alors ? Comment résoudre la contradiction ? Je décidai d'en saisir le Conseil constitutionnel. Il se déclara incompétent. Il appartenait donc au seul président de l'Assemblée nationale de trancher. L'atmosphère était des plus troublées, le problème paysan échauffait les esprit, les incidents se multipliaient, l'opposition réclamait à cor et à cri le retour aux institutions normales. Pourtant, les menaces contre l'Etat n'étaient pas écartées : l'O.A.S. avait commencé de frapper en Métropole ; l'attentat de Pont-sur-Seine datait de quatre jours.

Je rendis publique ma décision le 20 septembre : « Sous l'empire de l'article 16, une motion de censure n'était pas recevable en session extraordinaire, mais le devenait en session normale. » La Constitution n'avait pas prévu la manière dont fonctionnait, l'un par rapport à l'autre, le Parlement et le gouvernement en période de pleins pouvoirs présidentiels. Il appartenait au chef de l'Etat, gardien de la Constitution, de dire, en pareil cas, la loi et les prophètes. Le général de Gaulle avait indiqué dans sa lettre au Premier ministre les limites de l'action parlementaire au cours de la présente session extraordinaire. En revanche, le 25 avril précédent, en déclenchant la mise en application de l'article 16, il avait invité les députés à « poursuivre leur tâche » dans le cadre du calendrier ordinaire. Irrecevable dans un cas, la motion de censure ne le serait plus dans l'autre. Raisonnement qui n'était pas sans failles juridiques, mais qui me permettait de jeter de l'huile sur une mer agitée. D'une part, l'Assemblée débattait comme elle était en droit de le désirer ; d'autre part, l'existence du gouvernement ne risquait pas d'être mise en cause sur un sujet autre que l'essentiel : l'Algérie ; enfin, la rentrée parlementaire normale était fixée au 3 octobre. Le chef de l'Etat disposait ainsi d'un nouveau délai pour se déterminer sur la conduite à adopter vis-à-vis du pouvoir législatif. Bref, je virai la bouée au plus près.

Le général de Gaulle ne manqua pas de me préciser qu'il n'était d'accord ni sur mes considérants ni sur mes conclusions. Mais, dans les heures qui suivirent, reprenant la balle au bond, il annonça qu'il avait résolu de mettre fin à l'application de l'article 16 à compter du 30 septembre. L'apaisement que j'avais laborieusement cherché à l'aide des moyens à ma disposition se trouvait ramené d'un coup par la décision présidentielle. Quelques jours après, recevant les chefs des groupes parlementaires, le général de Gaulle acheva de remettre les esprits en ordre par l'urbanité de son accueil et le soin qu'il prit de rappeler aux uns comme aux autres que le vrai problème restait le drame algérien, et qu'il était le véritable protagoniste. Simultanément, plusieurs décisions étaient adoptées par le gouvernement à l'instigation d'Edgard Pisani, nouveau ministre de l'Agriculture, et le calme revenait dans le monde paysan.

Tout au long de ma présidence de l'Assemblée nationale, mon objectif permanent fut de faire respecter les droits du Parlement, sans empiéter sur ceux de l'Exécutif. Délicate recherche d'objectivité et vigilance de tous les instants. Le plus difficile n'était pas le plus visible : assurer clarté et tenue aux débats. Le fauteuil du président est un tonneau de vigie, d'où l'on peut voir se lever les tempêtes. Son emplacement, qui date du Conseil des Cinq-Cents présidé par Lucien Bonaparte, est assez élevé pour être en position de prévenir au lieu de guérir. Un regard appuyé vers ceux-ci ou ceux-là, un mot murmuré, un geste intentionnel, un encouragement à l'orateur dans la seconde où l'interruption, si elle se prolongeait, pourrait engendrer le tumulte : ce maniement délicat est facilité par la topographie, qui permet aussi d'être à la hauteur de la tribune du public. Tout voir, c'est presque tout prévoir. Il n'y faut qu'une vue perçante, une exacte mémoire des noms et aussi une ouïe fine pour tout enregistrer comme pour faire mine de ne pas avoir entendu ce qui n'aurait pas dû être dit. La surdité volontaire est coutumière ; soulignée, elle devient guillotine : « Monsieur, vos propos ne sont point parvenus au bureau » ; ce qui signifie qu'ils ne seront pas enregistrés au procès-verbal. Adressée à tel orateur qui outrepasse son temps ou ses droits, cette formule exerce souvent un effet magique. Celui qui brûlait d'ardeur pour faire passer son message se calme dans l'instant : il ne voulait parler que pour le *Journal officiel,* à l'intention de ses électeurs.

Il m'arriva d'avoir à donner de la voix. Un des plus forts tumultes éclata pendant un discours de Roger Frey, ministre de l'Intérieur, en mai 1964. Il me fallut multiplier les rappels à l'ordre. L'un d'eux fut décisif : « Il est inadmissible que d'anciens membres du bureau de l'Assemblée fassent claquer leurs pupitres. » Cette phrase, qui visait, sans les nommer, des parlementaires connus, fit sensation et fut largement reproduite dans la presse. Ce qui donne bien le ton que je m'efforçais de maintenir dans l'hémicycle. J'évitais d'avoir recours à la manière forte, étant par nature enclin à considérer que les choses les plus sérieuses peuvent s'accomplir dans la bonne humeur et qu'elles n'en aboutissent que mieux.

L'entière connaissance des milieux parlementaires, la sympathie générale que je portais à mes collègues, les relations souvent excellentes que j'entretenais avec eux, les liens fréquemment noués dans la Résistance me facilitèrent la tâche, dès l'abord. L'expérience ne put qu'y parfaire. Au fil des années, il arriva qu'une sorte de connivence s'établît entre quelques-uns des députés les plus remuants et leur président. Dans les périodes apaisées, la salle finissait, comme au théâtre, par attendre certaines interruptions et certaines répliques. Je provoquai un jour un fou rire général en disant au chanoine Kir, alors député-maire de Dijon, sur un ton pressant et familier : « Allons, Monsieur le chanoine, je vous en prie, ne dissipez pas vos petits camarades. »

La présidence de l'Assemblée comporte de veiller au bon fonctionnement de l'institution. Le bureau décide des grands sujets d'administration interne dont le soin est confié à des questeurs, le plus souvent excellents gestionnaires. Ainsi, pour l'amélioration des conditions de vie et de travail des députés et du personnel de haute qualité mis à leur disposition, la résolution d'étendre les installations du Palais-Bourbon de l'autre côté de la rue de l'Université fut prise à cette époque. Après moi, Achille Peretti mena l'ouvrage à son terme.

Les décisions d'organisation, même matérielles, sont surtout de nature politique. Souvent délicates, elles s'élaborent aux termes du règlement de l'Assemblée, véritable monument, dont les aspects peuvent être si contraignants que toutes ses dispositions sont soumises au Conseil constitutionnel. La fixation de l'ordre du jour, si elle n'est plus comme sous la IIIe et la IVe République matière à faire tomber le gouvernement, demeure une tâche hebdomadaire complexe pour l'un des organes prévus par ce règlement : la conférence des présidents.

Celle-ci réunit les vice-présidents de l'Assemblée, les présidents des commissions et ceux des groupes parlementaires. Sa direction demande le plus grand soin. D'où un important travail préparatoire dont l'accomplissement me fut, sans défaut, facilité par un secrétaire général du plus haut niveau : Emile Blamont, lui-même à la tête d'un remarquable appareil administratif.

A la conférence des présidents se pose, en permanence, le problème des relations entre la majorité et l'opposition. Cette dernière doit, à mon sens, être informée le plus largement qu'il se peut, non seulement des éléments de préparation législative, mais aussi de ce qui a trait au contrôle de l'Exécutif. Tout le monde doit y gagner, à commencer par le gouvernement qui éprouve en permanence des difficultés à savoir ce qui se passe entre administrations et administrés. Qui peut mieux l'y aider, fût-ce à partir d'intentions adverses, que des parlementaires s'ingéniant à distinguer le vrai du faux dans l'application des lois et règlements en vigueur ?

Pour cette raison, réservant les commissions d'enquête aux cas les plus graves qui appellent à l'avance des suites majeures, j'ai préconisé le recours aux commissions de contrôle, d'un maniement plus souple et qui permettent d'aller aussi profond sans dramatiser. Ainsi pour l'O.R.T.F., lorsque j'étais à Matignon.

De même, j'ai veillé sans relâche à ce que la procédure des questions orales soit correctement appliquée. Il ne s'agit pas seulement de droit et de méthode, mais aussi d'une volonté politique nécessaire au bon fonctionnement des institutions parlementaires, et donc exigée à la fois du gouvernement, de la majorité et de l'opposition. Des questions précises, des réponses claires, l'opposition pourvue d'une part équitable des unes et des autres : telle doit être la règle.

Pour être satisfaisante, l'information de l'opposition doit avoir pour support des rapports ordonnés avec le gouvernement, notamment en matière d'affaires étrangères et de défense. Malheureusement, cette conception comme ces méthodes restent peu appréciées dans notre pays. J'en ai fait l'expérience, obligé de renoncer devant l'obstruction générale. Il faut être tout à fait au sommet pour dominer de telles résistances.

Quant aux questions écrites, le président de l'Assemblée est amené à intervenir fréquemment auprès du Premier ministre afin que les réponses ne tardent pas. Le Premier ministre allègue parfois que les questions posées sont trop nombreuses pour que certaines administrations puissent suivre la cadence. Débat jamais entièrement vidé, mais qui peut l'être pour l'essentiel, quand président de l'Assemblée et Premier ministre s'accordent pour appliquer la procédure en toute bonne volonté.

Des relations franches et loyales entre ces deux

hommes sont donc nécessaires à l'harmonie des rapports entre l'exécutif et le législatif. En dépit de quelques traverses, dues aux frottements des positions respectives, ce fut aisé avec Michel Debré. Il savait pouvoir compter sur ma loyauté, sans l'ombre d'une complaisance qui, commode sur le moment, eût été finalement préjudiciable à l'œuvre d'intérêt national entreprise en commun. J'ai conservé un souvenir précis de la présentation de son gouvernement devant l'Assemblée que je présidais depuis quelques jours. Nous étions l'un et l'autre plus émus que nous voulions le paraître, lui fort de sa conviction, moi soucieux de lui aplanir la voie. Nous sourîmes ensuite d'avoir ainsi joué les Queuille et les Herriot à notre tour.

A Pâques 1962, arriva Georges Pompidou. Nous nous connaissions beaucoup moins. Il me considéra quelque temps avec une méfiance qui ne me visait pas spécialement. C'était celle d'un homme habitué à n'avancer d'un pas qu'une fois vérifiée la solidité du terrain. Il s'habitua peu à peu à ma façon d'exprimer ma pensée sans détour, découvrant qu'aucune intention contraire ne l'inspirait, mais ensemble le désir de défendre l'institution parlementaire et celui de montrer au chef du gouvernement les ornières du chemin. Il eut plusieurs occasions de le vérifier dans des circonstances difficiles.

Enfin, fut nommé Couve de Murville. J'eus beaucoup moins à travailler avec lui. Tout en respectant le Parlement, il n'était pas enclin à se confier, fût-ce au président de l'Assemblée. Du moins, cette année-là marqua-t-elle le début de nos bonnes relations.

Il est courant, en France, d'accabler les parlementaires, et spécialement les députés. Ces critiques méritent d'être évoquées. Les élus de la nation sont aussi ses salariés, qui, grâce à la télévision, travaillent dorénavant sous ses yeux. Elle croit pouvoir mesurer leur application au spectacle qu'ils lui donnent en séance, épiant leurs faits et gestes et les commentant parfois avec acrimonie. D'où ces attaques dont certaines ne sont pas dénuées de fondement, mais qui sont le plus souvent outrancières. J'ai trop longtemps veillé au chevet de l'Assemblée nationale pour me soustraire au devoir de redresser ce qui doit l'être.

L'absentéisme en séance ? Oui. Les conversations particulières tandis que l'orateur s'évertue à la tribune ? Oui. La lecture de journaux, dossiers, documents divers ? Oui. Le courrier qu'on fait à la main, encore que la pratique en aille diminuant ? Oui. Encore oui. Mais il faut connaître l'envers du décor, et d'abord que les députés, répartis en commissions, y déploient pour la plupart une activité considérable, tant en séances plénières qu'en groupes de travail. Là, se prépare l'œuvre législative, et généralement dans des conditions d'approfondissement remarquables.

Les députés ont aussi à fréquenter les Ministères ; c'est une occupation absorbante. Jadis, les ministres les accueillaient à porte ouverte. Par la suite, les portes eurent tendance à se fermer. Ce fut une erreur. J'ai toujours réagi contre la méthode qui consiste à faire recevoir les parlementaires par un membre du cabinet ; un ministre doit s'organiser pour assurer ces entretiens en personne. Il ne peut qu'y gagner en information et en efficacité. Il en est de même pour le Premier, bien que la lourdeur de ses charges justifie qu'il soit parfois suppléé par ses collaborateurs. Encore faut-il que ceux-ci lui soient proches, et disposent d'une autorité personnelle assez grande, pour que le visiteur ait le sentiment d'avoir été réellement reçu à Matignon. J'y ai veillé.

En fin de compte, un député est un homme surchargé d'obligations. Sur les sujets traités à la tribune, il possède sinon toujours des vues de spécialiste, du moins généralement une bonne compétence. Comment lui en vouloir s'il ne prête pas une entière attention à des propos dont beaucoup lui sont connus par avance ? J'atteste que les parlementaires ne sont pas distraits lorsque l'expression se fait neuve. Ce n'est pas toujours le cas. Parfois, l'intervenant se perd dans des développements incongrus, passant par Munich, Dallas et Tokyo pour en venir à Cucugnan ; parfois s'égare d'une voix plate en lectures interminables. Aride est l'audition, même pour le président de séance qui ramène l'attention de l'Assemblée vers l'orateur plus par devoir que par conviction. Cette pratique de la lecture avait été proscrite. Il fallut en rabattre. Il est difficile de demander à tout un chacun de parler d'abondance, en particulier sur les sujets d'ordre technique. En outre, certaines déclarations, notamment gouvernementales, ne peuvent tolérer la moindre erreur et exigent des textes soigneusement rédigés. Alibi parfait pour ceux qui, peu doués pour l'éloquence, n'y renoncent pas pour autant et trouvent dans la lecture leur bouée de sauvetage. Que d'amphigouris ; que d'occasions d'être et de paraître distraits !

L'éloquence parlementaire, qui flamboyait sous la IIIe République, sembla pâlir puis s'éteindre sous la IVe et davantage encore sous la Ve. Manquions-nous soudain d'orateurs ? Je ne le crois pas. Le genre n'était plus en harmonie avec la sensibilité de l'auditoire, qui avait évolué tout comme celle de l'époque. L'emphase cédait à la précision, le verbe au respect des faits et des chiffres. Faut-il s'en plaindre ? Il n'y avait pas le choix. Légiférer et contrôler l'Exécutif entre les deux guerres portait sur un nombre de domaines relativement limité. Il n'en est plus de même depuis vingt-cinq ans. Il s'agit maintenant d'exercices d'une telle complexité qu'il a bien fallu abandonner les appoggiatures pour s'en tenir à la stricte notation.

En d'autres temps, je ne doute pas qu'un homme comme Edgar Faure eût été capable de rivaliser d'éloquence avec les meilleurs, en utilisant tour à tour flûte, violon, contrebasse et tambour de guerre. Pierre Mendès France, Georges Pompidou, Valéry Giscard d'Estaing se sont fait entendre avec des moyens différents mais tous efficaces : le premier dans la sobriété lumineuse, le second par ce génie de l'évidence qui sortait de terre auvergnate et latine, le troisième en excellant à faire croire à l'auditoire qu'il est presque aussi intelligent que lui. Quant à Maurice Couve de Murville, il a apporté une obstination quasiment britannique à chasser de son verbe le plus léger effet oratoire. Pour Michel Debré, son discours sur le Ve Plan, en 1964, demeurera un modèle du genre. François Mitterrand s'est affirmé, surtout depuis que sa tâche de leader d'une union de la gauche que divise l'essentiel l'entraîne à prendre plus de hauteur.

Au total, le Président de l'Assemblée nationale assume une part importante de l'harmonie des pouvoirs. Et faciliter les rapports entre l'exécutif et le législatif consiste avant tout à aménager les relations entre les hommes. Par la simplicité de l'accueil et l'intensité de l'attention, je m'efforçai de faire émerger ce qui, de prime abord, n'était ni apparent, ni exprimé, ni même destiné à l'être. Avant tout, mes interlocuteurs devaient se sentir en sécurité auprès de moi. Leur confiance répondait à ma discrétion : non pour cacher des vilenies, mais pour ménager des intérêts contradictoires, si légitimes fussent-ils. Chacun devait trouver auprès de son président l'asile le plus sûr, toujours vis-à-vis de ses adversaires, parfois de ses amis. Chacun le trouva.

25

De Kennedy à Chou En-lai

La fréquentation du pouvoir conduit à rencontrer des personnages hors du commun. Ainsi ai-je pu croiser la route de quelques-uns d'entre ceux qui ont marqué notre époque. Peu importe qu'on attribue aux grands hommes la capacité d'infléchir les événements ou qu'on voie en eux les simples instruments d'une fatalité. A chacun sa manière de naviguer sur les flots de l'histoire.

L'élection de John Kennedy suscita la curiosité générale. Qui donc était ce jeune homme ? Quelle orientation allait-il donner à la politique américaine ? Sénateur, il n'avait pas ménagé le gouvernement français, notamment à propos de l'affaire algérienne. Que ferait-il président ?

En raison de l'importance du sujet, il fut convenu que j'irais en reconnaissance aux U.S.A. Ma qualité de président de l'Assemblée nationale me rendait la chose facile. Elle le fut davantage encore par la présence à Washington, comme ambassadeur de France, d'Hervé Alphand, dont je pus constater qu'il occupait, ainsi que sa femme, une situation sans rivale dans la capitale américaine.

Ma rencontre avec John Kennedy eut lieu dans son bureau de la Maison-Blanche. Nous tombâmes dans l'instant d'accord pour commencer l'entrevue en tête à tête. Alphand et Dean Rusk, le secrétaire d'Etat américain, se joindraient à nous au moment d'aborder les problèmes habituels de la diplomatie. Je devais décrypter l'homme lui-même tout en l'éprouvant sur des sujets fondamentaux. J'entendais, en outre, lui indiquer les points sur lesquels il ne pouvait être question d'obtenir des concessions de notre pays. De la sorte, ma mission me permettrait à la fois d'informer le Général et de travailler à la réussite du voyage que John Kennedy devait faire en France. Dans de telles rencontres dites « au sommet », la réussite ou l'échec peut tenir à des informations marginales détenues par l'un ou l'autre des interlocuteurs. Dans le cas présent, il s'agissait non pas de l'un ou de l'autre, mais des deux. L'intérêt de mon office était d'autant plus grand que j'avais à opérer au plus profond des relations entre l'Amérique et la France. Il s'agissait de résoudre cette quadrature du cercle : comment concilier l'amitié essentielle entre nos deux pays, la superpuissance des Etats-Unis, l'alliance atlantique et la liberté pour la France de demeurer maîtresse de son destin ? Question toujours à l'ordre du jour.

Les Français conservent l'image lumineuse de John Kennedy, éternel jeune homme au sourire confiant, à la mâchoire volontaire, aux yeux si clairs et au front obstiné. L'univers retint son souffle en le voyant paraître. Il introduisait, dans un monde aux passions recuites et aux masques affaissés, le visage lisse de la jeunesse et son enthousiasme. Je puis attester qu'il était aussi un politique puissant. Sa chaleur amicale était tissée de vigilance, d'habileté, de détermination, du sentiment de la grandeur de son pays et de l'importance de la mission qu'il lui attribuait, avec, brochant sur le tout, cette capacité d'aller à l'essentiel, sœur de l'esprit de décision.

Pour moi aussi, il s'agissait d'entrer dans le vif sans perdre un instant. Avant même qu'il eût pris place dans son siège à bascule, je lui dis tout à trac : « Vous êtes le président des Etats-Unis, la nation la plus puissante du monde. Je ne suis que le président d'une Assemblée d'un pays beaucoup moins considérable. Mais ce pays entend rester maître de ses destinées ; à sa tête est un personnage comme il ne s'en rencontre pas une fois par siècle. Vous et moi avons eu des formations comparables, nous sommes tous deux amoureux de notre patrie, nous avons accompli des parcours voisins et notamment fait la guerre. Je vous propose d'en user comme si nous nous connaissions depuis l'enfance. Nous gagnerons ainsi des heures que nous n'avons pas ; nous pourrons aller au fond des choses et notre conversation aura des effets réels et durables dans l'intérêt commun. »

D'abord surpris, Kennedy sourit puis éclata de rire. Il me passa le bras sur les épaules, puis m'envoya une bourrade :

— O.K. ! Allons-y ! On m'appelle Jack.

— Moi aussi, répondis-je.

Ce qui le fit rire de nouveau.

La sympathie mutuelle que nous ressentions nous permit d'être tout uniment au cœur des problèmes. L'agrément de la conversation ne nous masqua pas les difficultés du lendemain. Le président des Etats-Unis s'entendait confirmer que la France du général de Gaulle n'accepterait pas d'enregistrer les décisions américaines sur les affaires du monde et de les tenir pour impératives. Et moi, je voyais fulgurer dans le regard comme dans les propos de cet Apollon la conviction que les Etats-Unis, avec la puissance, avaient reçu du Seigneur mission de défendre le bien contre le mal dans l'univers entier. Le général de Gaulle pouvait songer à un directoire restreint de quatre pays d'Occident pour débattre des sujets principaux et tendre vers des décisions communes : respectueux du grand homme qui le fascinait, sans l'éblouir, Kennedy accepterait d'en étudier le principe, mais il était clair que l'application tiendrait davantage de la mise en scène que de la mise en œuvre.

Dès cet instant, je sus que ce directoire ne verrait pas le jour, et aperçus en un éclair les traverses inévitables qu'allaient rencontrer en chemin la France et les Etats-Unis, au cours des années suivantes.

A l'époque, se posait une autre question majeure, encore que moins fondamentale pour les relations entre nos deux pays : les Etats-Unis allaient-ils s'engager militairement en Indochine, d'où nous nous étions retirés avec tant de difficultés ? J'indiquai à John Kennedy combien l'entreprise paraissait sans issue, et qu'à moins d'employer la bombe atomique, ce qui d'évidence était exclu, les forces américaines s'embourberaient à leur tour dans ce vaste pays, si propice aux embuscades, aux pièges de toutes sortes, à la guérilla menée sans répit par un adversaire farouche et insaisissable. Quelque temps plus tard à Paris, le général de Gaulle, devant moi, lui répéta cet avis avec beaucoup de force : « Vous enverrez des conseillers militaires. (C'était déjà fait.) Puis vous enverrez mille hommes, puis cinquante mille, puis cinq cent mille et davantage encore. Et un jour, votre problème sera : comment en sortir ? Ce jour-là, vous aurez non seulement porté une atteinte grave à l'influence des Etats-Unis, mais aussi altéré leur visage. »

Tandis que le Général parlait, je retrouvai, flottant sur les traits de son visiteur, l'ombre d'un sourire, avec ce lointain dans le regard qui, chez tous les peuples policés, exprime l'incrédulité, et que j'avais déjà surpris pendant ma propre démonstration à la Maison-Blanche. Les dés étaient jetés.

Sur un point du globe, mon passage à Washington fut d'une utilité tangible, avec l'aide d'Hervé Alphand. En Indochine, le Vietnam n'était pas seul en cause. Le problème des pays voisins se posait aussi, et notamment celui du Laos. John Kennedy me révéla qu'une opération de caractère militaire était en cours de préparation, et que la décision n'allait plus tarder. Je me récriai, disant à quel point cette entreprise, outre les dangers qu'elle présentait pour le peuple laotien, paraissait mal venue. Il y avait d'autres chemins. Rien n'obligeait à considérer comme ennemis, et à traiter comme tels, les éléments qui se posaient en adversaires d'un gouvernement appuyé par Washington. D'autant que ces forces politiques apparemment opposées étaient souvent d'accord en sous-main : les péripéties laotiennes se déroulaient en famille, du prince blanc au prince rouge.

Cette fois, j'avais sans doute trouvé les mots justes. Avec sa rapidité d'esprit, John Kennedy dut apercevoir qu'en s'abstenant d'engager une telle opération, périphérique au surplus, les Etats-Unis fourniraient aux yeux du monde la preuve qu'ils n'entendaient pas intervenir sur tous les fronts d'Asie.

— Eh bien, dit-il, tâchez donc de convaincre mes diplomates et mes généraux.

Le lendemain eut lieu, au Stade Department, une

conférence insolite. Devant la fine fleur des spécialistes civils et militaires américains, le président de l'Assemblée nationale française s'escrima à démontrer l'inanité de l'intervention au Laos. Hervé Alphand se montra très efficace pour guider mes arguments vers des cibles bien connues de lui. Je fus assez heureux pour convaincre l'auditoire, dont une partie, certains diplomates, était acquise à l'avance. J'en fut remercié dans les vingt-quatre heures par John Kennedy.

Je fis connaissance du futur président Johnson et de sa femme au cours d'un dîner donné en notre honneur. Je m'avisai qu'il s'agissait d'un personnage à deux faces. L'une était celle d'un politicien rompu aux affaires intérieures, connaissant tout ce qui se passait au Congrès et dans les cinquante Etats ; au demeurant, peu tourné vers l'extérieur. L'autre portait le masque d'un homme déterminé à l'extrême, pour ne pas dire d'un « dur ». Cela se devinait à des expressions fugitives, qui conjuguaient certains serrements des lèvres avec un éclair du regard. Après l'assassinat de John Kennedy, le vice-président se trouvant porté au pouvoir, le général de Gaulle me demanda :

— Au fait, ce Johnson ?

C'était au café, après un déjeuner en famille dans les petits appartements.

Je répondis :

— Imaginez le docteur Queuille à cheval, coiffé d'un chapeau de cow-boy et tirant des deux mains.

— J'ai compris, dit le Général.

Ce fut tout sur le sujet.

Aux environs de Washington, je rendis visite à un personnage, croisé deux ou trois fois en Europe, qui restait pour moi assez mystérieux et dont la légende m'intriguait. Il avait commandé une armée de l'ombre que j'avais vue à l'œuvre en France sous l'Occupation, et dont les capacités d'intervention se situaient fort au-dessus de la moyenne. C'était Allen Dulles, chef de l'O.S.S. pendant la guerre, et qui, par la suite, avait assuré la mutation des services secrets américains en la fameuse C.I.A. Dans les locaux à allure de forteresse où il nouait ses fils, nous eûmes une longue conversation. Il semblait, là encore, que nous nous étions toujours connus, tant était forte la fraternité des combattants. Les souvenirs évoqués nous étaient communs, bien que nous ne les eussions pas vécus ensemble.

A New York, je retrouvai d'autres partenaires de guerre, parmi lesquels David Rockefeller, qui m'accueillit à Manhattan dans son bureau illuminé de toiles d'impressionnistes français. Un déjeuner fort intéressant avec le directeur du *New York Times* et ses principaux collaborateurs me fit mesurer l'abîme qui sépare un organe de presse américain d'un journal français. Des rencontres avec des hommes d'affaires, des hommes de loi et des universitaires servirent à mon information comme à ma recherche d'industrialisation du Sud-Ouest. Elles me permirent aussi de mesurer combien il est difficile de faire comprendre et admettre la position de la France, alliée sûre mais si peu commode. La seule note franchement pénible vint d'un dîner à l'ambassade où il me fallut contrer, à force de courtoisie glacée, les propos incendiaires d'un journaliste irréductiblement hostile à la France : un de ces hommes pour qui notre pays a toujours tort vis-à-vis des autres. De tels hommes existent aussi chez nous.

Le général de Gaulle ne parut pas autrement surpris des termes de mon rapport.

Un peu plus tard, je me rendis en Union soviétique pour rencontrer Khrouchtchev. Il s'agissait derechef d'une exploration à caractère mi-politique, mi-personnel. Le voyage, organisé à la perfection par nos hôtes, allait me permettre également de prendre contact avec diverses réalités de cet immense pays. J'allai à Moscou, Leningrad, Kiev, Tachkent. J'allai aussi à Tbilissi, l'ancienne Tiflis, en Géorgie, la patrie de Staline, où, malgré la déstalinisation qui battait son plein, ses portraits continuaient de régner. L'entrevue avec Khrouchtchev dura plus de trois heures et porta sur les sujets les plus divers, de l'alliance atlantique au Marché commun et à l'arme nucléaire. Notre ambassadeur, Dejean, m'avait mis en garde au sujet du problème chinois. La seule évocation de la Chine suffisait, disait-il, à produire sur Khrouchtchev un effet fulgurant, et nul ne savait à quelle extrémité il était capable de se livrer. Bref, c'était à proscrire si l'on voulait éviter l'incident et l'échec diplomatique.

Après une déambulation solennelle dans les couloirs du Kremlin, ponctués à l'infini de doubles portes toutes identiques, je pénétrai dans une vaste pièce où se trouvait un bureau de modestes proportions et, en face, une longue table sous de hautes fenêtres.

Nous engageâmes une conversation très dense, pour tomber d'accord sur des objectifs communs, tels que le développement harmonieux des relations entre l'Union soviétique et la France, ou la condamnation portée contre l'Allemagne hitlérienne et la nécessité de se prémunir contre tout retour d'un tel danger. Mais le temps passant et comme je voulais aller au bout de mon enquête, je lançai une phrase du genre : « La Chine est un pays communiste et voisin de l'Union soviétique ; pourtant, il ne semble pas que tout aille pour le mieux dans la meilleure

Asie possible. Que se passe-t-il donc ? » Khrouchtchev n'entendait pas le français, mais il était doué d'une attention et d'une intuition très vives. Il comprit de quoi il retournait avant même que l'interprète eût commencé de traduire. Malgré son front dégarni, il avait l'air d'un ourson. Soudain, l'ourson se transforma. Ses petits yeux rapetissèrent encore. Son regard devint fixe et d'un brillant extrême. La fin de l'entrevue me parut compromise. Je regardai mon interlocuteur de la manière la plus paisible, avec un sourire qui ne me coûtait pas, tant l'entretien avait été ample et direct.

Quelques secondes s'écoulèrent dans un silence total. Je glissai un regard vers l'interprète, assis à ma droite au bout de la longue table, tandis que Khrouchtchev et moi nous faisions face : il était livide. Il disposait d'une dizaine de crayons finement taillés, pour prendre des notes sur son carnet de sténo. Sur la page où il venait d'inscrire ma question, deux bouts de mine cassés se balançaient au gré des tremblements de sa main. Il eût souhaité se trouver à mille lieues de là. Jusqu'à quel cercle de terreur descend-on quand on sait que vont tomber de la bouche du chef absolu d'un si puissant empire des paroles qu'il regrettera peut-être d'avoir prononcées devant témoin ?

Enfin, il retrouva la voix. Etait-ce la forme de ma question ? Certain soupçon d'inquiétude que j'y avais introduit touchant la résurgence chinoise ? Khrouchtchev se décida à parler calmement de la Chine et des Chinois, en des termes nouveaux à l'époque. Il s'agissait d'un régime déviationniste qui n'avait de socialiste que le nom ; sans doute la Russie soviétique allait-elle devoir, et pour longtemps, concentrer dans cette direction une part non négligeable de son attention et de ses forces ; il était bien regrettable que les Américains n'eussent pas cru devoir faire le nécessaire en temps utile pour empêcher l'établissement d'un tel régime. Il y avait là matière à réflexion.

L'ambassadeur Dejean fut des plus surpris du déroulement paisible de cette partie de l'entretien et des plus intéressés par son contenu. Pour sa part, le général de Gaulle y trouva un nouvel élément favorable à la réintroduction de la Chine dans le concert international.

J'avais entrepris ce voyage à la tête d'une délégation parlementaire. Chacun s'ingénia à recueillir le maximum d'informations et d'impressions possible.

A Kiev, au centre de la ville, une vision saisissante était celle de l'unique maison qui avait survécu aux bombardements allemands puis aux combats pour la libération de la ville. Cette maison basse, de briques sombres, tranchait sur ses voisines ; elle semblait tombée d'une autre planète, une rescapée venue raconter aux vivants les horreurs de la fin d'un monde. Les pierres parlent.

Tout au long de mon voyage, traversant les régions naguère occupées par les armées allemandes, je découvris un sillage de destructions et de terreurs dans les paysages comme dans les esprits. Les premiers jours, j'avais commencé par trouver excessive la crainte des Allemands que manifestaient mes interlocuteurs. Il me semblait que la formidable puissance de l'U.R.S.S., la division de l'Allemagne en deux Etats, dont l'un contrôlé par les Soviétiques, l'engagement pris par la République de Bonn de ne détenir aucune arme nucléaire devaient suffire à les tranquilliser, et que leurs alarmes étaient surprenantes. Je dus réviser ce jugement à mesure que se déroulait mon périple, en entendant évoquer des souvenirs effroyables par des hommes qui se montraient anxieux d'un retour du fléau. Il fallut se rendre à l'évidence. Les semailles de l'horreur que les Allemands avaient faites en terre russe n'avaient pas fini de porter moisson. Peut-être en sera-t-il autrement avec le temps qui passe et les témoins qui disparaissent. De toute manière, pas dès demain.

A Leningrad m'attendait un rendez-vous connu de moi seul. Celui que je m'étais donné, enfant, avec la Neva dont le nom m'enchantait. L'homme était fidèle aux rêveries du petit garçon mélancolique, feuilletant les jours de pluie la collection guerrière de *L'Illustration*. J'arrivai de Moscou par avion vers la fin de l'après-midi. Accueilli par le maire de Leningrad, je fus accompagné à mon hôtel pour un temps de repos avant le dîner. Là je demandai à l'interprète si nous étions loin de la Neva, et s'il était possible d'aller la voir. Il répondit, un peu surpris : « C'est à cinq minutes à votre pas. » Nous passâmes devant une église de construction lourde, accroupie devant une vaste place ; lui faisant face la statue de Pierre le Grand par Falconet, d'une beauté frémissante et impérieuse, et le vaste pont sur le fleuve. Le jour déclinant arrachait des reflets aux plaques de neige. Je distinguai sur l'autre rive les palais du temps de la Grande Catherine. Les colonnes doriques et les frontons coloriés de jaune sable, de rose cyclamen, de vert d'eau, flottaient dans la lumière indécise. Ensemble fascinant. Je ne pus le comparer en beauté qu'à la façade des quais de Bordeaux, ma ville, elle aussi fiancée au fleuve.

Je fis un crochet par Copenhague, où Christian Fouchet était ambassadeur de France. J'étais heureux de retrouver cet homme de roc, qui, de toute sa vie, ne varia pas dans ses convictions, son action ni sa fidélité. Il servait la République avec une passion qu'aiguisait le fait qu'elle fût guidée par Charles de Gaulle. Je le sentis disponible pour des tâches plus lourdes. Encore un peu plus outre, et il serait appelé au gouvernement.

Arrivant à Orly, je ressentis un état d'âme inhabituel. Chaque retour en France est pour moi une fête ; j'éprouve, en touchant le sol natal, un sentiment d'allégresse. Il en fut bien ainsi, mais, quelques jours après, je fus saisi de nostalgie. Nostalgie de la Russie : l'immensité des champs, des forêts et des fleuves ; la foule s'écoulant jour et nuit dans les rues de Moscou ; et puis la bonne humeur, la simplicité, la spontanéité de l'accueil ; et l'hiver, et la neige, et cette lumière fine, poudreuse, unique.

Je n'étais pas seul à ressentir de telles impressions. Georges Pompidou les partageait. Il me le dit au cours de notre dernière conversation, en mars 1974, un mois avant sa mort. Nous avions été empêchés de nous rencontrer par une série d'incidents auxquels j'avais pu sembler être mêlé et qui avaient été habilement exploités pour retarder notre entrevue. Heureusement, allait de l'un à l'autre un messager fraternel et discret, sans lequel Georges Pompidou eût été abusé et ne m'aurait pas ouvert sa porte. Il commença par me convaincre — je ne demandais qu'à l'être — qu'en dépit de ses souffrances, il était sur le chemin de la guérison : ce qui explique sans le justifier l'état d'impréparation dans lequel je me trouverais à l'ouverture de la campagne présidentielle. Après que nous eûmes élucidé les faux-semblants, il en vint au renforcement international de mon image aux yeux des Français qu'il estimait nécessaire. Mes voyages américain et russe en qualité de Président de l'Assemblée étaient passés inaperçus. Comme Premier ministre, j'étais allé seulement à Varsovie et à Belgrade ; c'était insuffisant en dépit de l'intérêt de ces deux visites. Quant à l'éblouissement de Persépolis, où je m'étais rendu à l'automne 1971 pour assister aux célébrations du millénaire de l'empire achéménide, il avait été ressenti en France, bien que non dépourvu de signification au plan diplomatique, comme un conte rajouté à ceux des *Mille et Une Nuits*.

Dès octobre 1972, quatre mois après mon départ de Matignon, Georges Pompidou, en s'entretenant avec moi du comportement qui serait le plus digne et aussi le plus utile pour la suite, avait insisté sur cette insuffisance de mon image. Il avait souhaité qu'avant la fin de 1974 je fusse allé au moins en Chine, aux Etats-Unis et en Union soviétique, au cours de voyages bien préparés à l'aller et bien exploités au retour. Sans négliger les résultats tangibles de telles entreprises, il fallait ne pas trop en attendre, étant donné que je n'exerçais plus de fonctions gouvernementales. L'objectif principal était d'ordre politique intérieure, et il y insistait.

J'étais donc allé en Chine, trois semaines, pour découvrir, du Nord au Sud, ce qui y est montré et qui est saisissant. J'avais eu des conversations fort instructives, et notamment deux avec Chou En-lai, sorte de mandarin maoïste. A mon retour, un grain de sable s'était curieusement glissé dans les mécanismes : au lieu d'être reçu à l'Elysée dans les jours suivants, j'avais dû attendre deux semaines, ce qui n'avait pas manqué d'entraver l'exploitation publique du voyage et d'en limiter la portée. Naturellement, la conversation suivante avait éliminé le malentendu, tandis que Georges Pompidou me conseillait de me rendre à Moscou d'abord, à Washington ensuite. Et cette fois, on ne manquerait pas le retour ! Nous avions fixé fin janvier, début février 1974, ce nouveau déplacement, quelques semaines après la rencontre au sommet que le président devait avoir en U.R.S.S. au début de l'année.

— Voyez ça avec Jobert ; moi, j'en parlerai à Brejnev.

Entre-temps, des raisons de santé avaient entraîné le report du « sommet » à la fin janvier. Dans cette perspective, j'avais proposé à Michel Jobert, dont la loyauté à mon égard ne s'était jamais démentie, de différer mon voyage en U.R.S.S. jusqu'au début de l'automne, me réservant de me rendre aux Etats-Unis en fin d'année. Ainsi eût été accompli le programme extérieur dont nous étions convenus avec Georges Pompidou pour les années 1973 et 1974. Michel Jobert objecta que septembre semblait tardif.

Et nous étions à nouveau ensemble, Georges Pompidou et moi, dans une atmosphère qui, au fil des minutes, était redevenue ce qu'elle avait été pendant trois années de travail en commun au service de la France. Quelle que fût sa méfiance et le pilonnage dont j'étais l'objet de la part de tout un clan qui le touchait de près, il ne pouvait plus douter que l'homme à qui il s'adressait fût bien celui qui jamais n'avait cherché à lui causer le moindre tort ; qui en juillet 1972, avait quitté Matignon, sans l'ombre d'une hésitation ; celui, enfin, qui, par la suite, n'avait ni déclenché une action ni prononcé une parole susceptibles de gêner en quoi que ce fût le chef de l'Etat. Maîtrisant parfaitement sa pensée comme son expression, et ne cachant pas le prix qu'il attachait à cette conversation qu'il prolongea deux heures, Georges Pompidou me confirma qu'il fallait me rendre à Moscou avant l'été, que le mois de juin serait bien choisi, qu'il avait vérifié que personne du gouvernement ne s'y trouverait pour attirer sur soi une part de l'attention, qu'il avait prévenu Leonid Brejnev et que je bénéficierais d'une réception significative.

— Il restera à réussir le retour. J'y veillerai, conclut-il.

L'heure s'avançait. Dans l'antichambre, Pierre Dreyfus attendait depuis un long moment. Il y avait une grève chez Renault et le président voulait être informé directement. Nous allions donc nous séparer et ne savions ni l'un ni l'autre que ce serait pour la dernière fois. Déjà, je me levai. Un signe impérieux me fit rasseoir. Etait-ce subite prémonition ? Le visage grave, comme le registre de la voix, pesant ses mots et prononçant lentement ses phrases, avec une solennité dont je ne saisis pas la portée sur le moment, tant elle était désaccordée à la simplicité de notre entretien et au cours très personnel de mes sentiments, Georges Pompidou s'engagea dans un monologue de plus de cinq minutes qui commençait par ces mots : « Il faut que j'aille plus loin avec vous. » Suivit un raccourci saisissant de la politique que devait mener la France entre les superpuissances et vis-à-vis d'elles, si elle voulait rester la France : la politique qui avait été celle du général de Gaulle et puis la sienne. Il comptait sur moi pour la maintenir, et tout le reste était secondaire.

J'étais stupéfait qu'il éprouvât le besoin de me faire cette démonstration de la première des nécessités nationales, à moi qui en suis pénétré. Je cherchai à abréger l'exposé par une mimique souriante. Mais rien n'y fit. Il enchaîna ensuite sur les hommes, me mettant en garde contre une défection dont la perspective m'étonna et m'indiquant la manière, selon lui, de l'éviter. Je fus de plus en plus surpris. Six semaines plus tard, j'étais fixé.

Ayant achevé, toujours accoudé à sa table de travail, il fit un signe de la main droite, disant, à nouveau détendu : « Et voilà ! » Puis :

— Il faut nous quitter.

Il me raccompagna en parlant de nos épouses. Il allait organiser quelque chose, un soir, en petit comité.

— Il y a longtemps que nous n'avons pas vu Micheline.

Je refermai la porte, ému de tant de conviction, de confiance et d'affection.

Je ne devais pas le revoir.

26

Le Général retrouvé

Ayant moi-même l'ardente volonté de transformer la société, je me suis toujours senti en sympathie avec le désir des jeunes de changer le monde. En revanche, le nihilisme me révulse, mais il n'est pas si fréquent. J'ai retenu de mon enfance à quel point les adultes ont tendance à blâmer la jeunesse en général, à partir de cas d'espèce. La proportion des jeunes qui regimbent par principe et veulent tout casser ne doit guère varier d'une génération à l'autre.

Le malaise de la jeunesse n'en est pas moins une réalité, et beaucoup de jeunes sont désorientés. Autrefois, chaque adolescent se trouvait à l'entrée du chemin emprunté par ses parents, où lui-même marcherait et où s'engageraient ses enfants. Ce chemin n'était pas toujours agréable. Souvent, il était désespérant. Du moins était-il connu. Aujourd'hui, comment savoir ce qu'on va devenir face à une société dont les progrès acquis paraissent inexistants à des yeux neufs et où seules les tares semblent durables, tandis que le bouleversement technique brouille sans cesse les perspectives ? Soumis dès l'âge le plus tendre à un bombardement d'informations contradictoires, élevés par des parents eux-mêmes gagnés par l'angoisse du futur, poursuivant des études au débouché douteux, les jeunes errent aux quatre vents. Il faut dissiper leurs incertitudes par un vaste dessein. J'ai pensé le faire avec la nouvelle société.

Dans mes discours publics et dans des conversations avec le général de Gaulle sur le renouvellement du septennat, j'avais fait état de la nécessité de se préparer à l'irruption massive de la jeunesse annoncée alors par les statistiques. Il ne s'agissait pas de s'en défendre, mais de s'en réjouir et de l'utiliser comme la plus sûre des chances de la France pour le dernier quart de notre siècle. Le général se montrait des plus favorables à une telle conception. Il tenait que rien n'était plus utile pour entraîner la jeunesse que de grands exemples. Il affirmait qu'une politique signifiant dignité de la France et progrès social devait permettre de franchir, avec les jeunes et grâce à eux, le passage vers l'époque suivante. Lorsqu'il s'attaqua à la décentralisation, entreprenant le renversement historique des structures de l'Etat, Charles de Gaulle avait les jeunes présents à l'esprit. Il n'avait pas attendu mai 68. J'en atteste.

Le confluent d'un grand flot de jeunesse avec le cours somnolent d'une société bloquée devait inévitablement se traduire par un mascaret de civilisation. Il finit par déferler. Le pouvoir hésita, ralenti par les déplacements de Georges Pompidou en Afghanistan et du général de Gaulle en Roumanie. Le contrôle du mouvement ne put pas être pris à temps. Quoi qu'on ait pu dire, cette explosion ne relevait d'aucune préparation ordonnée : elle s'allumait en ordre dispersé, comme un incendie de forêt quand la canicule est telle que la moindre brindille peut prendre feu au soleil. Tel ou tel meneur de jeu se trouvait là pour attiser les flammes, et c'était tout. Il eût suffi d'une action gouvernementale assez présente pour neutraliser les premières manifestations, et assez lucide pour prévenir les émeutes. On eût évité d'en arriver à cette situation que le Chef de l'Etat qualifia d'insaisissable et qui donnait effectivement à l'opinion le sentiment d'aller vers l'inconnu.

Au total, il semble que ce bouleversement eût pu être épargné. Eût-ce été un bien ? Je ne le pense pas. Tout ne fut pas négatif de cette grande foire de la jeunesse où, dans un tumulte immense et avec bien des excès répréhensibles, s'exprimèrent un enthousiasme, une imagination, une audace, une générosité qui donnaient à réfléchir.

A son retour d'Afghanistan, Georges Pompidou eut le mérite de faire face. Par la volonté du général de Gaulle, et comme il le souhaitait lui-même, il se trouva seul en première ligne. Il prit plusieurs décisions capitales contre la volonté des ministres en charge des secteurs concernés qui n'étaient pourtant pas des hommes quelconques.

L'agitation avait gagné Bordeaux. Je commençai par faire mettre l'hôtel de ville à l'abri de l'envahissement. Ayant horreur d'employer la violence, je n'aime pas la subir. Le souci que j'apporte à préserver par principe la liberté d'action des autorités constituées est en proportion directe de ma conviction qu'elles doivent procéder par concertation et persuasion plutôt que par décrets et contrainte. Le préfet Gabriel Delaunay paya de sa personne pour faire évacuer le Grand Théâtre, que je ne voulais pas laisser sous la menace d'un incendie accidentel. Il disposait de l'appui du commissaire central, Christian Campet, qui, jeune héros de la Résistance, était devenu le type même du policier énergique, mais d'abord humain. J'étonnai mon monde en déclarant qu'il fallait essayer de comprendre les tenants, même si les aboutissants pouvaient paraître absurdes ou dangereux. Ainsi pourrait être menée une politique salutaire en attaquant le mal à sa racine : le blocage de la société. J'ignorais qu'un an plus tard, il me serait donné d'engager cette politique.

C'est à Bordeaux que, le 6 mai, je vis paraître à la télévision Georges Pompidou, épuisé mais résolu. Il dénonça les provocateurs qui voulaient « généraliser le désordre ». Cet appel s'inscrivit profondément dans la sensibilité de millions de téléspectateurs qui, en ces moments où tout semblait s'écrouler, virent surgir de la nuit cet homme baigné d'une lueur de tragédie, et prononçant les paroles attendues.

Bordeaux en sécurité, je regagnai Paris et l'hôtel de Lassay, d'où il m'était loisible à tout moment de gagner Matignon ou l'Elysée. Je commençai par Matignon. Pendant les jours qui précédèrent le 30 mai, tout le problème consista à faire admettre par le Général la dissolution de l'Assemblée nationale, afin de permettre aux Français d'être juges de la situation et des moyens de la redresser. Hors de la démocratie, pas de salut. Ainsi en arriva-t-on à l'allocution radiodiffusée le 30 mai dans l'après-midi, par laquelle le chef de l'Etat allait faire s'entrouvrir les flots de la révolution. Le mérite essentiel en revint au Premier ministre, que nous étions quelques-uns à entourer dans son isolement.

La veille, mercredi 29 mai, nous nous réunîmes dans le bureau de Georges Pompidou, au premier étage de Matignon. Les fenêtres donnent sur un des plus beaux parcs de Paris, aux marronniers majestueux, et dont la perspective s'allonge par des allées de petits arbres taillés masquant à main gauche un ravissant pavillon de musique du XVIIIe. Nous n'avions cure de cet aimable décor. Il y avait là Michel Debré, Roger Frey, Jacques Foccart, Olivier Guichard et moi-même. Cette conversation, qui n'était pas la première sur ce thème, était consacrée aux moyens à employer pour faire revenir le général de Gaulle sur sa décision de procéder à un référendum.

Le président de la République en avait annoncé la perspective au cours d'une allocution télévisée faite le 24 mai, précisant que, si la réponse à cette question fondamentale pour la rénovation de la France était négative, il n'assumerait pas plus longtemps ses fonctions. Cette intervention était tombée à plat. Ce jour-là, vingt mille étudiants et jeunes travailleurs se trouvaient rassemblés près de la gare de Lyon ; à supposer qu'il fût possible de les ressaisir, il y eût fallu davantage qu'un référendum sur des principes. Dans la nuit du 24 au 25, qui fut la plus brûlante de toutes, tant à Paris qu'en province, des émeutes se déroulèrent dans le centre de la capitale ; un incendie fut allumé à la Bourse ; le calme ne revint pas avant 5 heures du matin. Le 25, s'ouvrit la négociation dite « de Grenelle », du nom de la rue où est situé le ministère des Affaires sociales qui en était le théâtre ; elle dura vingt-cinq heures et s'acheva sur un compromis que la base rejeta : aux usines Renault de Billancourt ni Benoît Frachon ni Georges Séguy ne parvinrent à décider les militants C.G.T. et leurs camarades à reprendre le travail. Tout allait de mal en pis. Le 27 dans la soirée eut lieu, au stade Charléty, à l'appel de l'U.N.E.F., du P.S.U. et de la C.F.D.T., un grand meeting dont Pierre Mendès France et François Mitterrand furent les vedettes. Ce dernier annonça le lendemain 28, dans une conférence de presse télévisée, qu'il serait candidat à la présidence de la République en cas de vacance du pouvoir, et se tenait prêt à former un gouvernement provisoire de dix membres dont il confierait la direction à Mendès. Entre-temps, un fait essentiel s'était produit : ni la C.G.T. ni le P.C. n'avaient figuré au rendez-vous de Charléty. C'était le premier tournant de l'affaire.

Nous en étions fort conscients, en ce matin du 29 mai, mais il ne s'agissait là que d'un élément négatif. Nous avions peu de goût pour la mitraille ; aucun de nous n'était prêt à envisager une de ces solutions de force dont l'efficacité n'a d'égale que l'odieux et la fragilité. Restait la seule carte dont pût disposer le gouvernement : une nouvelle intervention du chef de l'Etat. Mais il fallait qu'elle dépassât le référendum, sombré dans l'indifférence générale. La dissolution de l'Assemblée nationale et de nouvelles élections s'imposaient donc. Le général de Gaulle s'en remettrait ainsi à la volonté du peuple et l'ordre républicain se rétablirait de lui-même. Resterait à isoler des éléments troubles que l'opinion, les milieux politiques et les syndicats s'accordaient à rejeter. Tâche subalterne et facile.

Georges Pompidou nous révéla qu'ayant demandé un entretien au général de Gaulle sur ce sujet, il avait eu beaucoup de peine à l'obtenir et, reçu brièvement, n'était parvenu à aucune conclusion. Il ajouta qu'au moment où il prenait congé, le Général lui avait donné l'accolade en disant : « Je vous aime bien. » Cette attitude insolite avait intrigué et troublé Georges Pompidou. Elle nous plongea dans la perplexité. D'autant qu'à 9 heures, ce même matin du 29, le Conseil des ministres prévu pour

10 heures avait été décommandé. Que se tramait-il ? En tout cas, nous étions résolus à revenir à la charge auprès du Général, chacun à son échelon et selon ses moyens. Nous savions que Christian Fouchet et Louis Joxe en faisaient autant de leur côté.

La conversation dura jusqu'à l'heure du repas, sans résultat pratique. Georges Pompidou avait un déjeuner de parlementaires, auquel il me proposa de me joindre. Je préférai rentrer à l'hôtel de Lassay, espérant y trouver des informations complémentaires. Ce ne fut pas le cas. Vers 15 heures, je rappelai Matignon ; le Premier ministre me fit dire qu'il était en compagnie de Michel Debré, Roger Frey et Jacques Foccart. Cinq minutes après, j'arrivai à mon tour, pour trouver dans la pièce voisine Claude Pompidou, si inquiète qu'elle était venue aux nouvelles.

En entrant, je respirai le drame. Georges Pompidou, la mine sombre, marchait de long en large et ne parut pas m'avoir aperçu.

— Que se passe-t-il ? demandai-je à Foccart.

— Demande-le-lui.

— Qu'est-il arrivé, Georges ?

— On a perdu le général de Gaulle !

Il avait quitté l'Elysée vers 11 h 30, pour une destination que chacun avait supposé être Colombey-les-Deux-Eglises. Le Général voulait sans doute se retremper dans ces paysages familiers, amples et austères, à l'orée de cette « forêt gauloise » où il retrouvait les germinations éternelles de la France ; ayant pris ses distances avec Paris et ses illusions, il n'en reviendrait que mieux en possession de son génie. Mais, au début de l'après-midi, le Premier ministre avait appris que l'hélicoptère présidentiel n'était pas arrivé à Colombey, tandis que l'Elysée se déclarait dans l'ignorance la plus complète. Une série d'appels téléphoniques lancés dans toutes les directions, en commençant par les militaires, n'avaient rien donné. Cette façon de couper les amarres avec lui n'était pas loin de paraître inacceptable à Georges Pompidou.

Fol après-midi de Matignon. Tous étaient en désarroi et chacun s'interrogeait. Je réagis vigoureusement, affirmant que, si le général de Gaulle était parti sans laisser de traces, c'était à coup sûr afin de garantir ses arrières et de frapper un grand coup dans l'imagination populaire. Nous apprîmes dans la soirée qu'il venait d'arriver à Colombey, après un détour à Baden-Baden où il s'était entretenu avec le général Massu, commandant les forces françaises en Allemagne. Quelques jours plus tard, lui-même me confirma qu'il était allé s'assurer sur place de l'appareil militaire concentré des deux côtés du Rhin. S'il l'avait fallu, dans l'accomplissement de son devoir de chef d'Etat légitimement investi par le suffrage universel, il eût, depuis Strasbourg, me souligna-t-il, reconquis le territoire national pour restaurer l'Etat et sauvegarder la nation.

Le soulagement d'avoir retrouvé le Général était grand. Demeurait la confusion. L'Elysée annonça un Conseil des ministres pour le lendemain à 15 heures et Georges Pompidou eut encore quelque peine à obtenir un entretien du Général pour préparer ce Conseil décisif. Nous étions troublés de voir le Premier ministre aux prises avec de telles difficultés pour rencontrer le président de la République. Finalement, il fut convenu que je lui adresserai une lettre pour le conjurer de renoncer au référendum, de prononcer la dissolution de l'Assemblée nationale, d'annoncer des élections, et que cette lettre tiendrait lieu de réponse anticipée à la consultation officielle qui était nécessaire en pareil cas.

Je rédigeai ce message de ma meilleure encre. Le lendemain, je m'assurai par téléphone auprès de Bernard Tricot, secrétaire général de l'Elysée, qu'il serait communiqué au général dès son arrivée, prévue pour la fin de la matinée.

L'entretien de Georges Pompidou avec le général de Gaulle, le 30 mai, à midi, fut des plus rudes. Pompidou était résolu à donner sa démission si le Général persistait dans ses vues. Il le dit. Malgré la prééminence constitutionnelle du chef de l'Etat, il peut arriver que le Premier ministre, dans la certitude que va être commise une faute irréparable, ressente l'obligation absolue de se démettre plutôt que de s'en remettre. Ce n'est pas trahir, mais au contraire servir. Ne pas le comprendre serait se laisser enfermer dans une conception purement formelle du devoir d'Etat. Georges Pompidou m'en aurait fourni, ce jour-là, un exemple s'il en avait été besoin.

Il parvint à ses fins. L'après-midi même, le général de Gaulle, de sa voix des grandes heures, lançait, sur les antennes de la radio, les résolutions que nous avions appelées de nos vœux. A reprendre cette allocution, qui effaça en quatre minutes et demie trente jours d'émeute, et peut-être épargna trente ans de malheur, on trouve, dans les changements de dernière minute apportés au texte, les traces des difficultés qu'éprouva son auteur à se rendre à nos raisons. Certains termes du début sont mieux appropriés à la confirmation du référendum qu'à l'annonce des élections législatives. L'ensemble ne présente pas le déroulement logique qui caractérise les discours du Général, où chaque phrase annonce la suivante et s'emboîte aux autres avec rigueur. Le débat intérieur dut se prolonger jusqu'au dernier moment, si bien que le général de

Gaulle, après avoir enfin changé d'avis, ne disposa que de très peu de temps pour modifier son texte.

On épilogua éperdument, dans les mois qui suivirent, sur l'itinéraire spirituel du Général pendant ces journées fatidiques. Avait-il failli céder à la tentation de se retirer ? Qu'allait-il donc faire à Baden-Baden ? L'exposé qu'il me fit de ses intentions à cet égard, dans la conversation que j'ai précédemment évoquée, me parut convaincant. Il correspondait entièrement au personnage, tout en ruinant une thèse qui s'est répandue à la suite du récit que Massu fit, à un très petit nombre de personnes, de l'équipée de Baden-Baden. Récit selon lequel le général de Gaulle serait arrivé très abattu, comme « un homme à la mer », disant que tout était fini, et n'aurait dû qu'à la salutaire rudesse de son interlocuteur de pouvoir se remettre en selle.

Je pense que Massu dit vrai, mais qu'il n'a saisi que l'apparence des choses. J'imagine sans peine le général de Gaulle arrivant à Baden-Baden en feignant d'être sur ses fins, pour mieux sonder les reins et les cœurs. Je l'entends débuter sur un ton désabusé, pour mieux provoquer l'expression d'une détermination des plus probables et qui lui était nécessaire pour assurer le salut du pays. Combien de fois ne l'ai-je pas vu plaider le faux pour savoir le vrai ! « La ruse, écrivait-il dans *Vers l'armée de métier,* doit être employée pour faire croire que l'on est où l'on n'est pas, que l'on veut ce que l'on ne veut pas. »

Si le Général avait été aussi accablé que se l'imagina Massu, Georges Pompidou aurait-il dû, le lendemain, aller à l'extrême pour le convaincre ? Et la France eût-elle reçu, à travers sa déclaration radiodiffusée, l'influx magnétique d'une énergie qui, au-delà des mots, se transmettait quasiment palpable ?

Qui pourrait le croire ! Le général de Gaulle faisait partie de ces hommes pour qui, dans le péril, toute faiblesse est coupable. Qu'il ait eu la tentation de se retirer, c'est normal. Lui-même le déclara le 7 juin au cours d'un entretien télévisé avec Michel Droit, disant qu'il avait envisagé cette hypothèse, mais qu'à la pensée de voir la subversion emporter la République, il s'était « une fois de plus résolu ». Devant le flot montant qui menace leur œuvre, les plus grands peuvent être amenés à se dire : « A quoi bon ? » Mais je suis convaincu qu'il écarta la tentation d'un revers de main.

Personne ne saura jamais combien de centaines de milliers de Parisiens rallièrent, grâce à ce discours du 30 mai, ceux qui, de toute façon, auraient participé à la manifestation pour le soutien au chef de l'Etat. De la Concorde à l'Etoile, un flot immense remonta les Champs-Elysées, apportant à de Gaulle cette caution populaire dont il avait besoin pour régénérer sa légitimité. André Malraux, Michel Debré, François Mauriac, bien d'autres y étaient. Je les retrouvai à l'Etoile. Tous étaient bouleversés et résolus. Une fois de plus étaient célébrées les retrouvailles de la France et de son destin.

On pourra discuter à l'infini sur la question de savoir si les accords de Grenelle auraient dû ou non être conclus. Ils entraînaient des décisions d'ordre social dont les répercussions économiques furent jugées insupportables sur le moment ; ce qui se révéla faux par la suite. Quant au général de Gaulle, il était convaincu que la participation était désormais le principe indispensable de toute politique. Une telle orientation n'était pas nouvelle de sa part. Bien avant l'association capital-travail, lancée au temps du R.P.F., ses discours de guerre affirment la conviction qu'il faut changer la société en faveur des faibles et des déshérités. Les circonstances rendaient plus pressantes que jamais la nécessité d'y pourvoir.

La constitution du cinquième cabinet Pompidou, formé le 31 mai, s'en ressentit. Elle était marquée par l'entrée en force des gaullistes de gauche, avec comme chef de file René Capitant à la Justice, tandis qu'Yvon Morandat, ancien syndicaliste chrétien et pur héros de la Résistance, recevait le secrétariat d'Etat aux Affaires sociales. Au cours d'un entretien télévisé avec Michel Droit, le général de Gaulle eut l'occasion de décrire la société qu'il concevait, et de proposer sa solution, la participation. Il parla d'elle comme d'une révolution. Si une révolution consiste à changer en profondeur ce qui est, notamment ce qui touche la reconnaissance de la dignité de la condition ouvrière, c'en était une assurément. Le 29 juin, à la veille du second tour des élections législatives, le Général ajouta qu'il s'agissait de faire en sorte que la participation devînt « la règle et le ressort de la France renouvelée ». Dans son sillage, et sous l'aiguillon de la crainte qu'avait ressentie la plupart des Français devant les événements de mai, la majorité obtint 358 sièges sur 485, et l'U.D.R., à elle seule, 300.

C'était beaucoup. C'était même trop, comme la suite le montra. Georges Pompidou en fut conscient, marquant une satisfaction des plus modérées. « L'ampleur de la victoire, déclara-t-il, nous impose la discrétion. »

Pour ma part, j'appris qu'elle rendait inutile que le général de Gaulle fît appel au président de l'Assemblée nationale comme Premier ministre. C'est au cours de l'entretien où il avait été question de Baden-Baden, début juin, que le Général m'avait demandé si je ne m'ennuyais pas trop au perchoir et conseillé de me tenir prêt. Dès l'abord, j'avais réagi vivement contre ma désignation à Matignon. Le maintien de Georges Pompidou dans ses fonctions me paraissait s'imposer : l'ampleur de ses services passés, la part qu'il avait prise aux événements récents, celle qu'il s'apprêtait à assurer dans les élections, le courant de sensibilité populaire qui montait vers lui en raison de son courage et de sa solidité, tout à mes yeux le désignait. Je maintins ce point de vue dans les conversations que j'eus avec le général de Gaulle après l'échéance électorale, invoquant le verdict de la nation qui, en confirmant le chef de l'Etat, me semblait avoir du même coup conforté son Premier ministre.

Mais Georges Pompidou était à bout. Six ans et demi à Matignon laissent des traces profondes. La charge physique et la pression intellectuelle sont de tous les instants. Les événements de mai, la reprise en main du pays qui s'était ensuivie, le poids de la campagne électorale avaient imprimé leurs stigmates. Georges Pompidou en vint à me dire que la seule vue d'un dossier lui était insupportable. Sa femme, qui était pour lui une compagne au sens profond du terme, s'inquiétait de cette immense lassitude et insistait vivement pour qu'il prît le temps de refaire ses forces. En revanche, le général de Gaulle lui demandait de poursuivre sa tâche. Mais il tenait bon. Un entretien avec Jacques Foccart le bouleversa. Celui-ci sut lui transmettre l'émotion qu'il avait ressentie en entendant le général de Gaulle dire, en termes saisissants, à quel point son fardeau serait alourdi et sa détermination atteinte si Georges Pompidou persistait dans son refus. C'était en fin d'après-midi. Georges Pompidou me déclara :

— Il faut que je reprenne ma réflexion à ses débuts.

Suivirent quelques instants de silence. Puis il ajouta :

— Et ma pauvre Claude, dans tout cela ?

Le lendemain matin, j'étais à nouveau dans son bureau. Après un long débat intérieur, il avait téléphoné à Bernard Tricot pour lui demander d'informer le Général que, surmontant sa répugnance, il était prêt à poursuivre sa mission. Un moment plus tard, Bernard Tricot le rappela. Il le remerciait de son geste au nom du général de Gaulle, mais l'informait que, devant la persistance de son refus, Maurice Couve de Murville avait été pressenti et avait accepté. Ainsi Georges Pompidou se trouvait-il déchargé de sa mission comme il l'avait désiré, mais certes pas de la manière qu'il eût souhaitée.

27

Escarmouche à Bordeaux

Le pressant dans l'affaire bordelaise me paraissait être l'économie. Bordeaux était la belle endormie. Comment réveiller cette princesse ? Bien qu'entouré d'hommes clairvoyants, je me heurtai à l'indifférence générale vis-à-vis des réalités et à une réserve foncière à l'égard de toute planification des objectifs, des actions et des moyens. Chacun ne considérait que ses propres affaires. Les traditions industrielles faisaient défaut. S'agissait-il de faire du Bordelais et de l'Aquitaine une Lorraine ou une Ruhr ? Assurément pas. Encore fallait-il faire admettre qu'il ne pouvait être question pour une ville comme pour une région de subsister, non seulement en France mais aussi en Europe, sans s'orienter vers des productions industrielles d'un ordre de grandeur suffisant.

Je pris soin de préciser que nous n'allions ni abandonner ni ralentir, mais stimuler les activités traditionnelles de la région : productions agricoles avec en premier lieu le vignoble, qui traversait déjà une crise sévère ; activités forestières ; commerce sous toutes ses formes, ainsi que les services qui y sont liés, notamment maritimes. Bordeaux, établi à un carrefour de routes de terre et de mer, avait depuis toujours développé une intense vocation commerciale. Depuis la Seconde Guerre mondiale, la création de négoces y avait été quelque peu anarchique. Certaines entreprises nées de l'Occupation n'avaient pas leur justification et allaient disparaître dans les années suivantes. Quoi qu'il en fût, l'armature commerciale était solide et les négociants généralement avisés. Pour l'industrie, c'était à l'inverse. Certaines firmes étaient nées de la guerre et déclinaient la paix revenue ; d'autres, à caractère familial, se trouvaient mal préparées aux évolutions de l'économie. L'ensemble flottait dans l'incertitude.

Comme je l'ai indiqué, le plus difficile fut de susciter la prise de conscience préalable à tout redressement. Ayant, avec les faibles moyens d'enquête de l'époque, opéré un bilan effrayant, j'avais beau sonner l'alarme, ceux qui admettaient, et notamment à la mairie, qu'il y eût un problème, constituaient une minorité. Il fallut sept ans pour réunir autour d'une table les responsables de l'économie bordelaise. Si je n'étais pas entré au gouvernement en 1954, il eût sans doute fallu davantage.

Cette même année, fut créé le comité régional d'expansion. Il venait au troisième rang, après le lorrain et le breton. Je demandai à un de mes anciens de l'inspection des Finances, Guy de Carmoy, de mettre ses compétences au service de la région. Il se singularisait par sa haute taille, la robustesse de sa formation d'économiste et des méthodes de recherches globales qui surprenaient à l'époque. Son équipe et lui furent accueillis courtoisement, mais avec une réserve manifeste et parfois accentuée. Un excellent travail d'investigation n'en fut pas moins accompli. Au bout d'un an et demi, Carmoy, ayant achevé sa première mission et sensible à l'atmosphère générale, proposa de s'en tenir là. Le comité d'expansion poursuivit sa route avec les seuls Aquitains à son bord : notamment son nouveau secrétaire général, Gérard Maurat, et aussi Lajugie et Mérigot.

Ces deux derniers présentaient une caractéristique surprenante à cette époque, à Bordeaux comme ailleurs, et choquante pour leurs collègues : ils étaient professeurs à l'Université. Celle-ci se faisait alors une règle de se tenir hors du siècle, se consacrant derrière ses murailles closes à des tâches, d'ailleurs indispensables, d'enseignement et de recherche. Il fallut attendre 1968, et le déblocage qui s'ensuivit, pour que les universitaires en vinssent dans leur majorité à considérer que, s'il était primordial d'enseigner et de chercher, il fallait aussi contribuer à l'expansion économique comme au progrès social de la région. Entre-temps, j'avais fait le nécessaire pour éviter à l'université de Bordeaux de tomber dans le travers du gigantisme et pour l'aider à se décentraliser. Ainsi apparut l'université de Pau. Simultanément, avec le développement de l'axe Pau-Bayonne, la mise en production du gisement de Lacq, l'établissement d'une plate-forme industrielle, il fut possible de lancer études et actions, dans le cadre naturel du bassin de l'Adour. Ainsi se trouva renforcée la participation des Béarnais et des Basques à l'œuvre commune et ramenés à peu de chose les effets de querelles de clocher sans doute inhérentes à l'histoire de nos provinces.

En revanche, les efforts déployés en faveur de la coopération interrégionale demeurèrent longtemps d'une fâcheuse inefficacité. Dès 1949, je me rendis à Toulouse, y fus reçu courtoisement par le maire et quelques personnalités, mais échouai lorsqu'il s'agit d'organiser la moindre concertation au plan tant économique qu'artistique. J'avais pourtant été mis en garde par Jean Baylet. « Tu n'arriveras pas à faire travailler ensemble Toulousains et Bordelais. Ne perds donc pas ton temps à cela », m'avait-il dit en toute amitié, tandis que sa femme Evelyne, qui devait reprendre à sa mort la direction de *La Dépêche de Toulouse,* souriait sans mot dire. A l'époque, il avait raison, et plusieurs tentatives ultérieures avortèrent également.

Aujourd'hui les temps semblent enfin venus ; les contacts à divers échelons se multiplient : comités d'expansion, sociétés de développement régional, préfets, institutions régionales. La création de ces dernières doit être décisive. Déjà deux plans ont été lancés, l'un pour la chimie, l'autre pour la mécanique entre Midi-Pyrénées et Aquitaine, au sein du Midi-Garonnais également uni par le bassin de l'Adour. Ce qui est vrai à l'est, le demeure au nord et au nord-est. Poitou-Charentes et certaines marches du Limousin constituent avec le Midi-Garonnais une vaste région, le Grand Sud-Ouest, à la mesure des dimensions économiques et sociales actuelles. Cet ensemble, évoqué depuis bien des années, reste à faire. Les nouvelles institutions régionales en offrent une chance réelle. Tous les concours seront nécessaires et la démarche sous peine d'échouer devra tenir compte des disparités politiques. Comme en matière municipale ou communautaire, il faut réunir les responsables sur des desseins précis et d'un intérêt reconnu par l'opinion publique. Ainsi avons-nous agi en Aquitaine, il y a plus de vingt ans au Comité d'expansion : toutes les tendances politiques y voisinent et aussi les syndicats sans aucune exception. Tout autre système est voué à l'échec.

En définitive, Bordeaux m'a permis d'étendre

singulièrement les actions municipales en les engageant dans l'ordre économique et en postulant le progrès social. Rien dans les lois et les règlements n'indiquait qu'une municipalité, un maire eussent à pénétrer dans ces domaines. Il m'était néanmoins apparu indispensable de prendre la tête de cette action bordelaise et régionale de salut économique. J'ai d'ailleurs fait école dans les années 50.

A la fin de la IVe République, il devint possible de faire reconnaître que, pour tenir compte des inégalités de substance et de potentiel entre les régions, l'Etat avait à jouer un rôle non seulement d'arbitrage, mais de rééquilibrage. A partir des années 60, ce qui n'avait été que mesures fragmentaires devint système. Ce fut l'avènement de la politique dite d'aménagement du territoire, conçue et appliquée avec un discernement et une rigueur qui n'ont pas failli jusqu'à ce jour. Mis en charge de cette politique par le général de Gaulle, Olivier Guichard traça son cadre, ses lignes de force et ses objectifs initiaux avec le soutien actif des Premiers ministres Michel Debré et Georges Pompidou. Ainsi naquit la D.A.T.A.R., Délégation à l'aménagement du territoire et à l'action régionale. A défaut de cette politique, je tremble en pensant à ce qui serait advenu des régions les plus faibles ou les moins aptes aux activités modernes. Quels déserts industriels ! Quel vide économique ! Que de cités peu à peu déclinantes ! Que de drames humains, de convulsions sociales !

Grâce aux aides à l'industrialisation, il fut possible, de 1960 à 1963, d'implanter dans l'environnement bordelais et aquitain plus de cent cinquante firmes. Les unes étaient de création pure, les autres procédaient de la décentralisation, le plus souvent à partir de la région parisienne, parfois sortant de

Bordeaux intra-muros pour s'installer dans de meilleures conditions dans l'agglomération ou dans la région. Dès le début de ma magistrature municipale, j'avais réuni, au sein d'une association informelle, une vingtaine de mes collègues de banlieue et pu me faire une idée des problèmes de leurs communes ; beaucoup étaient des cités-dortoirs hors d'état de faire face à leurs besoins. D'un commun accord, avait été déclenchée une politique de développement équilibré qui consistait à ne pas charger systématiquement Bordeaux-Ville, tout en répartissant habitations et entreprises au sein d'une banlieue verte, aérée et toute proche du centre. Les distances à Bordeaux, encore que deux fois supérieures à ce qu'elles sont à Lyon, eu égard à la densité de la population, sont sans commune mesure avec celles de la capitale.

Nous parvînmes de la sorte, grâce à l'action de la D.A.T.A.R., mais aussi aux efforts de tous au sein du comité d'expansion, à renverser le formidable courant d'opinion, si fortement illustré par Balzac selon lequel il n'y a de réussite et de bonheur qu'à Paris. Peu à peu, on commença de considérer que l'existence n'y était pas, à tout prendre, meilleure. Ce retournement fut vérifiable à son origine, au cours des premières années 60. Une entreprise nationale s'était, sur nos instances, décentralisée dans la banlieue bordelaise. Il s'agissait de la S.E.R.E.B., Société d'études et de recherches sur les engins balistiques, qui devait s'illustrer par la construction et le lancement de la fusée Diamant. Recrutant sur place la plus grande partie de son personnel, elle avait dû faire venir de Paris l'encadrement qui lui était nécessaire, soit une centaine d'ingénieurs et de techniciens supérieurs. Migration pénible.

Deux ans plus tard, le directeur général de cette entreprise, Charles Cristofini — depuis lors président de la S.N.I.A.S., Société nationale des industries aéronautiques et spatiales qui promeut Concorde — fit procéder à un sondage auprès de ces cent exilés. Souhaitaient-ils regagner la région parisienne où ils seraient recasés d'office, sans aucun trouble de carrière ; ou préféraient-ils rester sur place ? Le résultat fut éclatant : quatre-vingt-dix-neuf choisirent Bordeaux, le centième ne demandant à retrouver Paris que pour des raisons intimes, malheureuses et irrémédiables.

Après cette période montante où l'élan s'était propagé à travers l'Aquitaine, de Bordeaux à Pau et de Pau à la région de Bayonne, la sortie trop tardive du plan de stabilisation de 1963 mit un terme à l'industrialisation. Il fallut attendre 1970 pour la reprise du mouvement. Ce nouveau printemps amenait dans le Bordelais des entreprises françaises et étrangères. L'une d'entre elles, la T.R.W. (Thompson Ramo Wooldridge) s'était laissé convaincre au cours d'une mission que je conduisis en Californie, à la tête de plus de deux cents Aquitains. Mais la plus remarquée fut, sans conteste, Ford, dont l'implantation s'accompagna de gesticulations politiciennes.

Acharné à défendre ma ville et ma région, me faisant leur ambassadeur itinérant en toutes circonstances, j'ai toujours veillé à tenir un juste compte des impératifs nationaux, lorsqu'il pouvait y avoir opposition d'intérêts. Quelques années auparavant, j'avais été amené à renoncer à l'installation à Bordeaux d'une usine américaine de pneumatiques, Firestone. Le grand patron se trouvait être de mes amis et connaissances. Après des entretiens chaleureux, nous étions convenus que l'usine projetée en France s'implanterait à Bordeaux, classée à juste titre parmi les zones à renforcer industriellement. Mais Michel Debré, alors Premier ministre, me fit valoir que la région Nord-Pas-de-Calais était dans une situation pire que celle de Bordeaux en raison de la fermeture des puits de mine. Le gouvernement souhaitait orienter vers Béthune le choix de Firestone. Il me demandait donc de ne pas insister. J'acceptai bien qu'il m'en coûtât.

En ce qui concerne Ford, tout en agissant pour orienter le choix de la firme américaine vers Bordeaux, je me gardai d'user de mon autorité de Premier ministre pour le détourner de sa destination initiale. C'est cependant ce qui me fut reproché, au mépris de la réalité. Ford avait envisagé, dans un premier temps, de construire à Charleville-Mézières une usine pour produire des matériels destinés aux véhicules assemblés en Belgique et aux Pays-Bas. Mes antennes parisiennes, toujours fort actives, m'apprirent que la firme avait modifié son dessein. Il s'agissait désormais de produire en grand nombre des boîtes automatiques destinées aux voitures construites non seulement en Europe, mais aux Etats-Unis. Ce qui exigeait la proximité d'un grand port. Il ne s'en trouvait visiblement pas dans la région de Charleville-Mézières, qui perdait donc toutes ses chances.

La voie était libre ; je m'y engageai. Georges Pompidou connaissait bien Henry Ford II. Je m'ouvris à lui de mes intentions, qu'il approuva. Trois semaines plus tard, il me fit dîner à l'Elysée. L'accord de principe intervint, sous réserve des avis techniques de l'état-major de Detroit. Il apparut à l'examen que Bordeaux offrait à la nouvelle usine la meilleure des implantations. Voilà toute l'histoire.

Cette fausse querelle masquait la réalité : dans un système libéral, aucune intervention politique ou autre ne saurait décider une entreprise à s'établir là où elle n'est pas assurée de trouver les conditions qui lui sont nécessaires. La partie se joue sur ce terrain et pas sur un autre. Quiconque, dans nos régions, a travaillé au développement économique sait quelle somme de soins et quelle minutie sont indispensables. Durant les années 60, il s'est agi d'usines de toutes tailles et de toutes espèces. Depuis 1971, s'y est ajoutée la décentralisation du secteur tertiaire, qui ouvre aux régions des perspectives intéressantes : ce secteur sera dorénavant le plus créateur d'emplois dans l'ensemble du pays. Nous avons déjà, à Bordeaux, accueilli de grandes entreprises de cette nature, notamment des institutions financières, dont la migration est rendue plus efficace encore lorsqu'elle s'accompagne de la création d'un centre de décision sur place.

Mais quelle longue marche ! Dès avant 1950, je prêchais dans le désert pour convaincre les industriels parisiens d'installer des usines à Bordeaux. Bordeaux, c'était parfait pour le vin, la table, à la rigueur le commerce. Mais des usines ! Un déjeuner périodique avait été institué au lendemain de la Libération auquel participaient Maurice Bourgès-Maunoury et Félix Gaillard, ainsi qu'une dizaine de chefs d'entreprise que nous avions connus dans la Résistance. Aucun sujet n'y était tabou. L'atmosphère y était cordiale et confiante. Elle l'est demeurée. A diverses reprises, j'étais revenu sur mon sujet favori pour être écouté avec un aimable scepticisme. Me voyant tout déconfit, l'un des convives eut un mouvement d'amitié agissante. C'était Pierre Lalanne, directeur général de la Compagnie générale d'électricité, affaire déjà importante et qui devait le devenir bien davantage encore. « Ne laissons pas notre ami en peine. Il faut tenter une expérience. Je vais le faire. »

A Latulle, face au garage municipal où, la nuit, bennes, camions, véhicules de service abritent leur sommeil mécanique, une société filiale de la C.G.E. édifia une usine d'accumulateurs d'un type nouveau qui allaient connaître un grand succès jusqu'auprès de l'U.S. Navy. La main-d'œuvre recrutée localement et forte de quelques centaines de personne, reçut la formation nécessaire. L'usine démarra. Restait à attendre le verdict. Au bout de dix-huit mois, Pierre Lalanne fit une communication des plus complètes à nos commensaux habituels. L'essentiel en était que, malgré l'absence d'une forte tradition industrielle à Bordeaux, des usines pouvaient y fonctionner dans des conditions comparables à celles de la région parisienne. Exploité à fond, ce premier succès fut le point de départ de l'industrialisation toujours en cours et sans laquelle Bordeaux et l'Aquitaine n'auraient pas pu échapper à l'asphyxie économique.

De concert avec la chambre de commerce et d'industrie de la Gironde, le comité régional d'expansion créa un bureau de recherche et d'accueil. Ce B.R.A. se révéla de la plus grande utilité. Quelles que soient les filières de recherche, les entreprises approchées doivent être reçues, informées, mises en situation d'opérer leur choix dans les meilleures conditions. Je me rappelle l'étonnement d'un chef d'entreprise particulièrement minutieux. Venu sur mon insistance à Bordeaux, arrivé le matin avec une liste de cent quarante-cinq questions, il repartit le soir avec cent quarante-cinq réponses en poche.

Tout au long de ces années de renaissance, Jacques Lemoine fit participer *Sud-Ouest* à l'effort commun, jusqu'à ce que sa femme prenne le relais à l'intention de leur fils, Jean-François.

La ville de Bordeaux n'avait pas littéralement vocation à intervenir dans la vie économique, sinon par le jeu des infrastructures urbaines ou des transports. Elle n'en fut pas moins partenaire principal du comité d'expansion régional. Il en alla de même pour la Communauté urbaine. A partir de 1968, tandis que la ville maintenait sa participation au comité, la Communauté urbaine s'engagea à son tour dans l'action économique. Des zones industrielles s'ajoutèrent aux précédentes et plusieurs bâtiments d'usine furent construits à l'intention des entreprises migrantes : soit comme structures d'accueil provisoires, soit comme installations fixes avec application d'une formule de location-vente. Aujourd'hui, la Communauté urbaine de Bordeaux dispose d'un patrimoine immobilier qui lui permet d'effectuer des opérations à tiroirs.

Mais il ne suffit pas de préparer, de construire, d'installer, de mettre en œuvre. Il faut, surtout lorsqu'il s'agit de firmes étrangères, veiller à l'après-installation. Il n'est pas si facile, pour une communauté, comme pour un individu, de s'implanter en terre nouvelle. Outre les organismes dont j'ai parlé, d'autres encore s'ingénient à faciliter la vie aux nouveaux venus, particulièrement aux femmes et aux mères de famille. Le travail accompli à cet égard par « Bordeaux accueille » est considérable. Il a été repris dans bon nombre de villes. Des femmes de premier ordre assurent la pérennité de l'action.

L'été 1970 fut tragique pour moi. Ma femme Marie-Antoinette disparut dans un accident de la route auquel réchappèrent les autres occupants de la voiture, dont notre fils Jean-Jacques. Un mois plus tôt, Félix Gaillard avait péri en mer. Sa mort avait été suivie de celle de Jacques Chabrat, qui était à la fois mon premier adjoint à la mairie et mon suppléant comme député. Il siégeait à l'Assemblée nationale depuis un an que j'étais à la tête du gouvernement. C'était un homme du plus grand dévouement. Sa disparition entraîna une élection partielle que je croyais devoir être, sinon une pure formalité, du moins sans histoire. Les Bordelais avaient eu tout loisir de me juger. Ma présence à Matignon constituait un adjuvant.

C'était compter sans l'imprévu. Il vint de l'Est, à son de trompe. Une série de candidats éventuels à la députation s'abattit sur Bordeaux, assoupie dans la chaleur de l'été. Il devait y avoir là quelque montreur de marionnettes. Il parut en personne. C'était un député de Nancy, homme habile, ambitieux, prompt, résolu, mais outré en toutes choses et fort enclin à s'abuser lui-même, avec un net penchant à n'oublier jamais de se donner en spectacle. Une fois fermé le théâtre d'ombres, où avaient paru dans leur naïveté quelques acteurs pourtant non négligeables, il arriva ce qui devait arriver : le député de Nancy fit connaître qu'il était candidat.

Le risque ne paraissait pas grand, quand on sait combien les Bordelais sont attachés aux leurs. Je décidai néanmoins de prendre des précautions. La première fut de créer moi aussi une surprise, en ne prenant pas mon suppléant dans le personnel politique. Je m'adressai à Jacques Valade, dont les capacités supérieures étaient reconnues bien au-delà des facultés des sciences de notre pays, dont il était le plus jeune et le plus accompli des doyens. Il incarnait à mes yeux l'Université nouvelle. Il accepta après vingt-quatre heures de réflexion. J'y gagnai plus qu'un suppléant.

La seconde précaution consista à ne donner aucune prise à mon concurrent. Il était à la recherche d'une notoriété : son escalade se heurta à un mur lisse. Aucune rencontre n'eut lieu, en dépit des conseils prodigués par beaucoup des miens, avides de confrontations publiques où, disaient-ils, j'excelle. Je ne me laissai pas tenter.

Les Bordelais firent bloc contre l'intrus, lui accordant à peine 17 % de leurs suffrages, tandis que j'en obtenais 63,5 %, ce qui ne m'était encore jamais arrivé.

Ainsi prit fin ce qui fut appelé la bataille de Bordeaux. Tout au plus une escarmouche.

28

Matignon

Le départ de Georges Pompidou s'accompagna d'un échange de lettres où, pour sa part, le général de Gaulle ne ménageait ni l'encens ni la promesse, écrivant notamment : « Je souhaite que vous vous teniez prêt à accomplir toute mission et à assumer tout mandat qui pourrait vous être confié un jour par la nation. » Contrairement à d'autres, je ne crois pas que ce fût là phrase de pure circonstance. Même s'il avait été choqué par le refus que Georges Pompidou avait opposé au référendum, le général de Gaulle ne pouvait se dissimuler que celui-ci, par ses grandes capacités et le poids de son expérience, constituait pour la suite l'élément principal. Il était trop réaliste, au meilleur sens du terme, pour faire passer un ressentiment quelconque avant cette évidence d'intérêt national.

Mais, en ce mois de juillet 1968, le général de Gaulle était pressé d'engager la mutation de notre société qu'il projetait depuis de longues années. Il avait appelé René Capitant, qui professait une opinion soupçonneuse au sujet des intentions de Georges Pompidou à l'égard d'une telle transformation. Sans partager entièrement cet avis, le Général, sachant son temps compté, désirait un

Premier ministre qui ne risquât pas de remettre en cause l'orientation choisie à l'occasion des réformes à entreprendre.

Ce Premier ministre fut Maurice Couve de Murville. Le Général était habitué à travailler avec lui depuis de nombreuses années. Ses capacités étaient étendues ; les grands dossiers de l'Etat lui étaient familiers, qu'il s'agît d'affaires étrangères, de défense ou d'économie et de finances. Quant aux affaires sociales, le président de la République se chargerait de les animer lui-même. Sans délai, le général de Gaulle assigna au gouvernement d'avoir à préparer deux séries de textes : un projet de loi sur la participation dans l'entreprise, qui devait être déposé au Parlement avant la fin de l'année ; un projet de référendum relatif, d'une part, à la fusion du Sénat et du Conseil économique et social en une seule assemblée, de l'autre, à la création de conseils régionaux menée de pair avec une éventuelle révision du nombre de régions et une réforme de l'administration municipale.

Dès les premiers mois, l'imposante majorité que la peur avait fait sortir des urnes en juin 1968 fut travaillée en profondeur par des forces opposées. Des contradictions se firent jour. Le dépôt du projet de loi d'orientation de l'enseignement supérieur, son examen en commission, sa discussion en séance publique entraînèrent un premier glissement sans effet immédiat. Il s'agissait de mettre en pratique le principe de la participation, tant avec les enseignants qu'avec les étudiants. La « politique à l'université » donna lieu à de vives controverses. Edgar Faure, ministre de l'Education nationale, fit montre d'une autorité persuasive, d'une ténacité adroite et d'un brio qui lui valurent tous les suffrages tant à l'Assemblée nationale qu'au Sénat. Cette unanimité dissimulait nombre d'arrière-pensées nées de la crainte ou de l'hostilité.

Cela n'avait rien de déterminant. Lorsque le chef de l'Etat, dans notre régime, patronne quelque grand dessein, le gouvernement ne peut que l'emporter auprès de la majorité parlementaire. Si composite que soit cette dernière, même alourdie de pesanteurs socio-politiques, elle se rassemblera au premier appel. J'en eus la preuve inverse avec mon projet de nouvelle société, fondé lui aussi sur la participation, avec la concertation comme méthode et le contrat comme instrument : la majorité parlementaire, après un accueil favorable, devint de glace, faute d'une invite pressante de la part du président de la République.

Ce n'était pas de majorité parlementaire qu'il s'agissait en avril 1969, lorsque vint à échéance le projet de référendum. Face à l'expression populaire, le général de Gaulle se retrouva seul comme il l'avait voulu, mais dans les plus mauvaises conditions. Nous nous efforçâmes, à quelques-uns, de le détourner de mélanger les genres. Interroger le pays à la fois sur le Sénat, le Conseil économique, les régions et en attendre une réponse de l'ordre politique le plus élevé ferait s'additionner les oppositions, en créant ainsi un risque majeur. Le Général resta sourd à nos représentations. La suite fut celle qu'on pouvait craindre. Après onze ans de pouvoir pendant lesquels il avait à nouveau servi la France, la sauvant des périls les plus graves, la redressant en elle-même comme aux yeux de l'univers et la portant sur les fonts baptismaux du XXIe siècle, le général de Gaulle se drapa de solitude et s'en fut.

Entre-temps, ses relations avec Georges Pompidou s'étaient détériorées. L'affaire Markovic était passée par là. Banale en soi, elle sortait du monde nocturne où, sous toutes les latitudes, grouillent truands, maîtres chanteurs, snobs faisandés, indicateurs de basse police. De-ci de-là, une bulle monte à la surface et crève ; le temps pour les honnêtes gens de s'aviser que sous leurs pieds fermentent de vastes et profonds marécages. Cette affaire-ci serait vite tombée dans l'oubli si une machination ne s'était ourdie, qui prétendait y associer les noms de Claude et Georges Pompidou. Dernier avisé, celui-ci ne pardonna jamais de ne pas avoir été prévenu par le chef de l'Etat, à défaut son Premier ministre ou son garde des Sceaux, de l'ignominie qui se tramait et de l'enquête qui était en cours. Cela lui paraissait inacceptable en soi et d'autant plus qu'on tentait d'y mêler sa femme. Comment ne pas le comprendre ?

A l'inverse, peut-on condamner le général de Gaulle d'avoir agi comme le chef de l'Etat doit le faire en certaines circonstances ? Même si son propre sentiment y est opposé, le rude et amer devoir de sa charge lui commande de prendre, au regard de la nation, toutes les précautions sans en excepter aucune. Moi-même, je n'ai pas condamné Georges Pompidou d'avoir, à certains moments, douté de mon innocence alors qu'étaient déversés sur moi des tombereaux de calomnies dont la plupart étaient destinées à me briser, mais dont certaines visaient à donner du gaullisme, donc du régime et de ses dirigeants, une image répugnante. Je ne l'ai pas condamné, et même ne lui en ai pas tenu rigueur, bien que je fusse cruellement meurtri.

J'ai parlé du déjeuner qui, d'abord chez André Malraux, ensuite à la Maison de l'Amérique latine, rassemblait régulièrement quelques compagnons de route, parmi les plus constants. La vie, la mort, les traverses de la politique avaient pu modifier sa composition. Son principe était demeuré le même. Michel Debré devenu Premier ministre, ce déjeuner connut deux formations différentes. La plus restreinte réunissait ceux d'entre nous qui exerçaient des fonctions dans l'Etat. Georges Pompidou s'était joint à Michel Debré, Roger Frey, Olivier Guichard, Jacques Foccart et moi. Ainsi, le 28 avril 1969, étions-nous à ma table de l'hôtel de Lassay, face à l'événement formidable qui venait de se produire : la nuit précédente, à 0 h 11, le général de Gaulle avait annoncé depuis Colombey : « Je cesse d'exercer mes fonctions de président de la République. Cette décision prend effet à partir d'aujourd'hui à midi. » Le texte le plus concis que les trompettes de l'histoire eussent jamais eu à saluer.

Midi était passé. Celui qui nous avait permis de donner à notre existence un sens exaltant avait donc fait son temps. Quel silence pesant entre ses lieutenants ! Je demandai si nous étions d'accord sur la nécessité première de ne pas nous diviser, l'intérêt du pays exigeant qu'un gaulliste garantît à l'Elysée la poursuite de l'œuvre accomplie. L'acquiescement fut immédiat. J'indiquai ensuite que Georges Pompidou me paraissait le mieux placé pour devenir président de la République, tout en précisant que cette constatation ne comportait aucun jugement de valeur. Georges Pompidou reprit la balle au bond, renchérissant sur ce dernier point et mettant tout le monde à l'aise. L'unanimité se fit sans peine. Nous nous mîmes à la disposition de Georges Pompidou, qui devint dans l'instant et notre chef de file et notre candidat. Pour aucun de nous l'intérêt national ne laissait place à des calculs personnels.

Considéré avec méfiance par les gaullistes de gauche, Georges Pompidou mena rondement sa campagne sous la double cocarde de la continuité et du changement. Sur ce thème, il parvint à rallier les suffrages d'une partie des centristes avec Jacques Duhamel et René Pleven, et aussi ceux de Valéry Giscard d'Estaing, au terme d'une semaine d'hésitation. Georges Pompidou était en lice avec cinq candidats, dont le plus solide, Alain Poher, président du Sénat, parut menaçant au début de la campagne. Très vite, la situation se rétablit en sa faveur. Dès le scrutin du 1er juin, son avance était telle qu'un retour de son principal concurrent paraissait impossible. La gauche se divisa. Commençait-elle à réaliser qu'en mobilisant ses forces pour répondre « non » au référendum elle avait fait le jeu des conservatismes plutôt que celui du mouvement ? Le parti communiste donna des consignes d'abstention après que Jacques Duclos eût parlé de « bonnet blanc et blanc bonnet ». Le P.S.U. s'abstint aussi. Georges Pompidou fut élu le 15 juin avec 57,58 % des suffrages exprimés. Tout au long de la campagne, il s'était déclaré l'héritier politique du général de Gaulle, prenant un certain nombre d'engagements nouveaux, comme ceux d'élargir l'Europe et de libéraliser l'information à l'O.R.T.F. J'avais fait, à ses côtés, diverses apparitions à la télévision et accompli avec lui un périple aquitain qui nous mena à Bordeaux par Pau et Bayonne.

Une des péripéties de la campagne avait été, avant le premier tour, l'annonce par un des candidats, Gaston Defferre, qu'en cas de succès de sa part, il choisirait Pierre Mendès France comme Premier ministre. Chacun avait alors demandé aux autres postulants quel était leur choix pour Matignon. A ce jeu de société, Georges Pompidou avait répondu, en conformité avec l'esprit des institutions, que seule la désignation du chef de l'Etat se trouvait en cause, que celui-ci ne devait être jugé que par rapport à lui-même, et qu'il lui fallait entrer à l'Elysée les mains libres.

Aujourd'hui encore, beaucoup sont convaincus que Georges Pompidou m'avait informé à l'avance de son intention de faire appel à moi. Non. La seule indication fugitive dans ce sens avait été, deux ans auparavant, une boutade, dans la bibliothèque qu'il venait de faire aménager à Matignon. Comme nous y prenions le café, il m'avait demandé :

— Cette pièce vous plaît-elle ? Ce serait souhaitable, car je l'ai installée aussi pour vous.

J'en avais ri.

Durant la campagne présidentielle, Georges Pompidou avait été amené à esquisser le profil qu'il estimait devoir être celui de son Premier ministre. Il l'avait fait en des termes qui, s'ils pouvaient s'appliquer à moi, ne me désignaient pas exclusivement. Tout restait ouvert.

Le lundi 16 juin, lendemain du second tour, Georges Pompidou me demanda si j'avais un moment dans l'après-midi et m'invita à passer le voir à son bureau, boulevard Latour-Maubourg. Là, il me dit seulement :

— Je présume que vous savez pourquoi je vous ai fait venir. Il n'y a pas d'autre solution. Je pense que vous acceptez.

Il n'était effectivement pas question pour moi de me dérober. Devenir Premier ministre me paraissait la suite logique des fonctions que j'avais assumées depuis quinze ans. Les grandes options politiques nous avaient réunis. Je donnai mon accord.

Il s'agissait de constituer un gouvernement exprimant la continuité et l'ouverture. Sur le premier thème, Michel Debré, Roger Frey, Edmond Michelet et Olivier Guichard s'imposaient. Sur le second, il me fallait tenir compte aussi bien du Centre Démocratie et Progrès de Jacques Duhamel que des républicains indépendants de Valéry Giscard d'Estaing, qui, en disant « non » au référendum d'avril, avaient finalement provoqué le départ du général de Gaulle et conduit à l'élection du nouveau président de la République. Celui-ci eût aimé qu'Antoine Pinay acceptât de revenir rue de Rivoli. Des mesures rigoureuses s'imposaient qui correspondaient bien aux sentiments du maire de Saint-Chamond ; une opération monétaire était à accomplir, dont personne mieux que l'ancien président du Conseil ne pouvait certifier la nécessité auprès de l'opinion. Antoine Pinay demanda à réfléchir et, finalement, déclina l'offre se tenant à la disposition du président de la République pour toute mission particulière qu'il voulait bien lui confier, et l'assurant de son soutien au gouvernement. Valéry Giscard d'Estaing revint rue de Rivoli.

Je proposai à Edgar Faure le portefeuille des Affaires culturelles. Il refusa et persista dans son refus. Je me tournai alors vers Edmond Michelet, de toute manière ministre d'Etat. Il me répondit :

— Puisque vous me le demandez, j'accepte. Reconnaissez qu'après André Malraux, c'est dur. Il est vrai que lui non plus n'avait pas son baccalauréat !

Jusqu'à sa mort, Edmond Michelet devait donner à ce poste le meilleur de lui-même. Il possédait la largeur de vues et le libéralisme qui étaient nécessaires, à un moment où je voulais rompre avec tant d'idées reçues.

Il fut demandé à Michel Debré d'accepter la responsabilité du ministère des Armées, où il pourrait poursuivre une tâche essentielle. Dans un monde dangereux, le refus fondamental de s'attacher à la fortune de l'un ou l'autre des supergrands exige de progresser sans relâche dans la voie d'une défense autonome. Finalement, pour tenir compte des désirs de Michel Debré comme de ses capacités, il fut décidé de rétablir le ministère de la Défense nationale et de le lui confier, avec rang de ministre d'Etat.

Roger Frey devint également ministre d'Etat, chargé des relations avec le Parlement. J'avais d'abord pensé lui confier un des principaux départements ministériels. Mais les rapports avec les Assemblées, toujours délicats, exigeaient un homme de finesse et d'entregent. Sous ces deux rapports, Roger Frey ne le cède à personne.

Comme il était nécessaire que les Affaires étrangères demeurassent confiées à un gaulliste, j'en proposai la charge à Maurice Schumann, qui s'était fait une réputation d'européen justement accordée aux intentions affirmées par le nouveau président de la République. Il accepta sans dissimuler sa joie. Il devait à ce poste, tout en servant fidèlement Georges Pompidou, ne jamais me faire défaut.

Le C.D.P. fournit trois ministres et non des moindres. René Pleven s'installa place Vendôme, à la Justice. Apte à saisir les phénomènes complexes, Jacques Duhamel, chef de file du C.D.P., fut chargé de l'Agriculture ; on devrait dire des agricultures, tant les aspects sont divers et contradictoires d'un monde en mutation et confronté à la concurrence européenne. Enfin, Joseph Fontanet fut désigné au Travail, à l'Emploi et à la Population pour collaborer étroitement avec moi dans un secteur qui exigeait de l'imagination, de l'initiative et du cœur.

A l'Intérieur, Georges Pompidou souhaita le maintien de Raymond Marcellin. Comme René Pleven, il venait de Bretagne. Comme Valéry Giscard d'Estaing, il était républicain indépendant, ce qui ne présentait aucune difficulté à l'égard de l'U.D.R. dont il avait la faveur. André Bettencourt à l'Aménagement du territoire et Raymond Mondon aux Transports complétèrent la participation des R.I. au gouvernement. Au second, j'avais donné le choix entre un portefeuille et son maintien comme président du groupe des républicains indépendants à l'Assemblée nationale, fonction importante ; il préféra le ministère. Comme Edmond Michelet, il s'y donna à fond et, comme lui, mourut à la tâche, laissant dans sa ville de Metz le même regret unanime que Michelet à Brive.

D'autres postes importants restaient à pourvoir. A Olivier Guichard, alla l'Education nationale où Georges Pompidou souhaitait qu'il vînt exercer son sens de la dédramatisation et, après tant de paroles fracassantes, son art des silences. Henry Rey, président du groupe U.D.R., devint ministre des Départements et territoires d'outre-mer. Je fus heureux de pouvoir offrir à François Ortoli de demeurer au gouvernement comme ministre du Développement industriel et à la Recherche scientifique, dans un poste moins important que le précédent, à l'Economie et aux Finances, mais où il pourrait prendre une revanche sur les événements contraires qui l'avaient empêché de donner sa mesure rue de Rivoli.

Albin Chalandon reçut l'Equipement et le Logement. Robert Galley, compagnon de la Libération, alla aux P.T.T. pour accélérer l'effort de rattrapage d'un secteur où avait été pris un grave retard. Robert Boulin prit en charge la Santé et la Sécurité sociale. Henri Duvillard put, comme ministre des Anciens combattants, fournir tous apaisements à des milieux aussi sensibles que respectables. En janvier 1971, soucieux de lutter contre la dégradation de l'espacenature et la pollution des villes, j'obtins l'accord de Georges Pompidou pour créer le ministère de la Protection de la nature et de l'Environnement. Il fut confié à Robert Poujade.

Les préoccupations de dosage politique n'étaient pas absentes de la confection de ce gouvernement, même si la connaissance que j'avais des hommes me permettait d'ajuster les nécessités stratégiques à celles des capacités. C'était le fait de notre Constitution, qui est à la fois présidentielle et parlementaire.

Vingt secrétaires d'Etat devaient constituer un vivier de futurs ministres. En les formant à l'exercice des responsabilités publiques, et à condition de laisser chacun d'eux en place de dix-huit mois à deux ans, nous pourrions, en quelques années, disposer d'un personnel expérimenté en vue des renouvellements futurs. Encore fallait-il que, leur mission accomplie, ils ne fussent pas rejetés hors de l'action politique. D'où l'idée de procéder à une réforme constitutionnelle qui eût autorisé ministres et secrétaires d'Etat à retrouver leurs mandats parlementaires six mois après la cessation de leurs fonctions gouvernementales. Mais une opposition assez forte se leva à l'égard de ce projet dans les rangs de l'U.D.R., notamment par l'intermédiaire d' « Action et Présence du gaullisme » que présidait alors Pierre Messmer. Les arguments présentés n'étaient pas sans valeur, qui mettaient en évidence certain risque d'abâtardissement des institutions, avec la perspective d'un retour à l'ancienne valse des ministères. Il fut décidé de ne pas donner suite à l'intention initiale. Si bien que les secrétaires d'Etat restèrent en fonctions jusqu'à la fin de mon gouvernement et que le mécanisme envisagé ne fut pas déclenché.

Certains d'entre eux ont fait leur chemin, qui

purent ensuite être promus à des postes importants, y compris celui de Premier ministre. D'autres ne sont plus au Parlement, pour ne pas avoir été réélus en 1973 ou parce qu'ayant quitté le gouvernement depuis les élections.

Tout en apportant mes soins à la composition du ministère, j'avais engagé la formation de mon cabinet ou plutôt de mon équipe. J'avais des amis sûrs tels François Bloch-Lainé et Paul Delouvrier. Je leur demandai de pressentir ceux qui, par leurs travaux et leur action passée, paraissaient les plus aptes à s'engager avec moi dans ce qui était fatalement une aventure : ainsi, Jacques Delors et Simon Nora, personnages hors du commun, qui acceptèrent. Ils amenèrent à leur tour d'autres éléments de premier ordre. Je pus disposer d'une équipe exceptionnelle, une des meilleures à coup sûr qui eût travaillé depuis longtemps, et pour longtemps, sous les lambris de Matignon.

Je fis en sorte qu'il fût possible à tant d'hommes remarquables de participer à l'élaboration des décisions, non seulement dans leur spécialité, mais pour l'ensemble de l'action. Nous procédions par réunions plus ou moins larges. J'indiquais l'orientation générale ; les spécialistes exposaient les projets ; chacun pouvait ensuite fournir observations, avis, critiques et suggestions. Je tirais les conclusions et décidais. Cette méthode, assurément la meilleure pour garantir la cohésion de l'équipe et son plus haut rendement, me fut reprochée. On parla des happenings de Chaban. Va pour les happenings. Ils furent propices à l'action et précieux aux miens comme à moi-même.

29

La nouvelle société

Je m'installai rue de Varenne dans ce superbe hôtel Matignon que je connaissais bien, tandis que mes coéquipiers commençaient d'embrayer sur les dossiers. Je pris méthodiquement possession des lieux et de mon nouvel état ; la vie continuait. Formation, expérience, désir de servir m'avaient conduit là.

Quarante-huit heures plus tard, tout changea. Je fus saisi de vertige. Je venais de mesurer la distance effrayante entre les tâches ministérielles auxquelles j'avais été accoutumé et la direction du gouvernement. J'avais découvert aussi à quel point ma connaissance des affaires de l'Etat était insuffisante, bien qu'à l'hôtel de Lassay j'eusse, depuis dix ans, tenu force séances de notre Comité d'études économiques et sociales et traité un nombre considérable de rapports, synthèses, notes, informations de toutes sortes. J'éprouvais, enfin, le sentiment d'une responsabilité telle que je n'en avais pas connu.

Je vécus quelques semaines angoissantes avant de me sentir à niveau. Heureusement, le président de la République, pour avoir passé plus de six ans à Matignon, en connaissait tous les détours et avait des dossiers une maîtrise complète. Ce fut pour moi un appui d'autant mieux assuré que nos relations personnelles me permettaient de lui confier à mesure mes incertitudes. Passé le mois de juillet, je fus en selle.

Nous convînmes de méthodes de travail propres à prévenir les difficultés inhérentes au partage des tâches entre nous. Pour être au fait des affaires, et en mesure d'imprimer son impulsion, Georges Pompidou se brancherait en direct sur les ministres. En revanche, pour que les membres du gouvernement ne trouvassent pas prétexte à se soustraire à mon autorité, le cabinet élyséen s'abstiendrait de toute intervention auprès des ministères, sinon pour demander renseignements et informations sur les dossiers qui intéresseraient le président. Enfin, les instructions de celui-ci transiteraient par Matignon.

Equilibre délicat qu'il fallut rétablir à diverses reprises, le plus souvent en faveur de Matignon. Georges Pompidou, pour avoir été longtemps Premier ministre, inclinait à suivre de près les affaires de l'Etat, quand il ne les précédait pas. Toutes les fois que nous pûmes traiter directement des problèmes, il n'y eut pas de difficultés majeures. Il n'en alla pas toujours de même lorsque les cabinets entraient en lice et guerroyaient l'un contre l'autre. Il fallut les recommandations que je donnai dès l'abord, et celles que Georges Pompidou réitéra à diverses reprises, pour que rien d'irrémédiable ne se produisît. A l'Elysée, heureusement, veillaient Michel Jobert et Edouard Balladur, chargés de la partie administrative, qui s'acquittèrent de leurs fonctions avec le souci constant de ne pas contrarier l'action du Premier ministre. Ce qui, au demeurant, était la meilleure manière de servir le président.

Peu à peu, la mécanique gouvernementale se remit en marche. Elle était pesante, avec une cascade de conseils restreints à l'Elysée et de conseils interministériels à Matignon. Je fus amené à alléger ces derniers. Il m'était apparu assez rapidement que trop de respect des rites conduisait à une liturgie étouffante ; dans la salle du Conseil donnant sur le parc, les réunions prenaient des airs de grand-messe solennelle.

En dehors des conseils et des cas d'urgence, je rencontrais deux fois par semaine le président de la République, au moins une heure le lundi et le vendredi, en fin de matinée ; en outre, un quart d'heure avant le Conseil des ministres, et quelques minutes avant les conseils restreints. Ainsi pouvions-nous vérifier que le sens de la conduite des affaires était bien accordé entre nous.

Ce que personne n'imagine, c'est à quel point le travail de Premier ministre est une performance physique. L'emploi du temps, les réunions, les rendez-vous, le travail sur dossiers, les déplacements, les discours, les entrevues, les négociations, les débats, les combats, la représentation permanente, la tension intellectuelle et la pression nerveuse qui s'ensuivent exigent un marathonien de la politique. Sprinter, je devais travailler mon endurance. Dès avant de franchir le porche de Matignon, je pris mes dispositions pour tenir la distance. Je commençai par prévoir deux séances hebdomadaires de culture physique, course et gymnastique mêlées. J'y ajoutai un sérieux entraînement de tennis en simple : au Racing, rue Eblé, proche de Matignon, à la mauvaise saison ; à la Croix-Catelan aux beaux jours ; le plus souvent avec mon ami Henri Pellizza. Ces séances qui, au creux de l'hiver, se déroulaient par tous les temps et avant que le jour se levât, étaient inscrites sur mon agenda, au même titre que mes obligations officielles. En trois ans, je n'y dérogeai que deux fois, l'une parce que j'étais en Pologne, l'autre en Yougoslavie. A ces exercices réguliers, j'ajoutais exceptionnellement un parcours de golf le dimanche, ayant résolu ce jour-là de me protéger de l'action politique, sinon de la réflexion. Cette discipline rigoureuse, jointe à un régime alimentaire très strict et à un dosage exact de sommeil, me permit de conserver jusqu'au bout mon équilibre. Après mon départ de Matignon, je ressentis une grande lassitude, celle de la décompression nerveuse. Quinze jours plus tard, il n'y paraissait plus et Bordeaux était à nouveau l'objet de tous mes soins.

Années lourdes et exaltantes. On assure communément que la politique est l'art du possible. J'ajouterai, au vu de cette expérience, que c'est l'art de mesurer la distance entre le souhaitable et le possible. La nature des choses, le poids des institutions, les hommes, tout concourt à l'accroître. La relativité du pouvoir y apparaît. La nécessité est permanente de se hausser au-dessus de soi-même pour faire bouger si peu que ce soit l'ordre établi, au prix d'une énorme consommation d'idées, de projets et d'initiatives. Ce faible rapport entre l'action et les intentions, c'est cela, gouverner.

Mes relations avec les trois groupes qui composaient la majorité furent diverses. Excellentes du côté du Centre Démocratie et Progrès, correctes s'agissant des républicains indépendants contrastées avec l'U.D.R. Durant les premiers mois de mon office, absorbé par mes efforts d'adaptation, je n'accordai pas suffisamment de temps et d'attention à la formation politique qui était la mienne. Avec un reste de naïveté, je m'imaginais jouir automatiquement de la confiance des miens et que nul parmi eux ne pouvait mettre en doute ma détermination de maintenir nos orientations fondamentales. Je me trompais. Après tant d'années passées au perchoir à prendre le pouls de l'Assemblée, je venais d'oublier qu'un groupe politique est comme une personne ombrageuse, inquiète, d'humeur jalouse, toujours prête à prendre des bâtons flottants pour des monstres marins, et qu'il faut rassurer sans cesse. Erreur indéniable. Bientôt, il n'y eut plus seulement de ma faute. Au cours de l'hiver 1969-1970, commencèrent à se manifester les effets d'une méfiance, puis, un peu plus tard, d'une obstruction dont le noyau actif était à l'Elysée, dans l'entourage de Georges Pompidou.

Le 16 septembre 1969, je prononçai, à la tribune de l'Assemblée nationale, un discours qui affirmait la nécessité d'une nouvelle société. Il eût pu marquer un tournant décisif. Il le fit, mais pas dans le sens que j'avais souhaité. De lui datent les réserves, les reculs, les méfiances et enfin la cabale. J'en avais trop dit. Je ne le regrette pas. J'étais profondément convaincu d'exprimer ce que je crois être vrai encore aujourd'hui et pour demain.

Il s'agissait de reprendre l'effort de mutation de la société au point où le général de Gaulle avait dû l'interrompre. A son image, et pénétré de ses leçons, je voulais faire adopter une politique de mouvement par des élus dont une partie était soucieuse avant tout de préserver les situations acquises. Cette politique transcendait les notions de droite et de gauche en exprimant à la fois le souci de l'indépendance nationale et la volonté d'épouser le siècle. Le peuple, dans ses profondeurs, est toujours en accord avec cette orientation capitale. La résonance des élus n'est pas toujours au diapason. Si la multitude aspire à la mutation de la société, les notables qu'elle désigne en appréhendent les effets. Et cependant, à défaut d'une transition hardie, tout cassera, à moins de se décomposer. Si aucune autre issue que la révolution ne se présentait pour surmonter égoïsmes et incompréhensions, avec leur cortège de scandales et d'injustices, alors j'admettrais la révolution. Mais quelle solution désastreuse ! Irons-nous jusqu'à cette absurdité ? Laisserons-nous échapper la chance que de Gaulle, franchissant le fossé des siècles, du XIXe au XXIe, a illustré par son action et nous a ainsi désignée ? Le gaullisme n'est pas un accident de l'histoire. C'en est une philosophie. Voilà pourquoi il survit à son auteur ; et j'en étais conscient ce 16 septembre 1969.

D'abord, il s'agissait — il s'agit toujours — de prendre conscience de la gravité des blocages qui, hérités de cent cinquante ans de faiblesse économique, de centralisation bureaucratique et de conservatisme social, paralysent l'évolution dans tous domaines, à tous niveaux. Nous vivons en état de sous-développement chronique pour avoir cru jusqu'à la Seconde Guerre mondiale pouvoir nous soustraire à l'effort industriel en exploitant les revenus des avoirs que nous possédions hors France. Le résultat est que, dans ce vieux pays, les industries d'hier sont dépassées, celles de demain incertaines par nature, et celles du présent encore insuffisantes. Il s'ensuit une composition boiteuse de nos exportations, le freinage de l'indispensable mutation agricole, l'alourdissement des charges de la vie collective, une incapacité évidente à faire face aux besoins de la consommation. Nous avons les appétits d'une société très évoluée sans en posséder les moyens industriels. D'où une tendance permanente à l'inflation.

A l'égard des mécanismes publics, l'existence d'un corps de fonctionnaires, souvent excellents, parfois remarquables, est allée de pair avec la prolifération d'un Etat tentaculaire, qui a mis en lisière, avec son consentement tacite, la société française tout entière. L'impuissance de l'Etat est à la mesure de son omniprésence, son efficacité en proportion inverse de la multiplicité de ses objectifs. Entreprenant de se mêler de tout, il devient pesant. Il étouffe les collectivités locales sous sa tutelle, retire aux entreprises publiques la maîtrise de leurs décisions essentielles, accable de ses réglementations touffues les entreprises privées et effare les citoyens en tant qu'administrés. La conséquence directe de cette activité brouillonne est le gonflement des masses budgétaires. Ce n'est ni la seule ni la pire. L'encouragement à la passivité et à l'irresponsabilité des partenaires de l'Etat en est une autre, qui touche au profond des mentalités publiques. Une fiscalité aberrante à force de se vouloir subtile, une propension à consacrer à fonds perdu des subventions à des activités devenues non rentables, une conception étroitement juridique de l'égalité qui, en matière d'aide sociale, aboutit à donner autant à ceux qui n'ont besoin de rien qu'à ceux qui ont besoin de tout : tels sont quelques-uns des méfaits du totalitarisme administratif.

Enfin, qui ne verrait que nous sommes encore un pays de castes ? Les écarts excessifs de revenus, la mobilité sociale insuffisante, les rentes de situation, les préjugés de tous ordres et de tous bords, la conjonction des égoïsmes d'autant plus féroces qu'ils sont comblés, cloisonnent le pays et le divisent contre lui-même. Pays alourdi dans sa marche qui, faute de pouvoir secouer à temps les conservatismes, s'en remet aux idéologies extrêmes, au délire partisan, aux tempêtes de mots, et ne parvient jamais à accomplir des réformes qu'en se donnant l'apparence de faire des révolutions. Pays de solitude en fin de compte où, comme le signalait déjà Tocqueville, l'omnipotence de l'Etat entretient un rapport profond avec l'insuffisance de la vie collective et où les groupes professionnels et sociaux, peu organisés, mal représentés, en sont réduits, pour masquer leurs faiblesses, à ne s'adresser qu'à l'Etat et à le faire sur le pied de la surenchère.

Bref, j'appelais les députés, et à travers eux le pays, à reconnaître la nécessité du changement sous peine de prendre un retard irrémédiable par rapport à nos voisins et d'être menacés dans notre existence en tant que nation. Après avoir si longtemps retardé les échéances, la France s'était trouvée obligée de les affronter toutes : relance démographique, bouleversements technologiques, décolonisation, urbanisation, et, à présent, la compétition internationale jouant à plein. Grâce à Charles de Gaulle, elle avait pu franchir ces hautes lames de fond. Les gouvernements précédents avaient accompli des pas dans la bonne direction, mais il fallait aller plus loin, plus vite. L'explosion de mai 1968 en montrait l'urgence. Elle en fournissait le levain. La vague démographique des vingt-cinq dernières années apportait le potentiel du rajeunissement. A nous de le saisir. Les temps étaient venus d'appareiller vers l'avenir et de s'en donner les chances.

Il y fallait des moyens matériels, une économie en expansion sur des bases saines, et que la hausse des prix ne vînt pas à tout moment reprendre d'une main ce qui avait été donné de l'autre. Ces moyens, nécessaires, n'étaient pas suffisants. Il fallait aussi la résolution intransigeante de réformer les relations sociales, aussi bien des administrations aux administrés qu'en leur propre sein, dans le secteur public comme dans le secteur privé, en milieu agricole ou industriel, dans le travail et les loisirs, sous tous les aspects, en un mot, de la condition humaine.

J'indiquai quelques-unes des actions prioritaires qui pouvaient conduire sur le chemin de cette nouvelle société : une formation et une culture accessibles à tous et procédant de tout, y compris les sports ; une orientation et une insertion professionnelle mieux cadrées ; une information totale, c'est-à-dire contradictoire, du citoyen, en commençant par la libéralisation de l'O.R.T.F. ; une redéfinition du rôle de l'Etat ramené à une plus juste conception de son métier, qu'il s'agissait pour lui de faire mieux, sans plus chercher à faire celui des autres ; une administration assouplie, rendant aux entreprises ce qui leur appartient sur le plan des responsabilités, cessant de reconduire d'une année sur l'autre des missions, des structures, des budgets considérés comme sacro-saints qui ne se pouvaient modifier que par addition, faisant siennes les méthodes modernes de gestion, accueillant en son sein des équipes mobiles capables de se transporter avec rapidité vers toutes les urgences. C'était là mesure de première nécessité.

L'important restait la ligne d'horizon. L'ai-je assez clairement désignée ? Il m'est arrivé, à l'occasion de la campagne pour les élections présidentielles en 1974, de constater que, ballotté sur l'océan des phraséologies contradictoires, en proie aussi aux convoitises électorales qui, de-ci de-là, s'en appropriaient un morceau, la nouvelle société avait perdu ou n'avait pas trouvé dans l'opinion la pureté et la netteté de son profil. Sans doute est-ce le verbe qui lui a fait défaut : après Matignon, au milieu de l'année 1972, et pour ne pas gêner le président de la République en prônant une action différente de celle de son gouvernement, je me suis interdit de m'en faire le chantre.

En tout cas, pour mettre aujourd'hui la nouvelle société en formules, je donnerais d'elle deux définitions. L'une politique : c'est une société qui tend vers plus de justice et de liberté, proscrivant les systèmes qui, au nom de la justice, mutilent la liberté comme ceux qui, au nom de la liberté, bafouent la justice. L'autre sociologique : c'est une société où chacun considère chacun comme un partenaire. Je ne suis pas éloigné de croire que c'est le plus important. Il faut changer le regard que les Français posent les uns sur les autres. Changer aussi leur façon de s'exprimer entre eux. Du silence dans le tumulte et de la solitude dans la foule, il faut passer à la communication dans la tolérance et à la communauté dans la fraternité. Il n'est que temps. Sinon, les Français rouleront aux abîmes en entraînant la France avec eux.

Tout homme a sa logique profonde. La mienne est claire, je veux l'espérer, à travers cette démonstration appuyée sur tant de faits connus. Elle explique pourquoi j'ai sans cesse rectifié une vision que je voulais cohérente des données économiques et sociales. Et pourquoi, le moment venu, j'ai voulu en faire l'essentiel de mon action gouvernementale. Je refuse et une collectivité de camarades prosternés devant le Moloch marxiste et une chapelle de compagnons du Graal rassemblés par une recherche mystique. Je désire une communauté d'équipiers tendus vers la même fraternité, où chacun joue son rôle et accepte l'autre avec ses différences, sans se prévaloir d'aucun privilège, supériorité ni particularisme ; prompt à venir au secours du plus faible et du plus malheureux ; enclin à partager la bonne comme la mauvaise fortune ; assez solidaire pour sacrifier tout dessein égoïste au profit de tous.

Il n'est pas question de rêver mais d'agir. Les

mentalités et les rapports humains ne se modifient pas à coups de bonnes intentions. Il y faut l'appareil des lois, des structures, de la mécanique sociale. A Matignon, j'eus l'opportunité d'engager des réformes dont les effets se sont fait et se feront sentir dans l'avenir.

30

Contrats

La politique contractuelle procédait de la même analyse, humaine avant d'être économique, qui se trouvait à l'origine de ma quête de la nouvelle société. Confrontée à l'ère post-industrielle avant d'en avoir fini avec l'industrielle, la France ressent avec violence l'agression des changements. Les automatismes de défense et la recherche de sécurité qu'ils traduisent ont favorisé la concentration d'un pouvoir-providence qui prend en charge le coût social de l'innovation technique et entoure, à force de minutie dans les procédures, les partenaires sociaux d'une série d'écrans protecteurs. Entre eux, pas de dialogue possible ni guère de véritable conflit. Mais, en feutrant les affrontements, on amortit aussi les forces de transformation. Ce pouvoir précautionneux ressemble aux parents abusifs des romans bourgeois de mon enfance qui, par la modestie du vocabulaire, la rigueur et la complexité des liturgies domestiques, l'art de la litote, un système de gratifications accordées aux plus méritants, s'ingéniaient à faire régner dans la famille un calme trompeur. Tous les cadavres dans le placard ; jamais un mot plus haut que l'autre ; surtout pas de drame entre les enfants. Or, les drames refoulés sont les pires.

Que d'orages accumulés sous la surface du silence !

La notion de contrat m'avait paru spécialement intéressante en ce qu'elle implique un tout autre mode des rapports sociaux. Il ne s'agit plus de faveurs qu'on octroie ou de conquêtes qu'on arrache, prenant appui dans les deux cas sur la faiblesse ou l'infériorité supposée de l'autre, mais de dispositions dont on débat. Les partenaires contractuels sont égaux par définition. Ils ont capacité de contracter ou non. Ils sont responsables devant leurs mandants, comme au regard de l'opinion publique. Les contrats dont ils discutent reposent, comme tout contrat, sur le constat de la contradiction des intérêts qu'il s'agit de reconnaître, d'admettre et d'accommoder loyalement si possible. C'est l'essence même de la participation tant voulue par le général de Gaulle. On l'a détournée de son sens en la supposant fondée sur la seule vision, quelque peu naïve ou forcément étroite, des intérêts communs aux partenaires. Il en existe. Leur exploitation ne suffit pas à fonder un système de rapports sociaux dynamiques et faisant à chacun sa part de dignité humaine. Il faut aussi assumer, sous peine de retomber dans un paternalisme qui s'illusionne sur lui-même, la discussion des différences, voire des oppositions.

La politique contractuelle que je développai fut largement facilitée par la reconnaissance de la section syndicale d'entreprise qu'avaient amorcée les accords de Grenelle ; aussi par le jaillissement de mai 1968, qui avait dénoué quelques bâillons : enfin on osait exprimer ses besoins sans passer par un appareil imposé. Les lieux de discussion se multipliaient. Cela rendait ensemble plus nécessaire et plus aisée la politique contractuelle : il faut être deux pour passer contrat. La réussite de cette politique, dans le secteur public, où je l'appliquai puisque j'en avais la capacité directe, fut acquise grâce à la présence d'un syndicalisme fort.

Bien que progressivement réduits en nombre et en intensité sous mon gouvernement, les conflits sociaux n'en furent pas empêchés. Etait-ce l'objectif ? Non. Il faut être clair sur ce point. La finalité d'une politique sociale, en régime de liberté, n'est pas d'aboutir à une société de consensus qui reposerait sur le leurre de la concordance générale des intérêts, comme dans les systèmes totalitaires. Elle a pour rôle d'exalter l'initiative, de fortifier la responsabilité, de donner à chacun des partenaires la formation dont il a besoin pour jouer son rôle. Il s'agit non pas d'éviter les conflits, mais de les rendre utiles. Quand les Français l'auront compris, finissant d'échapper à leur conception manichéenne des relations sociales et cessant de vivre les tensions dans l'ordre du pathologique, la France aura définitivement fait son entrée dans le concert libéral des grandes nations modernes.

Six ans après, quels sont les résultats de cette politique ? Elle a donné des fruits au-delà de toute espérance du point de vue pédagogique. Elle a réussi à durer, en dépit des pronostics des commentateurs qui, chaque année annonçant sa fin, se voient contraints d'enregistrer sa reconduction ; les accords sont régulièrement signés ; le contrat est devenu un mode de régulation normale des salaires dans le secteur public, malgré l'inflation qui sévit depuis 1972. Ce sont là des points positifs.

Mais cette politique contractuelle n'a pas réussi à briser le carcan de la centralisation. Elle visait, grâce aux contrats de programme, à doter les entreprises publiques d'une autonomie véritable, seul moyen pour celles-ci de rendre crédibles leurs conventions salariales et de leur assigner un horizon beaucoup plus vaste que la fixation des salaires. En fait, il s'agissait d'instituer à l'intérieur des entreprises une politique sociale concertée. Des résultats tangibles ont été obtenus dans ce sens. Le relèvement des bas salaires, la mensualisation dont Georges Pompidou avait fait un des thèmes de sa campagne présidentielle, la formation permanente, l'extension du rôle des syndicats, la prise en compte des conséquences de la modernisation, comme dans l'accord S.N.C.F. de 1971, constituent autant de points sur lesquels le secteur public a pu prendre de l'avance par rapport au secteur privé. Mais le naturel est revenu à pas de loup. L'Etat n'a pas toujours assuré la contrepartie financière réelle des contraintes de service public. Il n'a pas non plus résisté à la tentation de réintroduire son contrôle financier *a priori* ; dans certains cas, ce fut fait dès juillet 1972, sitôt après mon départ. Les contrats de travail de l'O.R.T.F. ont disparu. Les nouvelles sociétés nées de la suppression de l'Office n'ont pas été appelées à en négocier. Elles se sont vu imposer leur cahier des charges.

Les conséquences ne sont que trop visibles. Le climat tend à redevenir ce qu'il était. Le champ des accords est en passe de se rétrécir au seul domaine des rémunérations. Les combats menacent de supplanter les débats, en tout cas de les fausser. Deux grandes centrales syndicales ont fait du contrat un élément clé de leur stratégie et signent de moins en moins d'accords. La mutation culturelle que devaient entraîner les contrats de programme, et qui, à son tour, devait les renforcer, ne s'est pas accomplie. Introduite par le haut, elle n'a pas été répandue. La mission de service public s'est érodée ; il arrive qu'elle soit désormais perçue comme une contrainte, au lieu de l'être comme la justification du monopole qu'exercent les établissements nationaux.

Sans doute ai-je commis l'erreur de croire qu'on pouvait boire du vin nouveau dans de vieilles outres. Lorsque coexistent des règles nouvelles et anciennes, celles-ci chassent celles-là. Il aurait fallu aller plus loin, innover davantage, rendre le changement si radical qu'il fût devenu impossible de revenir en arrière. Nous n'aurions pas assisté à cette remontée des mentalités d'autrefois, sourdant à travers le sable comme une marée d'abord incertaine, puis mieux assurée, pour se répandre enfin à la face du ciel. La fragilité du système de contrats tient à ce qu'il y est facile de respecter la lettre tout en sacrifiant l'esprit par absence de concertation réelle.

La politique contractuelle n'était pas destinée à rester cantonnée dans le secteur public ; elle devait, en tenant compte des différences de l'un à l'autre, s'élargir peu à peu au secteur privé. Les conventions collectives qui existaient dans celui-ci avaient le mérite d'être assez vastes pour ne laisser personne en dehors de leur champ protecteur. En revanche, le niveau des négociations restait placé à des hauteurs considérables par rapport aux salariés concernés. Toujours cet Olympe où trônent l'Etat et les féodalités. La loi de 1971 que je fis voter, réformant celle de 1950, rabaisse ce niveau à l'entreprise. Cela ne suffit pas à faire en sorte que les conventions traitent des salaires réels, ni des problèmes concrets qui, par exemple, se posent dans l'atelier. Du moins la politique contractuelle dans le secteur privé se traduisit-elle par le développement des accords interprofessionnels qui, ensuite, se déclinent aux différents paliers de négociation, jusqu'à l'entreprise. Elle donna lieu aussi à l'extension des accords d'entreprise, rendus possibles par la reconnaissance de la section syndicale et qui se multiplieront en proportion directe du mûrissement du syndicalisme, jusqu'ici mieux adapté à la négociation par branches ou par secteurs.

Il n'entre pas dans les limites de cet ouvrage de développer le détail des dossiers traités par mon gouvernement. Il suffit d'en énumérer quelques-uns. Une politique active de l'emploi, dans le prolongement de ce qui avait été entrepris par Georges Pompidou en 1968 lorsqu'il était encore à Matignon. Un effort pour faciliter aux femmes leur insertion dans la société de travail, en les aidant à mieux harmoniser leurs tâches familiales et professionnelles. Un accord interprofessionnel sur la garantie des ressources aux chômeurs de plus de soixante ans. Une réforme en profondeur de la Sécurité sociale, engagée pour réduire le gouffre national des dépenses de santé et pour engager les Français sur la voie d'une nouvelle solidarité, dans laquelle les plus défavorisés seraient partie prenante. Un changement de la politique familiale amorcé, avec l'appui formel de Georges Pompidou qui voyait à juste titre dans la famille un des points d'ancrage les plus sûrs de la société : il s'agissait notamment de procéder à un élargissement et à une redistribution plus juste des prestations, et de relancer une action nataliste. La suppression du scandale de deux millions de personnes âgées condamnées à vivre avec moins de dix francs par jour. L'aménagement des périodes de référence pour les salariés désireux d'avancer la date de leur retraite.

Fut votée la réforme de l'enseignement technique, si longtemps considéré comme le mal-aimé de l'Université française. La loi posait en principe la nécessité d'introduire une part de technologie dans toute formation, multipliait les voies pédagogiques, assurait l'adaptation des programmes et celle du corps enseignant, facilitait de toutes les manières possibles l'insertion effective des jeunes dans la vie professionnelle, dans des conditions d'équivalence par rapport aux autres filières. Fut également lancée la réforme de l'apprentissage, attribuant notamment aux apprentis un statut de jeunes travailleurs, assorti d'un contrat de travail et d'un salaire minimum. Surtout, l'accord interprofessionnel du 9 juillet 1970 institua le droit à la formation continue pour tous les salariés, qu'ils soient en activité et désireux de compléter leur pédagogie, ou chômeurs ou menacés de l'être, et conduits à envisager un recyclage pour renforcer leurs chances de trouver un bon emploi. La mise en œuvre de la formation continue doit conduire à l'éducation permanente. La société française s'en trouvera bouleversée.

Cet ensemble, assez considérable pour engager l'évolution de notre société, repose sur deux principes essentiels : la justice postule l'égalité des chances ; la liberté se fonde sur la responsabilité. L'égalité des chances ne peut jamais être parfaite ; c'est pourquoi il faut s'y exercer à tous les âges, en essayant de supprimer les handicaps que la naissance, l'éducation, la fortune, les situations acquises, la rigidité sociale font peser sur tant de nos concitoyens. La responsabilité devient rarement totale ; raison de plus pour la préparer systématiquement par un apport de formation, d'informations, d'éducation qui, là encore, ne se limite pas à l'enfance, à l'adolescence ou à la jeunesse, mais puisse rebondir tout au long de la vie. C'est le but de la formation permanente.

Bien des batailles furent livrées au long de ces trois années pour faire aboutir nos projets. Certaines furent gagnées, d'autres perdues ; d'autres aboutirent à des victoires partielles ou remises en cause. C'est le lot de toute action politique. Au total, nous ne pûmes qu'amorcer la première approche de la nouvelle société, ayant échoué en particulier à contrebattre sérieusement la propension de l'Etat à tout centraliser, tout contrôler. Cette réforme capitale reste à faire, tant au plan national qu'au plan local, où le système politico-administratif est devenu le plus pesant de notre histoire. La chaîne des hiérarchies tenant en tutelle tous les échelons est plus serrée que jamais. L'initiative des pouvoirs intermédiaires est jugulée. Les seuls experts dont puissent disposer les autorités locales pour instruire leurs projets sont, directement ou non, entre les mains de la fonction publique. Financièrement, techniquement, administrativement, politiquement, le verrouillage est complet. Cette réforme de l'Etat, du sommet à la base, exige un souffle puissant et une volonté ardente. J'en suis maintenant certain.

Le système est, en effet, d'autant plus irrémédiable que personne n'est responsable de son maintien, ni les individus, ni les groupes, ni les classes. Il forme un tout compact, par l'enchevêtrement des structures, règlements, vérifications, juridictions, habitudes et situations acquises. Malgré les réformes, ou à cause d'elles, il s'est encore alourdi ces dernières années. La tutelle du ministère des Finances a, de Paris, gagné les régions et s'exerce dans le détail. Les féodalités verticales, les monopoles sectoriels sont encore plus rigides, rendant l'intervention du citoyen de base plus difficile et les décisions plus bureaucratiques. Si bien que la démocratie recule et que l'efficacité s'étiole. Les recours au sommet vont se multipliant. Les élus y perdent de leur substance. Plus personne, pas même les préfets, n'est désormais en situation d'effectuer les synthèses indispensables, ou, lorsqu'ils y parviennent, de les faire appliquer.

Quand secouerons-nous ces entraves où la France s'embarrasse ? Il le faudra, de gré ou de force. Combien je préférerais que ce soit de plein consentement ! Un des points de rupture constructive me paraît être l'institution régionale. Les conseils généraux, après avoir joué un rôle plus ample qu'on ne veut le dire dans la mise en place de la France actuelle, à partir des années 1900, sont frappés d'incapacité dans la mesure où l'étendue territoriale de leurs responsabilités ne répond toujours plus aux besoins d'une société complexe. Ils se trouvent donc dans l'impossibilité de prendre une vue d'ensemble de problèmes en nombre croissant et dont les solutions ne peuvent être trouvées que dans un cadre plus large. La loi de 1972 créant les établissements publics régionaux à deux assemblées permet déjà des extensions de compétences, mais seulement par des décisions gouvernementales. Une véritable décentralisation régionale ne sera obtenue que par une assemblée régionale élue au suffrage universel direct, dont le rapport avec les pouvoirs préfectoral et ministériel serait tout différent. Disposant d'une liberté entière, elle jouerait un rôle déterminant, acquerrait le sens de la pleine responsabilité, permettrait à l'administration centrale de prendre de la hauteur et de remettre une masse importante de problèmes et de réformes à la décision des représentants de la région. Elle assumerait également le renouvellement du personnel politique local et, diffusant la responsabilité à travers le corps de la nation, décongestionnerait d'autant la tête.

C'est une des dimensions possibles. Il en est d'autres. Ma foi dans la nouvelle société n'a pas faibli. Je crois plus que jamais à l'avènement de cette France régénérée, délivrée de son embonpoint, de ses aigreurs, et de ses nostalgies, faisant circuler dans tous ses membres un sang vif et clair. Une France où une vie contractuelle intense animera dans toutes ses parties l'édifice social ; où l'édifice politique et administratif sera élargi à la base ; où l'Etat se tiendra dans ses demeures légitimes ; où chaque citoyen se verra investi du maximum de chances d'être lui-même. J'y crois comme à la seule voie entre les deux abîmes qui nous guettent.

Aurions-nous pu réussir en 1969-1972 ? J'en doute. Les temps n'étaient pas venus. Aller plus loin ? Sans aucun doute. C'eût été possible si Georges Pompidou avait accepté la nouvelle société.

Il la refusa.

31

Orages

Tout commença par des irritations mineures. Le discours du 16 septembre 1969 avait pour objet de redessiner le visage de la France dans le monde, mais surtout de projeter une vision de la société de demain qui, si elle pouvait se réaliser, aurait peut-être valeur d'exemple et des prolongements hors de nos frontières, à commencer par l'Europe toujours à faire. Ce discours avait bénéficié d'une intense préparation collective. Il fit grand bruit ; on le considéra comme un document susceptible de servir de base à l'action gouvernementale et d'ouvrir la voie à beaucoup de réflexions. C'était mon projet.

Certaines louanges dépassèrent le but. André Fontaine écrivit que, si le président de la République avait tenu une conférence de presse de Premier ministre, le Premier ministre venait de faire une déclaration de chef d'Etat. Cela n'avait aucunement été mon intention. Mes fonctions m'imposaient d'exprimer, au sujet des affaires de la France et des Français, un dessein aussi complet que possible, voire, si j'en avais le souffle, un grand dessein. Il n'en demeura pas moins que, dans l'entourage de Georges Pompidou, sinon dans l'esprit de celui-ci, se répandit l'idée que je ne faisais pas grand cas de la distance qui doit séparer le passant de Matignon du titulaire de l'Elysée ; que même je m'arrogeais, au mépris des institutions, un droit d'intervention à une hauteur et sur un ton qui n'étaient pas de ma charge. Le doute ainsi introduit, l'embarras, la gêne, l'agacement laissèrent des traces. J'en eus bien plus tard le témoignage de certains qui, entre-temps et de bonne foi, n'avaient cessé de contrarier mon action.

J'avais ma part de responsabilité dans l'affaire. Soumis au feu du travail, saisi par la fièvre des jours qui précédaient le débat à l'Assemblée nationale, j'omis de prescrire à mon cabinet de faire parvenir un exemplaire du discours au président de la République. C'était d'autant plus inconvenant que j'avais carte blanche pour exprimer ma pensée et mes projets. On m'en fit l'observation à la dernière minute, à la suite d'un discret rappel de l'Elysée. Je m'empressai de faire porter le texte. Cet oubli, fâcheux, mais innocent, fut à coup sûr présenté comme le signe d'une désinvolture inquiétante.

Ces contrariétés entrèrent pour peu dans la décision du président de la République de refuser la nouvelle société en tant qu'objectif central, vecteur de l'action gouvernementale et, le moment venu, plate-forme électorale. Décision redoutable, qui entraîna de graves conséquences, dont certaines n'ont pas fini de se faire sentir. Si Georges Pompidou avait adhéré à la nouvelle société, apporté à la soutenir le poids de son influence et de la confiance que lui faisaient les Français, toutes choses eussent été différentes par la suite. Les composantes de la politique actuelle ne seraient pas ce qu'elles sont devenues. Ce grand dessein eût singulièrement embarrassé l'union de la gauche à ses débuts et réduit sa crédibilité, tout en dotant la majorité d'un dynamisme irrésistible aux mornes élections de mars 1973. La majorité, elle-même, eût alors évolué, s'ouvrant à des élans nouveaux et connaissant une mutation interne accordée à celle de notre société. Le parti socialiste n'eût pas été prisonnier de cette alliance impossible et de cette union de commande avec le parti communiste. Notre pays, aujourd'hui, ne serait pas menacé de se rompre en deux parts hostiles et irréductibles l'une et l'autre. Les lanceurs de passerelles eussent été entendus au lieu d'être contraints à des acrobaties vaines jusqu'à présent. C'eût été une autre France, celle du salut national, en qui je place toujours mon espérance et mon action future.

Ce refus procéda directement de nos différences de tempérament. Georges Pompidou, par complexion, origine, formation, tel aussi que la vie l'avait façonné, considérait avec une extrême méfiance tout ce qui n'était pas élément vérifiable d'un ensemble donné, entrant dans l'énoncé d'un problème précis. Epouser un projet de société susceptible de faire se lever des perspectives indémontrables, même s'il en ressentait le pouvoir d'attraction psychologique, lui paraissait inutile, fâcheux, dangereux à terme. Quelques semaines après le discours du 16 septembre, il me signifia qu'il était exclu que la nouvelle société figurât à l'ordre du jour, ajoutant que je n'étais pas là pour faire rêver les Français.

Un an plus tard, comme derechef j'évoquais devant lui ce vaste et ambitieux projet, il jeta, avec une pointe d'irritation :

— Laissez donc tranquille votre nouvelle société, personne n'y croit ; vous rasez tout le monde.

Pour ma part, j'avais commencé d'agir, estimant qu'il était possible d'ajuster ma conviction à ma loyauté en faisant de mon mieux, à défaut de pouvoir construire la nouvelle société, pour articuler des mesures et présenter des projets de loi qui fussent autant de jalons sur le chemin qui y conduit.

En 1973, près d'un an après mon départ de Matignon, comme nous examinions ensemble les moyens de conserver, voire d'améliorer ma position dans l'opinion publique, Georges Pompidou me fit la surprise de dire :

— Au fait, la nouvelle société, ne l'abandonnez pas. Elle vous appartient. Et ce sera très important.

Cette modification d'attitude me ramena un moment à l'idée de publier un livre sur le sujet. Certains de mes coéquipiers m'y encourageaient, notamment Jacques Delors. J'en touchai un mot à Georges Pompidou qui n'y fit pas obstacle, ajoutant même :

— Dans ce cas, choisissez un titre choc, par exemple : *La Nouvelle Société pour quoi faire ?* Vous prendrez à contre-pied vos contempteurs.

L'époque de l'année, les travaux et les jours, Bordeaux qui m'absorbait, ne me donnèrent pas licence de mettre le livre en chantier ; puis vinrent l'automne et ses soubresauts, qui me détournèrent de ce projet.

L'opposition de Georges Pompidou à la nouvelle société n'avait pas été son seul fait. D'autres avaient vu en elle une perspective effrayante, et s'employèrent à l'en convaincre. Un seul eut la franchise de me le dire, Pierre Juillet, devenu à l'Elysée, au fil des années, le conseiller politique de chaque jour.

Au cours de l'été 1971, Georges Pompidou me déclara que, tout bien pesé, y compris les attaques personnelles dont j'étais l'objet, je m'acquittais convenablement de ma tâche de Premier ministre, et qu'en conséquence, nous ferions ensemble les élections législatives. Cette détermination n'avait probablement pas été pour rien dans la décision que prit ensuite Pierre Juillet de s'écarter de l'Elysée et de mettre insensiblement un terme à sa collaboration avec Georges Pompidou. Celui-ci m'annonça la chose un matin, disant qu'il allait y avoir des modifications dans son cabinet, et qu'à la demande de Pierre Juillet, celui-ci allait prendre du champ, commençant par accomplir un voyage aux Etats-Unis avant de se consacrer à son élevage de moutons dans la Creuse ainsi qu'à ses affaires parisiennes. Sur ce, Pierre Juillet demanda à me voir.

Je le reçus, à Matignon. Il commença par me manifester des sentiments personnels favorables, presque chaleureux. Il m'indiqua même qu'au plus fort de mes démêlés avec l'U.D.R., il avait balancé à proposer au président et à moi-même de venir travailler à mes côtés. Pour ma part, j'ai toujours éprouvé de la sympathie à son égard, et je ne le confonds pas avec mes calomniateurs. Allez démêler ces contradictions ! Puis nous en vînmes au vif du sujet. Pierre Juillet m'expliqua qu'ayant sans doute travaillé trop longtemps auprès de Georges Pompidou, il avait l'impression de rendre moins de services que naguère ; un autre, peut-être, pourrait se montrer plus utile au président de la République. Sur quoi, il me demanda si j'avais compris les raisons qui l'avaient fait s'opposer continûment à moi, précisant qu'il s'agissait de faire obstacle à mon action et non à ma personne.

Comme je restai évasif, il ajouta que j'avais pu trouver absurde que le plus proche conseiller du président de la République consacrât une partie de son temps à contrecarrer les efforts du Premier ministre désigné par le président. C'était par fidélité et loyauté à Georges Pompidou, car il estimait que j'étais l'homme le plus dangereux qui fût pour le pays.

Ma sérénité n'en parut pas entamée.

— Certes, poursuivit Pierre Juillet, vous êtes gaulliste. Je n'en disconviens pas. Vous l'êtes.

Je remerciai d'une inclination de la tête et d'un quart de sourire.

— Mais vous êtes aussi l'homme qui amène le socialisme en France. Un communiste, un socialiste, on sait ce que c'est. On peut s'en garder. Vous, on ignore qui vous êtes. Vous avez livré la télévision à nos pires adversaires. Votre politique en toutes choses avantage des gens qui ne sont pas nos électeurs et qui ne vous en sauront aucun gré, tandis que notre clientèle traditionnelle se détourne ; que nous restera-t-il si vous persévérez ? Votre système contractuel est catastrophique. Que des négociations puissent être conduites avec les syndicats et que ce soit inévitable, j'y consens. Mais pas pour signer des contrats. Comment ? vous placez l'autorité de l'Etat sur le même plan que ceux sur qui elle doit s'exercer ? Car c'est bien de cela qu'il s'agit. L'Etat, directement engagé lorsqu'il s'agit de fonctionnaires, indirectement avec le personnel des entreprises publiques, se trouve amené, par ces contrats, à se placer au rang de ses agents. C'est la dégradation de l'autorité. C'est l'engrenage qui conduit à sa ruine. Ce sera, pour finir, l'anarchie, à partir de laquelle tout deviendra possible à nos adversaires.

Pierre Juillet s'échauffait. J'étais surpris de découvrir jusqu'où allait sa passion.

— Il ne s'agit pas de refuser par système. On est social ! L'autorité doit accorder tout ce qu'il est possible : c'est précisément l'objet des négociations ; mais elle sait ce qu'elle peut octroyer et s'y tient. Voilà tout.

Je lui fis observer que le mot « socialisme » dont il avait usé un peu rapidement pouvait s'entendre de bien des façons. Qu'il y avait un monde entre l'acception que lui donnait le marxisme-léninisme et la conception qu'en avait, par exemple, un Brandt, un Wilson ou un Palme. Que la nouvelle société devait effectivement, tant du point de vue politique que du point de vue économique, être tenue pour une forme de socialisme libéral. Mais que la politique que venait de me décrire Pierre Juillet conduirait, en prétendant le combattre, à un autre socialisme, sans beaucoup de rapport avec le mien, dont les noces avec la France feraient pleurer des larmes de sang aux Français, à commencer par ceux qui se seraient imprudemment associés à son installation. Qu'une telle politique, en effet, ne pourrait amener que des affrontements. Que si les conflits peuvent être féconds, les affrontements sont dangereux. Et que, d'affrontement en affrontement, l'un d'eux aboutirait à une catastrophe nationale.

— Les affrontements, reprit mon interlocuteur, sont inévitables dans une société qui évolue, surtout lorsque se trouvent en présence des forces organisées. Mais on les domine. Cela s'est déjà vu, et il n'y a pas si longtemps, en 1968. L'Etat dispose, en dernier ressort, de la police et de l'armée. A lui de s'en servir.

Je reconduisis mon visiteur sans autre commentaire, en lui souhaitant bon voyage. A part moi, je me félicitais, pour ma liberté d'action, pour la disponibilité d'esprit de Georges Pompidou et pour la France, que l'amour de la Creuse conduisît un pareil politique à s'écarter de la scène. Ce n'était qu'un répit.

Parmi les arguments de Pierre Juillet, il en était un qui, plus encore que les périls de la nouvelle société, faisait mouche presque à tous coups dans les rangs de la majorité : il s'agissait de la télévision, censément livrée en pâture par mes soins aux adversaires du régime. Je ne suis pas éloigné de croire que le point de départ de la conjuration pour m'écarter en 1972 de la plus haute responsabilité de la nation fut, à l'automne 1969, la nomination de Pierre Desgraupes comme directeur de l'information sur la première chaîne. Il ne se passa guère de mois, voire de semaine, que je ne dusse essuyer de l'un ou l'autre — à commencer par le président de la République, certains ministres, la fine fleur de la majorité, Arthur Conte aux assises de l'U.D.R. à Strasbourg — une rafale d'humeurs, de craintes, de condamnations qui, sans me prendre directement à partie, s'acharnait sur diverses émissions de l'O.R.T.F. accusées de détruire systématiquement les fondations de la majorité et d'être animées par la volonté de combattre le gouvernement, le régime, la société.

Je développai sur ce sujet une démonstration, qui touchait peu mes censeurs, mais me paraissait et me paraît encore irréfutable. Elle est en trois points. L'un de principe : pas de démocratie sans information libre. L'autre d'efficacité : le gouvernement ne peut pas prétendre se rendre crédible dans les autres domaines s'il ne commence pas par fournir aux millions de téléspectateurs la preuve tangible de sa volonté de changement. Le dernier, de stratégie : plus les adversaires peuvent s'exprimer, plus leurs propos s'émoussent. Je rappelais l'exemple de la percée foudroyante de Jean Lecanuet aux élections présidentielles de 1965. Au surplus, Georges Pompidou avait, lors de sa campagne électorale, orchestré le thème de la libéralisation de l'information à l'O.R.T.F.

Aussi bien me donna-t-il volontiers son accord lorsque, entreprenant de faire en sorte que le Premier ministre tînt les promesses du candidat à la présidence de la République, je décidai de créer deux organismes qui, à raison d'un par chaîne, auraient à traiter l'information en toute liberté et indépendance vis-à-vis du gouvernement et, d'abord, de la direction des chaînes. Les problèmes survinrent lorsqu'il s'agit de désigner les responsables de ces « unités d'information ». Je fixai mon choix sur Pierre Desgraupes pour la première chaîne et Jacqueline Baudrier pour la seconde.

Pierre Desgraupes m'avait été recommandé en particulier par Pierre Lazareff, directeur de *France-Soir* et producteur de la fameuse émission « Cinq colonnes à la une », qui avait introduit à la télévision française une nouvelle écriture de l'information. J'aimais Pierre Lazareff comme un frère. L'ayant rencontré à la Libération, j'avais aussitôt été séduit par ce petit homme aux grosses lunettes, au visage d'enfant, sorte d'elfe dont l'intelligence galopait comme une flamme, loin devant, et dont la délicatesse était sans bornes. Pierre Lazareff m'avait dit : « C'est sûrement Desgraupes le meilleur. Je vais le dire à Georges Pompidou. » Ils étaient fort liés. Pierre Lazareff était, à l'époque, une des rares personnes extérieures à l'Elysée qui fussent admises à rencontrer fréquemment le président de la République. Quelques jours plus tard, il vint m'annoncer qu'il s'était acquitté de sa mission : le président de la République jugeait l'idée excellente et l'avait chargé de me l'apprendre pour gagner du temps.

Je m'assurai donc les concours de Pierre Desgraupes et de Jacqueline Baudrier. L'une estimant que l'avenir était à la couleur, ne voulait pas de la première chaîne. L'autre était intéressé par cette dernière, qui bénéficiait de l'audience la plus large. La répartition des tâches fut donc aisée.

Là-dessus, coup de théâtre. Comme j'indiquais à Georges Pompidou, pour la bonne règle, que les dispositions étaient prises et que les deux nominations allaient être rendues publiques, je l'entendis me dire :

— Ah non, pas Desgraupes, c'est impossible !

Je fis état de l'ambassade de Pierre Lazareff.

— En effet, reconnut Georges Pompidou. Mais Pierre Lazareff, c'est Pierre Lazareff. Ce n'est pas moi. Et puis j'ai eu de nouvelles informations ; pas Pierre Desgraupes.

Je n'en étais pas encore à savoir que la source de ces nouvelles informations jaillissait à quelques mètres du bureau du président. Nous débattîmes. Georges Pompidou fit une concession. Il suggérait d'intervertir les rôles en plaçant Pierre Desgraupes à la deuxième chaîne, parce que moins publique. Je ne voyais dans cette solution rien qui fût contraire aux principes de la nouvelle organisation. Je la soumis à examen.

Entracte, atermoiements, réfutations, incertitudes, discussions de toutes sortes, auxquelles Pierre Lazareff, aussi surpris que moi de ce qui arrivait, apporta obligeamment son entremise. En fin de compte, il se révéla que la permutation était impossible. Jacqueline Baudrier était toujours acharnée à obtenir la couleur et Pierre Desgraupes ne voulait pas être jugé indigne d'une fonction qui lui avait été attribuée.

Nouvelle conversation avec Georges Pompidou, au-delà du difficile. Tout se sait toujours très vite : la France entière, en tout cas celle de la politique et de l'information, était au courant de l'arrivée de Pierre Desgraupes et Jacqueline Baudrier. Je n'étais plus en mesure de garantir la crédibilité du gouvernement si l'opération de mise en place des structures d'information libérale à l'O.R.T.F. ne s'accomplissait pas dans les termes les plus clairs et les plus stricts. L'efficacité du gouvernement se trouvait mise en cause, avec l'utilité du Premier ministre, c'est-à-dire la justification de sa présence. L'affaire de la télévision devenait une affaire d'Etat.

Je le dis à Georges Pompidou. J'étais trop conscient des exigences de l'action et de la rigueur de mon devoir pour ne pas plaider sous l'éclairage le plus cru. Finalement, Georges Pompidou donna son accord. Je sus par la suite qu'à l'Elysée, deux personnes au moins avaient été stupéfaites et scandalisées de l'issue du débat. Cette circonstance me coûta cher. Elle allait fournir un thème de choix à l'entreprise de démolition qui, cinq années durant, fut menée contre moi par tous les moyens.

32
Coups bas

Aussi loin que je remonte dans mes souvenirs, je ne me rappelle pas avoir donné un coup bas, ni en avoir seulement eu l'idée. Homme politique confirmé, j'ai conservé vis-à-vis des autres un crédit de confiance, une incapacité à imaginer le pire, une crédulité qui peuvent surprendre. Peut-être ne suis-je pas un homme politique au sens habituel du terme. Je n'ai pas subi cet engagement contraignant, qui passe au laminoir d'une idéologie et d'un parti le caractère, les façons de penser, jusqu'aux façons d'être. Que ce fût chez les radicaux, au R.P.F., à l'U.N.R. puis à l'U.D.R., j'ai pu conserver les coudées franches et la liberté de juger par moi-même, en m'efforçant à l'objectivité vis-à-vis des adversaires.

Ce qui est vrai de la vie politique l'est dans les autres domaines. Au sein du monde du rugby, j'ai rencontré les mêmes problèmes. J'avais noué avec tous mes coéquipiers des liens étroits, à telle enseigne qu'aujourd'hui encore, si j'en rencontre un, c'est une fête. Je fus, cependant, bien souvent considéré par eux avec surprise. Ils étaient choqués lorsque, dans les vestiaires, après une défaite, je ne faisais pas chorus en incriminant l'arbitre, ce

« vendu » ou nos adversaires, « ces sauvages ». Je faisais observer que l'arbitre n'avait pas si mal arbitré, que notre paquet d'avants n'était pas non plus composé de petits saints ; que si nous avions perdu, c'était probablement parce que les autres avaient adopté une meilleure tactique ou fait preuve de capacités supérieures. Bref, j'inquiétais.

J'ai toujours inquiété les esprit sectaires, les fanatiques, les porteurs d'œillères, ceux qui posent en principe que l'adversaire a forcément tort et que la discussion est inutile. Je tiens au contraire qu'il y a toujours intérêt à découvrir la part de vérité que détient l'autre. Cette disposition d'esprit m'a permis de percevoir dans la nuit des lueurs invisibles pour beaucoup. Elle explique aussi que je sois relativement peu cuirassé contre les vilenies, les reniements, les mensonges et les complots. Inapte à agir sous le manteau, à distiller les poisons, à aiguiser les poignards, à répandre les rumeurs, je ne prête pas de telles capacités à autrui. Les occasions ne m'ont cependant pas manqué de constater que tel ou tel, à ma surprise, trahissait ou faisait défection. J'avais tendance alors à réduire la portée de l'événement au point d'en dissiper la réalité. Politique de l'autruche, que je pus mener sans trop d'encombres durant de nombreuses années. Vint le jour où il fallut bien regarder la vérité en face. L'affaire Dega en fut l'occasion retentissante.

Lorsque je devins ministre de la Défense nationale en 1957, je trouvai parmi les membres du cabinet de mon prédécesseur un certain Georges Dega. Fonctionnaire des Finances, il était chargé, comme cela se fait dans tous les ministères, d'instruire les dossiers des contribuables qui s'estimant, à tort ou à raison, injustement traités par le fisc, s'adressent à un ministre pour lui soumettre leur cas.

Son rôle était modeste mais utile. Je le conservai et n'entendis plus parler de lui.

Un an plus tard, lorsque je devins président de l'Assemblée nationale, son frère aîné, Edouard Dega, inspecteur des Impôts, fit une démarche auprès de moi. Il me demandait d'intégrer Georges Dega à ma nouvelle équipe, pour y remplir les mêmes fonctions ; le Président de l'Assemblée, lui aussi, est assailli de demandes de contribuables en difficultés, à commencer par ceux que lui recommandent les députés. Edouard Dega était un personnage tout de carrure, de verbe, de jovialité, dont l'accent chantant roulait des cailloux. Il m'exposa combien son frère — il disait « mon petit frère » — était désireux de travailler à nouveau dans mon cabinet pour y trouver des occupations plus formatrices que le service ordinaire des contributions. J'acceptai.

A quelque temps de là, Edouard Dega, chargé d'un contrôle voisin du mien dans le seizième arrondissement, s'offrit à rédiger mes déclarations d'impôts. Une tradition bien établie veut que les personnages consulaires, comme les membres du gouvernement, disposent pour ce faire de l'aide d'un fonctionnaire spécialisé du ministère des Finances, ce qui leur épargne du temps et réduit les risques d'erreurs. Pendant des années, Edouard Dega rédigea donc mes déclarations. Il en réunissait les éléments, les portait sur la feuille et me la présentait pour la signer. Travail sans complication. Mes revenus ont toujours été aussi faciles à recenser qu'à contrôler. Il s'agit quasi exclusivement de sommes déclarées automatiquement par des tiers : indemnités parlementaires mentionnées par l'Assemblée nationale, traitements de fonctionnaire ou de ministre portés en compte par les services financiers de l'Etat, ou valeurs mobilières signalées au fisc par les établissements financiers.

Quatre ans passèrent. Un jour, je fus alerté au sujet de Georges Dega. Il demandait de l'argent, m'assurait-on, pour certaines interventions. J'eus la preuve qu'il émargeait régulièrement auprès d'une entreprise. Je le convoquai sur-le-champ. Une demi-heure après, il quittait mon cabinet pour n'y plus revenir. Un autre de mes collaborateurs fut chargé de lui faire parvenir les papiers personnels qu'il conservait à son bureau, comme de récupérer les dossiers qu'il avait emportés à son domicile.

Edouard Dega manifesta son indignation de la conduite de son frère, puis sollicita ma mansuétude, assurant qu'il ne pouvait s'agir que d'un égarement passager. Je n'ai jamais voulu la mort du pécheur, mais il m'était impossible de passer outre. Georges Dega devait réintégrer son service au ministère des Finances, avec le motif.

— Vous brisez sa carrière, plaida Edouard Dega. Son honneur et celui de notre famille ne s'en relèveront pas.

Finalement, j'acceptai de ne pas poursuivre à condition que Georges Dega quittât non seulement mon cabinet, mais aussi la fonction publique. Au mois de septembre suivant, le ministre des Finances m'écrivit que la démission avait été donnée, acceptée et publiée au *Journal officiel*. C'était réglé.

Edouard Dega semblait consterné. Son désarroi et sa confusion étaient fortement exprimés. J'eus le sentiment que je commettrais une injustice envers lui si je me passais de ses services annuels. Le « Si ce n'est toi, c'est donc ton frère » n'est pas mon fait. Quelques années encore, Edouard Dega vint régulièrement s'acquitter de son office à chaque échéance fiscale. Puis il cessa de le faire. Dans quelles circonstances ? Je ne m'en souviens plus. Entièrement absorbé par le souci des affaires des autres, je suis fort peu enragé aux miennes. A plusieurs reprises, le percepteur m'a remboursé des sommes que j'avais versées deux fois, ce qui peut prêter à rire de la part d'un inspecteur des Finances.

Un mercredi matin, avant le Conseil des ministres, le ministre de l'Economie et des Finances me demanda s'il était possible d'avoir avec Georges Pompidou un moment d'entretien sur un sujet qui, sans être d'une importance capitale, lui paraissait présenter un certain caractère d'urgence et relevait de sa décision. Nous tînmes conciliabule tandis que les autres ministres quittaient la salle.

— Vous m'avez donné pour instruction, nous dit le ministre de l'Economie et des Finances, de combattre la fraude fiscale avec la dernière rigueur. Je viens d'être saisi d'une affaire qui promet d'être intéressante. Il s'agit d'un inspecteur des impôts du XVIe arrondissement qui a monté un système permettant à des contribuables de son ressort de pratiquer des évasions fiscales pour des sommes importantes. Il y a là des personnages considérables. Avant de déclencher l'opération, qui fera du bruit, je vous demande si vous ne voyez pas d'inconvénients à me donner le feu vert.

Etonnés, tant la réponse allait de soi, Georges Pompidou et moi donnâmes notre accord.

Quelques jours plus tard, j'apprenais par la presse qu'un certain Edouard Dega venait d'être incarcéré sur plainte du ministre des Finances, après avoir été convaincu de manœuvres frauduleuses caractérisées. Très surpris sur l'instant, et quelque peu déçu au plan humain, j'indiquai à Georges Pompidou que j'avais eu à mon cabinet le jeune frère d'Edouard Dega, et que lui-même m'avait prêté la main un temps pour rédiger mes déclarations d'impôts. Georges Pompidou n'en fut pas plus ému que moi-même. Jusqu'au jour où, dans *Le Canard enchaîné,* commencèrent à paraître des fac-similés de chèques adressés à Georges Dega. Les montants n'en étaient pas considérables ; ce n'était pas les chiffres qui importaient, mais le principe. A cette occasion, j'appris que certaines de ces sommes étaient destinées à financer une caisse électorale à laquelle, en l'espèce, le discernement avait manqué. Préservez-nous de nos amis ! Georges Pompidou, à qui je m'en ouvris de nouveau, comprit fort bien ce qui s'était passé. Le renvoi de Georges Dega de mon cabinet neuf ans plus tôt suffisait à trancher le débat. Mais on imagine tout ce qu'il fut possible d'insinuer, distiller, inoculer. Il n'est que de relire certaine presse de cette période.

L'intérêt public exigeait de tirer cette affaire au clair sans traîner. Si Edouard Dega était coupable, il fallait le juger et, avec lui, les fraudeurs qui avaient bénéficé de ses appuis. L'instruction fut donc engagée avec diligence. Quel ne fut pas mon étonnement et celui de René Pleven, garde des Sceaux, de constater que le ministère des Finances déposait une nouvelle plainte avant l'examen de chaque demande de mise en liberté provisoire d'Edouard Dega. Il en résultait deux conséquences ; l'une était personnelle à l'accusé, qui demeurait en prison en dépit de son mauvais état de santé ; l'autre judiciaire ; relancée par ces plaintes successives, l'instruction ne pouvait pas être close ni le dossier transmis au tribunal, ce qui retardait d'autant le procès public et les jugements, donc la lumière sur l'affaire et les coupables. Nous crûmes d'abord à des coïncidences. Le procédé se répéta si régulièrement qu'au bout de quelques mois il ne fut plus possible de conserver le moindre doute. Il y avait là les effets d'une volonté arrêtée.

J'invitai le garde des Sceaux à pousser les feux. Il me souligna son impuissance, étant donné qu'il n'était pas à la source des plaintes. En accord avec Georges Pompidou, je parlai au ministre de l'Economie et des Finances, lui demandant qu'on en terminât dans l'intérêt public le plus évident puisque ces lenteurs permettaient d'entretenir des attaques répétées contre le Premier ministre.

Les semaines passèrent. On entrait dans l'odieux. Georges Pompidou se montrait aussi irrité que je l'étais. A l'issue d'un comité interministériel où le ministre de l'Economie et des Finances s'était fait représenter par son directeur de cabinet, je fis passer celui-ci dans mon bureau et lui dis que cela ne pouvait plus durer. A force de transmettre des dossiers qui se comptaient déjà par dizaines, on ne devait plus être loin du compte. Je prescrivis d'accélérer l'examen de ceux qui pouvaient rester. Il fallait que l'instruction pût être rapidement close afin de faire venir le procès au grand jour dans les meilleurs délais.

Il me fut répondu que, bien entendu, le ministre de l'Economie et des Finances allait obtempérer ; ni son sens de la discipline gouvernementale, ni son dévouement à ma personne ne pouvaient être mis en doute. Je voulais que l'instruction fût close, elle le serait. Il me suffisait d'en décider. Certes, en agissant ainsi, on risquait de ne pouvoir transmettre à temps toutes les plaintes et, par conséquent, de laisser échapper des fraudeurs, peut-être les plus importants. Mais si je voulais écrire au ministre pour lui enjoindre de renoncer à toute nouvelle plainte, il n'en déposerait plus. Tout cela en termes exquis. Le président de la République, le garde des Sceaux et moi-même nous trouvions pris à contre-pied. Il fallut donc se résigner à attendre davantage, tandis que, dans sa prison, Edouard Dega voyait son état de santé empirer.

S'ensuivit une orchestration dont je n'ai entièrement identifié ni tous les auteurs ni tous les interprètes. Elle atteignait le cabinet du garde des Sceaux, au point que René Pleven vint un jour me dire qu'il y avait dans ce dossier « de quoi faire sauter la République ». L'estime dans laquelle je le tiens et mon souci d'en finir avec cette cabale me conduisirent à l'inviter à redoubler d'efforts pour que la pièce passât des coulisses à la scène, devant le public qui avait droit à la vérité.

Ces rumeurs, filtrant de la place Vendôme à l'Elysée, conduisirent le président de la République à me demander si oui ou non j'étais compromis dans l'affaire Dega. Au comble de l'exaspération, je ne pus que répondre « non ». Les choses en restèrent là entre nous. Mais cette campagne n'avait pas laissé d'agiter Georges Pompidou. A telle enseigne que le jour où il opta pour mon départ de Matignon, il crut pouvoir y faire allusion, disant que je serais plus libre pour faire face et ajoutant qu'il connaissait bien cette situation, d'autant plus insupportable que les accusations sont à la fois sans fondement et sans prise pour les ramener à leur néant. D'évidence, le poison avait fait son effet.

L'instruction n'était toujours pas close au bout de dix-huit mois. Il me revenait que, dans l'entourage du ministre des Finances, et pas seulement parmi les fonctionnaires, on supputait que les choses traîneraient en longueur jusqu'en 1973-1974, voire davantage, et qu'une telle menace de scandale paralyserait sans rémission tous mes mouvements.

Dans le déroulement de la procédure, il advint que l'affaire fût portée devant la Cour de cassation. Pour le coup, les conjurés crurent bien qu'elle était définitivement enlisée et que ses développements allaient pouvoir s'étendre jusqu'en 1976, date normale des élections présidentielles. A la surprise générale, leurs calculs furent déjoués. Les hauts magistrats de la Cour, scandalisés des atermoiements intervenus dans cette sombre affaire, rendirent dans les délais les plus brefs l'arrêt nécessaire à la poursuite de la procédure.

Aux élections législatives de mars 1973, c'est-à-dire huit mois après mon départ de Matignon, René Pleven, à l'étonnement général, fut battu en Bretagne. A l'occasion du remaniement ministériel qui s'ensuivit, Georges Pompidou m'annonça :

— Je vais désigner place Vendôme un autre homme tout à fait sûr. Ainsi l'affaire Dega pourra venir à l'audience avec quelques autres qui traînent sans raison.

Le nouveau garde des Sceaux, bien secondé, eut encore plusieurs manœuvres à déjouer. L'instruction fut menée à son terme. Entre-temps, Edouard Dega avait été au plus mal et avait fait la grève de la faim, ce qui soulevait l'émotion publique. Un beau jour, la presse publia que, dans un souci d'humanité, le ministre de l'Economie et des Finances avait donné ordre au Trésor de lever le séquestre sur les comptes bancaires d'Edouard Dega, pour permettre le versement de la caution nécessaire à sa mise en liberté provisoire. Tout simplement.

Le procès vint à l'automne 1973 dans un grand concours de curiosité. On allait enfin connaître les ressorts cachés de cette ténébreuse affaire, qui intriguait chacun depuis bientôt deux ans et qui devait mettre un terme à ma vie politique. La déconvenue fut totale. Le procès alla au bout de ses quatorze audiences sans que mon nom fût prononcé dans le prétoire, pour la simple raison qu'il ne figurait sur aucune des six mille cotes dont était constitué le dossier. Il n'en resta pas moins que j'avais été associé à l'affaire Dega et que l'opinion en conserva le souvenir.

33

La boue

Longtemps j'ai été cet homme invulnérable. Je traversais des périls dont je mesurais les risques sans que la pensée me vînt de pouvoir en être atteint. J'affrontais des réalités dont les finalités me captivaient, et des hommes sur lesquels je ne m'interrogeais pas toujours à fond, tout en me tenant à l'abri de leurs coups. Le doute ne m'atteignait pas. Ma vie était dévorante et sans ombres. Je baignais en permanence dans l'état de grâce du joueur au meilleur de sa forme, fort de la conviction qu'il ne peut pas manquer la balle. Infaillibilité innocente et fragile. Sans doute me manquait-il, pour être entièrement préparé aux tâches essentielles, le lest du malheur.

J'ai reçu, d'abord avec surprise, je l'ai dit, les coups personnels qui me visaient. Puis j'ai dû me rendre à l'évidence : quelques-uns s'acharnaient à ma perte ; vers moi convergeaient animosités, craintes et ambitions qui, unies pour m'abattre, ne répugnaient devant l'emploi d'aucun moyen. Rien ne me fut épargné, ni les attaques contre mon honneur, ni celles qui visaient ma vie privée, au plus intime et au plus douloureux. Il me fallut subir la montée de la boue, d'autant plus impuissant que j'étais innocent.

Un coupable se fût préparé des issues de secours, ménagé des caches, édifié de vertueuses façades. Ainsi agissent souvent bien des censeurs.

J'aurais pu ne pas résister à l'épreuve. Roger Salengro, avant guerre, s'était brisé sous la pression des calomnies ; il avait cherché dans la mort la plus irrémédiable des réhabilitations. Je fus secouru par l'amour des miens, la fidélité d'amis résolus, et aussi la chaleur immuable de l'atmosphère bordelaise. Rompu à ne jamais me plaindre face à moi-même, je ne suis pas enclin à le faire devant les autres. Par propension, je prends facilement de la hauteur quand la vie se fait laide. J'ai donc surmonté la tempête et j'en suis sorti fortifié. Avoir traversé ces froides ténèbres m'a rendu plus compact. Le malheur, quand il ne vous broie pas, apporte la gravité pour mieux comprendre et mieux entreprendre. On n'a jamais fini de devenir un homme.

L'affaire Dega entra en résonance avec celle des impôts, et chacune renforça l'autre. La plainte contre X qui visait Edouard Dega fut déposée le 16 novembre 1971 ; c'était treize jours après la publication par *Le Canard enchaîné* d'un avertissement du percepteur concernant mon revenu imposable de l'exercice 1970. Le 19 janvier suivant, le même hebdomadaire reproduisit partiellement mes déclarations d'impôts pour les années 1967 et 1968. Le tout tendait à prouver que, pendant quatre ans, je n'avais pas payé d'impôts, ce qui, dans l'esprit du public, signifiait que je ne payais pas mes impôts ; bref, que j'étais un mauvais contribuable, donc un fraudeur. De la part d'un président de l'Assemblée nationale devenu Premier ministre, sans cesser d'être inspecteur des Finances, c'était un comble, et intolérable.

La réalité était simple. Je l'ai déjà dit, mes revenus émanaient de trois sources principales : mes indemnités parlementaires, mon indemnité de fonction de président de l'Assemblée nationale, et des valeurs mobilières. Mes indemnités parlementaires étaient imposables sur 45 % de leur montant, conformément aux lois de 1928 et 1938. L'indemnité de fonction de président de l'Assemblée nationale se trouvait entièrement exonérée, en vertu d'une disposition adoptée par le gouvernement André Marie, en 1948, et appliquée depuis à tous les présidents des Assemblées. Les valeurs mobilières étaient sous le régime de l'avoir fiscal.

Ce système, mis au point en 1965, consiste à créditer les comptes fiscaux des actionnaires de sociétés de 50 % des impôts prélevés sur celles-ci avant la distribution des dividendes ; considérant que ce prélèvement constitue une imposition avant la lettre et qu'on ne saurait être imposé deux fois, le législateur a décidé d'en provisionner les actionnaires. Cette méthode tant décriée a cependant le mérite de rendre impossible la fraude par dissimulation de revenus. Elle est particulièrement favorable à ceux qui, n'ayant pas de revenus professionnels très élevés, disposent d'un revenu de valeurs mobilières atteignant une certaine proportion de leur revenu total. Il peut arriver que l'avoir fiscal relatif à celles-ci équilibre, à peu de chose près, les impôts dus au titre de ceux-là. C'était mon cas. M'étant aperçu, une année, que, par le jeu de cette balance, j'allais avoir très peu à payer par versement direct au percepteur, j'avais envisagé de déclarer mon indemnité de président de l'Assemblée comme revenu imposable. Il m'avait été objecté que, si je portais cette indemnité en compte sur ma feuille d'impôts, le contrôleur ne manquerait pas de rétablir les choses en amputant ma déclaration de la somme correspondante. J'y avais donc renoncé.

On peut juger cette loi critiquable, mais elle est la loi et elle s'impose à tous. Je ne l'avais ni violée ni tournée. Certes, je n'avais pas payé davantage d'impôts que je n'en devais. Où donc était ma faute ?

Mais il ne suffisait pas, à ce Premier ministre assailli de toutes parts, d'être innocent pour ne pas être coupable. La calomnie se déchaîna, sachant se faire insinuante, pour cracher son venin au bon moment. Les conjurés l'entretenaient avec art et souvent à l'insu des échotiers habilement manipulés !

Le troisième assaut des forces liguées contre moi porta sur le thème des affaires de presse. J'étais généreusement crédité d'intérêts dans divers journaux dont pour peu j'eusse été le patron occulte. A l'origine se trouvait un fait, à partir de quoi tout fut monté. Les mensonges les plus efficaces roulent dans leurs plis une parcelle de réalité, l'habillent, la travestissent, la gonflent et, partant d'elle, font l'amalgame. En 1945, un groupe de mes amis avait fondé l'hebdomadaire *Samedi-Soir* et j'avais accepté d'y placer cent mille francs de l'époque. Quelques mois plus tard, devenu secrétaire général du ministère de l'Information, je jugeai cette participation incompatible avec l'exercice de mes nouvelles fonctions et revendis mes actions pour le même prix. Voilà toute l'affaire.

Par la suite, une légende tenace s'attacha à mes pas, qui voulait que je fusse détenteur d'autres participations dans des journaux. Cette légende trouva crédit auprès de nombreuses personnes. Comme les journaux qu'on citait à cet égard appartenaient au groupe Hachette, le bruit se répandit que j'étais un actionnaire clandestin mais important de ce groupe, sur lequel on m'attribuait un pouvoir souverain.

Cette rumeur s'était largement dissipée lorsque j'arrivai à Matignon. Elle reprit vie lorsque Simon Nora, entré à mon cabinet pour un an, le quitta au bout de deux pour prendre la direction générale d'Hachette. Les mêmes y virent la preuve de ma puissance cachée à la tête de ce groupe.

Dans ce jeu de dupes où seul le faux était brandi et tenu pour vrai, un élément réel attira peu l'attention qui, cependant, était à l'origine de mes revenus mobiliers : l'achat, en 1963, d'un paquet d'actions de la société « Intertechnique ». Cette société avait été fondée par un de mes frères d'armes, Jacques Maillet, qui avait été jusqu'à la Libération le délégué du gouvernement d'Alger dans la zone Sud de la France. Pour garantir son indépendance, il lui fallait s'assurer de la majorité des actions de la société. Il se tourna donc vers des amis sûrs. Sous son impulsion, « Intertechnique » connut un essor considérable ; les actions introduites en Bourse montèrent ; je me trouvai en possession de sommes inattendues pour moi, et qui me furent des plus utiles, dans les années qui suivirent, pour assumer de lourdes charges de famille. Mon intrusion dans le monde de l'argent s'arrêta là ; on ne peut pas cultiver ensemble la vocation du service public et celle des affaires.

Dès mon entrée à la mairie de Bordeaux, je m'étais entouré d'instinct de précautions extrêmes pour que, dans le vaste appareil des marchés, appelé à s'élargir encore avec la création de la Communauté urbaine et des sociétés d'économie mixte, fussent prises des mesures strictes, me plaçant hors circuit de toutes les procédures qui conduisent à la signature des conventions et contrats de tous ordres. Simultanément, je veillai, par le choix des hommes les plus rigoureux, à ce que rien dans ce domaine ne fût douteux. Ces dispositions ont été heureuses tant pour le renom de la ville que pour celui de la Communauté urbaine de Bordeaux. Ce qui n'empêcha pas qu'à diverses reprises, généralement à l'approche des élections municipales, des rumeurs fussent lancées contre moi. Elles consistaient à rapporter que j'avais « fêté au champagne », dans tel établissement de plaisir, mon énième milliard. Mes contempteurs localisaient trop mal ces festivités pour les rendre crédibles. Ils négligeaient le fait que je ne sors jamais et que la géographie nocturne m'est inconnue.

D'une manière générale, aucune précaution n'est superflue en matière de marchés publics. Dans mon gouvernement, j'avais pris celle de confier à Albin Chalandon le ministère de l'Equipement. Des attaques furent néanmoins lancées dans le public au sujet des concessions d'autoroutes. Une accélération sensible des programmes entraînait l'attribution de travaux importants. On tenta d'y mêler, en mauvaise part, le nom de Jean Michard-Pellissier, mon ami depuis l'époque du parti radical. Au passage, je pus constater l'inanité de ces accusations. La calomnie n'en courait pas moins.

S'agissant de l'affaire des impôts, je commis une faute. Le numéro du *Canard enchaîné* qui mettait le feu aux poudres me fut présenté un mercredi soir de janvier 1972, comme je rentrais à l'hôtel Matignon. La journée avait été harassante, comportant un Conseil des ministres, un déjeuner avec les chefs de file de la majorité — circonstance dans laquelle il fallait être particulièrement vigilant — puis, pendant trois heures, un conseil restreint autour de Georges Pompidou. J'étais fatigué. Je trouvai mes collaborateurs dans la plus grande indignation. On ne pouvait pas laisser dire que le Premier ministre ne payait pas d'impôts ! Il fallait réagir, et tout de suite.

Je n'y étais pas enclin. J'avais pour règle de ne pas répondre aux attaques personnelles. Mais la tension montait. Un projet de texte me fut soumis, puis un second qui avait reçu l'approbation du ministère des Finances, sans qu'on précisât de la part de qui. Ma propension à garder le silence fit sourdre une inquiétude dans l'esprit des meilleurs des miens. Je la perçus. C'est elle qui vint à bout de mes défenses. Habituellement, j'eusse tenu bon, n'ayant pas faite mienne la formule : « Je suis leur chef, donc je les suis. » Je cédai et m'abandonnai à l'erreur de laisser sortir de Matignon un communiqué qui, fatalement, n'avait rien de concluant, mais qui donnait du corps à l'incident et, surtout, allait entraîner l'ensemble de la presse à se saisir de ce qui fût sans doute resté une anecdote satirique pour en faire l' « affaire » des impôts de Chaban. Il ne faut jamais être fatigué, et surtout pas au pouvoir.

Dans les semaines qui suivirent, j'eus à affronter les conséquences de cette fausse manœuvre. Tandis que la calomnie s'enflait, les problèmes avaient pris une dimension politique et, à l'Elysée, un parti s'était démasqué pour me faire quitter Matignon. Je fus décontenancé au plein sens du terme. Rien n'est pire que la situation de l'innocent accusé de toutes parts, et sans prise sur l'événement. Faut-il répondre ? Et à qui ? Faut-il se défendre ? Et de quoi ? Essayer de convaincre de l'inanité des accusations ? Mais n'est-ce pas leur donner crédit ? Se taire ? N'y verra-t-on pas la marque d'une conscience coupable ? Rien ne m'avait préparé à cette situation. Elle mettait en jeu des agissements étrangers à ma conception de l'existence. J'avais affronté d'un cœur tranquille des périls sans nombre et me retrouvai en plein désarroi face à ce danger insaisissable. Pour la première fois de ma vie, j'errai. Certains, au premier rang desquels Georges Pompidou, y trouvèrent la preuve la plus claire de mon innocence.

Après bien des hésitations, je décidai de porter ce débat devant l'opinion publique par le moyen de la télévision. Comme Pierre Desgraupes était à la fois directeur d'unité d'information, homme de télévision incomparable et le contraire d'un compère, je fis appel à lui pour répondre aux questions qu'il jugerait bon de me poser.

Cette émission eut lieu le 15 février 1972. Elle restera un des mauvais souvenirs de ma vie. Outre le caractère pénible du sujet et la fausse position d'avoir à me défendre pour des fautes que je n'avais pas commises, il me fallut supporter en arrière-fond l'inquiétude de n'avoir peut-être pas choisi la bonne tactique ni le meilleur procédé. Tout au long de l'émission, je fus en état de dédoublement de personnalité, m'entendant parler d'une voix blanche, sans jamais parvenir à redevenir moi-même. Je ne souhaite à personne de connaître ces affres.

J'étais si troublé que, comme un candidat perdant pied devant l'examinateur, j'oubliai un certain nombre d'éléments importants sur lesquels, cependant, je m'étais promis d'insister. Je m'en aperçus avec consternation et décidai de compléter mes explications. Une conversation que j'eus le lendemain avec Georges Pompidou me confirma dans ce projet, que je mis à exécution sous forme d'une interview donnée à Pierre Sainderichin dans le journal *Sud-Ouest*. Encore n'étais-je pas sûr d'avoir rien oublié. Quel enlisement ! Je ne me reconnaissais pas.

Cet épisode laissa en moi des traces profondes. Jusqu'alors, il avait semblé que l'emploi de la télévision dût m'être favorable. Après cette émission, je commençai d'éprouver des difficultés à m'exprimer face aux caméras. Cet œil froid, devant lequel, un soir, quelques millions de nos concitoyens avaient pu me voir crucifié, me glaça. Quand vinrent les élections présidentielles, je n'étais pas entièrement remis. Je dus faire de grands efforts pour aboutir à des prestations honorables, mais sans commune mesure avec celles que j'aurais pu et dû fournir.

Le temps qui passe dissipe ce malaise indéfinissable. Comme il faut s'attendre à tout et d'abord à la persistance de la vilenie, il me semble que la prochaine fois je saurai mieux faire face. Jusque-là, étant par nature indécourageable, j'ai décidé de me donner les moyens de surmonter ma gêne devant les caméras. C'est en train.

Le déferlement de calomnies que j'eus à subir pendant tous ces mois à Matignon ne correspondait d'ailleurs qu'aux premières vagues. Deux ans plus tard, pendant la campagne présidentielle, tout cela fut remis sur le tapis et méthodiquement propagé de mille manières. On y ajouta quelques fioritures dans l'ignoble. Il faut que j'aie le courage de les évoquer.

Tandis que j'étais à Matignon, Marie-Antoinette, ma femme, trouva la mort dans un accident tragiquement banal. Ce jour-là, elle accompagnait à la gare d'Hendaye notre fils Jean-Jacques, qui avait vingt et un ans à l'époque. Mon ami de Ciboure, le docteur Paul Ricau, m'appela dans l'après-midi par téléphone, pour m'annoncer que la voiture dans laquelle ils se trouvaient était sortie d'un virage entre Urrugne et Béhobie. Jean-Jacques, la dame de compagnie et le chauffeur bordelais étaient indemnes. Ma femme avait été transportée dans une clinique de Saint-Jean-de-Luz, mais ne paraissait pas gravement atteinte. Des nouvelles allaient suivre. Une heure plus tard, Paul Ricau me rappela pour me dire que tout était fini. Les blessures les plus graves ne sont pas toujours apparentes.

Lors de la campagne présidentielle, la calomnie soudain s'éleva et s'enfla : j'avais organisé cet accident. Ce qui revenait à affirmer en langage simple : « Chaban assassin. » Formule que je lus sur les murs, à mon passage dans nos provinces. Ce fut l'infamie majeure. François Mitterrand ne fut pas non plus épargné. Tels de nos adversaires avaient fait leur la recommandation de Hitler : « Si vous voulez qu'on vous croie lorsque vous mentez, choisissez le plus gros mensonge possible. » Et que faire contre pareille ignominie ? Je n'allais tout de même pas demander à mon fils de venir dire à la télévision la vérité sur la mort de sa mère...

34

Ruptures

Il faut à présent évoquer le dénouement et raconter comment Georges Pompidou, qui m'avait donné sa confiance et son amitié, en vint à me demander de quitter ma charge.

Issue des plus normales. D'autres l'avaient connue avant moi, à commencer par Georges Pompidou lui-même. La politique est aussi l'art du provisoire : de toutes les entreprises humaines la plus périssable et la plus incertaine. Quiconque amorce une action de cet ordre doit s'attendre à la voir s'interrompre à tout moment. C'est la fleur des champs, dont parle Bossuet, qui sèche en un instant. Encore avais-je le privilège d'opérer dans un régime qui faisait durer ses Premiers ministres. Sous la IIIe et la IVe République, combien de présidents du Conseil avaient été victimes de caprices du Parlement, avant d'avoir seulement pu se saisir des leviers de commande... Ma mission, elle, avait duré trois ans. J'ai trop conscience d'être un instrument du service public pour ramener les choses à moi ; mon objectif n'était donc pas de demeurer Premier ministre, mais d'adopter la position la plus utile au pays, selon l'opinion du seul juge compétent : Georges Pompidou.

J'avais été Premier ministre. Je ne l'étais plus. Le

président de la République, qui avait eu ses raisons pour me désigner, en avait d'autres pour se séparer de moi. Quoi de moins obscur ?

Mais, avec le recul du temps, je suis obligé de conclure que des influences maléfiques ont pesé sur ces derniers mois à Matignon. La Constitution qui est la nôtre met en présence au sommet de l'Etat deux hommes dont l'entente est nécessaire, le président de la République et le Premier ministre. Pour peu que le froid s'installe dans leurs relations, la France entière s'enrhume sans savoir pourquoi. Si de Georges Pompidou à moi ne se fût exercée que la dynamique normale des rapports humains, il n'y aurait pas eu de dommages pour le pays. Ce ne fut pas le cas.

Il y avait le bruit et la fureur que répandaient au-dehors les coteries acharnées à ma perte : l'usage qu'elles en faisaient à l'intérieur de l'Elysée, jouant par la bande — celle de l'opinion — pour démontrer au président de la République que, de tout temps, malheur est réservé à celui par qui le scandale arrive. Il y avait les incertitudes du jeu politique et ce qu'elles pouvaient fournir d'arguments à mes adversaires : les dangers hypothétiques de la nouvelle société ; la désaffection supposée des clientèles électorales ; la perspective d'une apocalypse économique et sociale dont j'eusse été l'artisan. Il y avait la méfiance distillée jour après jour non seulement à l'égard de mes idées, mais de ma personne. Il y avait aussi la maladie.

Ecrivant cela, je pense à cet homme assiégé. Je pense à Georges Pompidou, dont la forte intelligence et la ferme volonté furent peu à peu investies par tant d'ennemis insidieux. Ah ! si nous avions été seuls à régler les affaires de la France ! Mais, entre nous, se dressait une coalition où étaient engagés pêle-mêle la peur, l'ambition, le fanatisme et la mort. Georges Pompidou n'était pas enclin à me faire partir ; en tout cas, ni pour ces raisons ni dans ces circonstances. Et mes opposants sont moins coupables d'avoir réussi à me faire écarter que de l'avoir obtenu en s'appuyant sur les effets d'une maladie que, pour ma part, je n'ai découverte que très tard et sans jamais lui accorder son importance exacte. L'amitié que je portais à l'homme me détournait de toute investigation sur sa santé. Je tenais pour assuré qu'elle était solide à partir du moment où lui-même me le disait. Il me l'affirma jusqu'au bout et je le crus. Si bien que sa mort ne fut pas seulement un déchirement, mais une surprise. L'itinéraire de la maladie, je ne l'ai reconstitué qu'après coup.

En février 1972, Georges Pompidou eut la fausse bonne idée du référendum sur l'Europe. Il me l'exposa un matin, avec un enthousiasme et une conviction qui me subjuguèrent. J'aurais dû demander quelques jours de réflexion et faire procéder à une enquête sur l'état de l'opinion à l'égard du problème européen. Je me contentai de quelques réserves qui n'avaient rien de décisif. Le projet, il est vrai, fut salué par le chœur unanime de tous les beaux esprits. « Le Monde » y applaudit.

Dès les premières semaines de son septennat, Georges Pompidou avait insisté sur la nécessité de ne pas laisser tomber en désuétude la procédure du référendum. C'était le scrutin négatif sur la réforme régionale qui avait entraîné le départ du général de Gaulle ; personne n'est enclin à réutiliser une procédure aux effets malheureux ; pourtant, il était indispensable de préserver ce mécanisme essentiel de la Constitution, qui permet à plein l'exercice de la démocratie en donnant à la nation entière l'occasion de se prononcer sur les problèmes qui mettent en jeu son destin. Encore fallait-il un thème qui en valût la peine.

« J'ai trouvé un sujet de référendum ! » C'est par ces mots que Georges Pompidou m'accueillit dans son bureau à l'Elysée, le matin où il m'annonça son intention. Au reste, il s'agissait d'un projet bien construit. Outre le souci constitutionnel, il était dominé par le désir de faire ratifier en termes solennels l'élargissement du Marché commun à la Grande-Bretagne. Que la France fût la première à le faire, dressant le flambeau pour éclairer la voie des autres nations d'Europe, ne pouvait que faciliter les choses. Au Conseil des ministres, Olivier Guichard fut celui qui éleva les plus sérieuses objections. Il agitait le risque d'abstentions, s'agissant d'un thème trop éloigné des préoccupation directes des Français pour qu'il pût les mobiliser. Combien il avait raison ! Le référendum du 23 avril, s'il vit la défaite des « non » par rapport aux « oui », enregistra surtout la victoire des abstentionnistes, qui représentèrent 39,75 % des inscrits. Au mieux, c'était pour Georges Pompidou un demi-succès. Au pis, un demi-échec.

Il le prit comme un échec complet, ce qui lui porta un coup terrible. J'en demeurai saisi, réagissant avec toute la vigueur possible. Mais c'était comme si quelque chose dans l'esprit de Georges Pompidou se fût brisé entre le peuple français et lui. Alors que, depuis son arrivée au pouvoir, il avait réussi le tour de force de faire reporter sur sa tête une part de la confiance que la nation avait mise en de Gaulle, il lui semblait que son charisme, soudain, l'abandonnait.

Cette déception eut des conséquences imprévues. Pierre Juillet avait été une des rares personnes à déconseiller le référendum. « Rappelez Juillet ; il ne se trompe pas » devint un leitmotiv. Dans son désarroi, il n'y résista pas longtemps. Juillet revint. Logique avec lui-même, il avait mon départ pour premier objectif. « Si Chaban est encore en place le 14 juillet, c'est moi qui m'en irai », lança-t-il à la cantonade dans le courant du mois de juin.

Début mai, je proposai à Georges Pompidou d'organiser un débat de politique générale. Il s'agissait de donner du tonus à la session parlementaire et de relancer l'action du gouvernement dans l'esprit public. Il en fut d'accord. C'était au cours d'une de nos conversations matinales du lundi et du vendredi à l'Elysée, où, de la manière la plus libre, nous passions en revue les problèmes de l'heure. Sur ma lancée, je suggérai d'engager dans ce débat la responsabilité du gouvernement. L'objectif était de rabattre les querelles incessantes qui s'élevaient au sein de la majorité, notamment entre U.D.R. et républicains indépendants, et qui commençaient à troubler l'opinion publique. Il fallait en finir. Une prise de position commune sur le programme gouvernemental permettrait à la fois d'affirmer l'unité et de la resserrer.

— Pourquoi pas ? répondit Georges Pompidou.

Nous avions accoutumé de travailler ensemble de façon confiante et rapide. M'efforçant d'alléger sa tâche tout en accomplissant la mienne, j'avais plus d'une fois tiré, d'un semblable échange de vues et d'une conclusion aussi laconique, la solution qui tranchait dans un sens ou l'autre. Je tins l'affaire pour réglée et considérai que la possibilité m'était ouverte d'utiliser ce moyen d'action pour faire se regrouper la majorité. Recevant à quelques jours de là les correspondants parisiens de la presse de province, je leur annonçai pour le 23 mai l'ouverture du débat de politique générale.

— Voyez-vous un inconvénient, demanda l'un d'eux, à y engager la responsabilité du gouvernement ?

— Aucun, répondis-je sans y prêter autrement attention.

Cela suffit pour que le bruit commençât de se répandre dans les salles de rédaction, puis de s'imprimer à la « une » des journaux.

Le mercredi précédant l'ouverture du débat parlementaire, le Conseil des ministres avait à son ordre du jour l'autorisation à donner au Premier ministre d'engager la responsabilité du gouvernement devant l'Assemblée nationale. Il faisait grand soleil. En me rendant à l'Elysée ce matin-là, j'étais à cent lieues de me douter qu'il y aurait discussion sur ce point ; j'avais l'accord du président de la République et les ministres ne pouvaient qu'être favorables à cette décision. Quelle ne fut pas ma surprise, avant le Conseil, d'être accueilli par un Georges Pompidou si mal à l'aise et si bougon que je m'inquiétai de sa santé : n'avait-il pas pris froid la veille, au Champ-de-Mars, pendant la démonstration nocturne de l'Ecole de Saumur, qui s'était déroulée dans l'humidité ?

— Il s'agit bien de ma santé. Nous nous apprêtons à ruiner l'action du général de Gaulle et à revenir à la IVe République avec votre idée de vote à l'Assemblée.

Suivirent une reprise et un développement de ces affirmations qui me stupéfièrent. Je réagis en faisant observer que cette procédure avait déjà été employée sous la Ve République, notamment par lui-même, sans qu'on fût pour autant revenu en arrière d'un régime. J'exposai de nouveau l'intérêt que je voyais à cette façon de faire. J'ajoutai que la chose était connue, qu'elle avait été dans l'ensemble bien accueillie, et que revenir sur cette décision constituerait un pas de clerc pour l'Exécutif et son chef. Je soulignai enfin qu'en tant que Premier ministre, j'avais le devoir d'être ferme dans un cas de ce genre, puisque j'étais là pour répondre à la fois des relations entre gouvernement et Parlement et de la position du président de la République vis-à-vis de l'opinion.

Georges Pompidou maintint que l'affaire lui paraissait dangereuse. J'étais mal inspiré, je devais renoncer. Devant mon obstination, il déclara :

— Eh bien, nous allons faire un tour de table pour recueillir l'avis de chacun.

Il ajouta cette phrase insolite :

— Je donnerai mon avis le premier.

La nouveauté de cette méthode de discussion ne pouvait que m'inquiéter. Dans l'ascenseur qui nous descendit, l'un et l'autre silencieux, à la salle du Conseil, je mesurai dans quel porte-à-faux j'allai me trouver en défendant une solution sur laquelle le président de la République se trouvait en complet désaccord.

L'exposé liminaire de Georges Pompidou fut très fort dans les termes, davantage encore dans le ton ; son siège était fait, sa conviction sans faille. Le tour de table m'obligea de constater que le courage politique n'était inégalement partagé. Tous ne crièrent pas « assomme ! », mais bien peu tinrent bon. Parlant le dernier, je montai à l'assaut avec flamme tant j'étais convaincu que toute palinodie eût été dommageable pour le président de la République comme pour le gouvernement. Ce que je demandais, expliquai-je, c'était d'être autorisé à monter en première ligne, comme m'y incitait mon devoir. S'il y avait des coups à recevoir, j'étais là pour cela. Le résultat du référendum ayant paru mettre en cause le président de la République, il fallait détourner de lui les attaques. Mon exposé, me dit-on, fut des plus convaincants. Sans doute le fallait-il pour que Georges Pompidou, qui était entré dans la salle du Conseil déterminé au refus de l'autorisation, se ravisât et l'admît, tout en faisant ajouter à la formule habituelle une expression qui soulignait à la fois ma responsabilité personnelle dans cette décision et la distance prise par le président de la République vis-à-vis d'elle, et par conséquent du Premier ministre.

La force de mon exposé ne pouvait expliquer à elle seule ce revirement. Il fallait surtout que Georges Pompidou ne fût pas tout à fait lui-même. Sinon, comment expliquer cette certitude d'une dégénérescence constitutionnelle irrémédiable ; cette position de refus si cambrée et si définitive, avec pour témoins tous les membres du gouvernement ? Puis, en une heure, ce retour à l'acceptation première ? Non, ce n'était déjà plus le Georges Pompidou des années précédentes qui, insensiblement mais irrésistiblement, s'était détaché du peloton, contre son gré au début, pour accéder avec aisance à la première magistrature de l'Etat. Je repense maintenant à l'immense fatigue dont il s'était plaint après les élections de juin 1968. J'en viens à me demander si, dès cette époque, la maladie n'avait pas produit ses premiers effets, menant son travail de sape sans que rien en parût à l'intéressé lui-même. Quatre ans plus tard, elle s'était déclarée et produisait des méfaits visibles. Sur le moment, je ne vis rien de tel.

Le volte-face de Georges Pompidou concernant le débat à l'Assemblée nationale me permit de suivre, à quelques jours près, les progrès de l'entreprise menée par Pierre Juillet et visant mon départ de Matignon. Au début de mai, le président de la

République et moi étions convenus qu'il nous fallait réfléchir, chacun de son côté, aux moyens de renforcer le gouvernement en vue des élections législatives anticipées. Je reviendrai sur les raisons qui, depuis longtemps, avaient conduit Georges Pompidou à envisager par principe la dissolution de l'Assemblée au cours de l'année 1972. Restait à fixer la date des élections : juin ou octobre. De juin, il n'était plus question, en raison du référendum sur l'Europe : il avait été annoncé clairement que celui-ci, afin d'éviter que des considérations de politique intérieure ne vinssent interférer avec l'enjeu international de la consultation, ne serait pas suivi d'élections rapprochées. Restait octobre. Nous avions décidé de nous retrouver fin juin pour en parler au fond, ainsi que du remaniement ministériel qui pourrait être annoncé dans les premiers jours de juillet. Ce genre d'opération gagne à ne pas être effectuée durant une session parlementaire. Le 14 juillet, pour la revue, le président de la République aurait tout son monde remis en ordre, à ses côtés. Georges Pompidou avait ajouté en guise de conclusion à l'entretien :

— Oui, il faudra nous décider sur la dissolution et sur le gouvernement ; mais vous savez, Jacques, quoi qu'il arrive, il n'y aura pas de changement en ce qui vous concerne. Je vous garde.

Quinze jours plus tard, à la veille du débat à l'Assemblée, Georges Pompidou, subitement, jugeait insupportable l'idée d'engager la responsabilité du gouvernement. Avait-il déjà décidé de se séparer de moi ? Je ne peux l'affirmer. Mais il avait sans aucun doute été prévenu avec force contre le risque d'un trop bon score qui renforcerait mon autorité et rendrait plus difficile de se débarrasser du Premier ministre. Je sus par la suite qu'on lui avait même dénoncé le danger de crise constitutionnelle, dans le cas où ce Premier ministre, investi d'un large assentiment de l'Assemblée, refuserait de s'en aller.

Qu'on pût me croire capable de violer aussi délibérément l'esprit de la Constitution, forfaire à ce que je considérais être l'honneur d'un homme d'Etat, commettre une déloyauté à l'égard du président de la République et de l'ami, me fut particulièrement pénible. Je commençai par me demander : « Mais qui donc suis-je, pour qu'on se fasse de moi pareille idée ? » Je finis par me dire : « Mais qui donc sont ces gens-là ? », et y retrouvai ma sérénité.

Par la suite, j'eus l'occasion de mesurer à quel point cette affaire avait enragé ceux qui, dans l'entourage de Georges Pompidou, s'opposaient à mon action. Ce fut au cours d'un déjeuner qu'Achille Peretti, président de l'Assemblée nationale, pour dissiper ce qu'il persistait à appeler des malentendus, tint à organiser en 1973, avec une proche collaboratrice de Pierre Juillet. Là, il me fut dit avec une franchise tranchante qu'en cette occasion, comme lors de la désignation de Pierre Desgraupes, le président de la République avait témoigné d'une faiblesse proprement inconcevable ; quant à moi, j'avais, dans ces deux circonstances, commis une violation pure et simple de la Constitution, puisque j'avais réussi à imposer mon point de vue, alors qu'en dernière analyse, la décision appartient au chef de l'Etat. Je me suis déjà expliqué quant à cette vue simpliste des devoirs du Premier ministre. Celui-ci doit être capable de se démettre s'il estime que se soumettre entraînerait des conséquences plus graves que celles de son départ.

J'ai toujours considéré que cette façon de faire était la seule compatible avec la dignité des personnes comme avec l'efficacité des entreprises communes. Pour ma part, j'en ai toujours usé ainsi ; c'est ce qui explique ma démission du secrétariat à l'Information en 1946 et celle que j'ai remise à Pierre Mendès France en 1954. Ce sont là manières d'homme. Combien plus nécessaires encore, s'agissant de l'équipe que doivent former le chef de l'Etat et son Premier ministre ! La République n'a rien à gagner d'un dialogue au sommet où seraient tolérés la veulerie, la complaisance et la servilité. Ni la République ni son président.

35

Départ

L'affaire de l'information télévisée vint à rebondir. La session parlementaire devait se terminer par l'examen d'un projet de loi sur l'O.R.T.F. Il était devenu impossible de maîtriser cet organisme, dont les stratifications, les ramifications, les proliférations étaient telles que plus personne ne pouvait seulement en mesurer l'étendue. C'était le baobab de Saint-Exupéry dans *Le Petit Prince* : cet arbre unique étouffant la planète. Une réforme avait donc été mise en chantier. Elle avait pour but d'y voir plus clair en déclenchant un processus de décentralisation. Il s'agissait de renforcer la division des tâches pour aboutir à une réorganisation de l'Office en unités indépendantes : télévision et radio pour commencer ; les chaînes télévisées ensuite, et, pourquoi pas, la production et la distribution.

A quel point cette décentralisation était indispensable, c'est ce qu'on a vu au feu de l'expérience, mais par défaut. Cette réforme, décidée en juin 1972, sur ce point au moins, ne fut pas appliquée. Les problèmes qui avaient conduit à la faire voter s'aggravèrent, l'anarchie gagna à la main. Finalement, on en fut réduit à adopter, au printemps 1974, un texte dont l'économie générale pouvait se discuter, mais dont l'application fut fâcheuse. Entraînant à chaud une opération délicate, ce texte franchissait la limite entre la décentralisation interne, restée lettre morte, et la partition. Les conséquences directes se révélèrent pénibles pour le personnel. Bien de ceux qui avaient donné le meilleur d'eux-mêmes à la télévision et à la radiodiffusion française eurent le sentiment d'être exposés sur un marché aux esclaves. Que n'avait-on mis en œuvre le changement qu'autorisait la réforme votée sous mon gouvernement !

En juin 1972, ce ne fut pas le changement de structures de l'O.R.T.F. qui me fit difficulté, tant pour la préparation de la loi que pour sa discussion à l'Assemblée : ce fut le problème de l'information et de la liberté à lui garantir. Je suis inébranlable sur ce point, tenant que cette liberté-ci est intrinsèque de la démocratie. Mon attitude renforça la détermination de mes opposants à obtenir mon départ de Matignon et, dans l'immédiat, renforça leur vigilance. A chaque étape de la mise en forme du projet, je découvris à mille signes la pression de ces partenaires invisibles qui s'interposaient entre Georges Pompidou et moi. Le président de la République m'avait affirmé, à plusieurs reprises, leur avoir interdit d'intervenir directement auprès du responsable gouvernemental du projet. Je ne doutai pas qu'il l'eût fait. Le secrétaire d'Etat Philippe Malaud n'en fut pas moins assailli, me donnant ainsi l'occasion d'apprécier sa loyauté. S'il ne lui fut pas possible d'éviter quelques dérapages qui firent l'objet de mises au point entre le président de la République et moi, il tint bon sur l'organisation d'ensemble de l'O.R.T.F. Restait à trancher le problème de l'information.

La thèse de mes adversaires avait pour elle la

logique de l'organigramme. C'était beaucoup, dans ce pays de cartésiennes certitudes. La liberté de l'information avait été fondée, en 1969, sur la création des « unités » qui, pour le contenu des émissions, relevaient de la direction générale et du conseil d'administration de l'O.R.T.F., sans passer par les directions des chaînes. A partir du moment où l'on s'acheminait vers un cloisonnement d'activités préludant à la création d'organismes indépendants, il devenait nécessaire de réintégrer les unités d'information dans leurs chaînes respectives, sous peine d'anarchie. « Ce n'est sûrement pas l'anarchie que vous recherchez » me faisait-on dire par personnes interposées.

Je commençai par riposter sur le terrain de la doctrine. Si les directeurs de chaîne recevaient autorité sur les unités d'information, comment pourraient-ils s'empêcher d'élargir leur pouvoir du contenant au contenu ? Alors, c'en serait fini de la liberté d'action des journalistes que j'avais voulu établir. J'eus tôt fait de comprendre que ces considérations ne portaient guère. Je m'avisai alors d'une autre sorte de contre-attaque, et décidai de la prononcer à un moment où mes opposants n'auraient plus aucune prise sur le texte : c'est-à-dire au Conseil des ministres.

Pendant le quart d'heure d'entretien avec Georges Pompidou qui précédait la séance, je fis observer que s'il était logique que les structures d'information fussent réinsérées dans le système hiérarchique, les problèmes d'information, eux, devaient être portés devant le conseil d'administration et son président. Il en allait non seulement des apparences et de la réalité de la liberté d'information, mais des intérêts de l'Exécutif, puisque celui-ci désignait la majeure partie des membres du conseil. J'étais prêt à dire que cet aménagement constituait à mes yeux une condition *sine qua non*. Je n'eus pas à le faire. Dans la sérénité de cette conversation avec un homme dont il ne parvenait pas à croire, quoi qu'on pût lui dire et lui redire, qu'il cherchât à le tromper, Georges Pompidou convint volontiers que c'était de bonne méthode. Il tint à le déclarer lui-même au Conseil.

Il me restait, devant les deux assemblées du Parlement, à veiller au respect de cette issue législative, qui garantissait la liberté d'information contre toute atteinte. Adopté le 16 juin par l'Assemblée, le projet fut définitivement voté le 30. Ce soir-là, j'eus le sentiment d'avoir utilement travaillé. Aussi longtemps que s'appliquerait cette loi, les journalistes conserveraient — à moins d'une autocensure qui dépendrait d'eux seuls — la liberté de s'exprimer qui leur avait été donnée à l'automne 1969. Le temps travaillerait pour eux, et plus l'opinion les entendrait parler sans entrave, plus il deviendrait difficile de revenir en arrière. Ainsi fut gagnée cette bataille, dont je ne savais pas qu'elle dût être la dernière de mon gouvernement.

Cependant, le sentiment de l'urgence ne me quittait pas. Ni cette conviction qu'il est toujours plus tard qu'on ne croit. J'ignorais que les jours me fussent comptés, en dépit des avertissements qui m'arrivaient de-ci de-là, et aussi par les journaux. Tout en m'en tenant à l'assurance, qui m'avait été donnée par Georges Pompidou, de mon maintien à Matignon, je prévoyais que ma mission pourrait prendre fin avec le renouvellement de l'Assemblée. Je pensais donc qu'il fallait aller vite pour parachever la tâche accomplie. Durant les deux derniers mois de la session de printemps, je fis pousser les feux afin que fussent promulgués avant les vacances les décrets d'application des lois que j'avais fait voter, notamment dans l'ordre social. Cette gageure fut tenue au prix d'une pression incessante de Jacques Delors et de toute mon équipe sur les ministères. Cela n'alla pas sans quelques erreurs faciles à corriger, mais le gros du travail fut accompli. Un certain nombre de mesures que je tenais pour indispensables parce qu'elles constituaient autant de jalons sur la route de la nouvelle société purent ainsi entrer en vigueur malgré mon départ.

J'ai conservé de cette période un souvenir plutôt plaisant. Peut-être aurais-je dû me sentir anxieux, essayer de conjurer les menaces que je sentais, ou, comme dans la légende, interroger des miroirs magiques pour voir monter du fond de la nuit le visage de mon destin. Mais non. Aucune fièvre ne m'habitait. Si des brumes shakespeariennes rôdaient quelque part, ce n'était pas à Matignon. Je dormais bien, et des travaux de toutes sortes absorbaient mes jours.

C'est ainsi que je dus, à l'improviste, consacrer un samedi et un dimanche à des conversations avec Saddam Hussein, l'homme fort de l'Irak, à propos de pétrole déjà. Tout nous distinguait : l'histoire, la religion, les régimes politique et économique, la formation. Pourtant, nous nous accordâmes aussitôt en évoquant des souvenirs de combats qui, pour l'un et l'autre, avaient été libérateurs. La cordialité qui s'installa entre nous permit de conclure les discussions auxquelles se livraient âprement diplomates et techniciens. Nous aboutîmes à des accords toujours en vigueur qui, à l'époque, furent jugés favorables aux intérêts français. Par la suite, mon interlocuteur me fit savoir qu'il avait également apprécié ces deux journées.

Enfin arrivèrent les derniers jours de juin et, avec eux, le déjeuner dont Georges Pompidou et moi étions convenus pour régler le problème des élections générales et celui du remaniement ministériel. Le président de la République me parut dès l'abord préoccupé, ce qui pouvait s'expliquer par l'importance des sujets à débattre. Nous engagcâmes d'emblée la discussion au fond, sur la remarque que je fis de l'étroite dépendance des deux questions qui nous agitaient : la résolution à prendre concernant le gouvernement était liée à ce qui serait au préalable fixé pour les élections. Quant à celles-ci, le choix était soit de prononcer la dissolution comme nous l'avions précédemment envisagé, soit d'attendre que l'Assemblée allât jusqu'à son terme. Dans le premier cas, les élections auraient lieu en septembre ou octobre 1972 ; dans l'autre, en mars 1973. Le chef de l'Etat devait donc d'abord trancher sur ce point.

Que Georges Pompidou fût dans le principe favorable à la dissolution, j'avais la meilleure raison de le savoir. Il me l'avait déclaré le jour même de mon entrée à Matignon, le 20 juin 1969. Je venais de lui présenter la liste définitive des ministres et secrétaires d'Etat et nous attendions ensemble que vînt l'heure fixée pour la communication à la presse de la composition du ministère. Soudain, il me dit en souriant :

— Je ne sais pas combien de temps durera le gouvernement. Mais je sais bien que je vous épargnerai son agonie.

Devant mon regard interrogateur, il précisa :

— L'agonie du gouvernement occupe les six ou huit derniers mois de son existence, lorsque la fin de celle-ci est connue, c'est-à-dire lorsqu'elle procède du renouvellement normal de l'Assemblée. J'ai vécu cela en 1967. Les affaires deviennent plus difficiles à conduire ; l'administration tire sur le mors ; les ministres, cherchant à deviner le successeur pour pouvoir se rapprocher de lui, s'éloignent d'autant de vous. Cette situation est dommageable à tout le monde : le Premier ministre, le gouvernement, le chef de l'Etat, la nation. J'en ai trop souffert pour ne pas vouloir vous l'éviter. La solution consiste à dissoudre l'Assemblée à un moment bien choisi, ce qui est conforme tant à la lettre qu'à l'esprit des institutions.

Nous avions reparlé de l'agonie du gouvernement en 1971, quand Georges Pompidou m'avait annoncé que nous ferions les élections ensemble, en me donnant rendez-vous pour le printemps suivant. La question de la dissolution était donc posée de longue date dans l'esprit du président de la République. Pas seulement dans le sien : des hommes tels que Michel Debré, Roger Frey, Olivier Guichard étaient chauds partisans de cette formule. Par ailleurs, l'apparition de l'union de la gauche, qui se fondait sur un programme commun, fournissait un argument supplémentaire en faveur de la dissolution. Il serait plus aisé de vaincre cette coalition à ses débuts, avant qu'elle n'eût le loisir de déployer tout le dynamisme qu'elle portait en elle. Je soulignai cet aspect de la question.

Les avantages de la dissolution me semblaient décisifs. Mais j'avais le devoir de présenter aussi l'autre face du problème, en prenant en compte la protection du président de la République, à laquelle j'avais le devoir de veiller. Pas un instant je n'y avais failli au cours de ces trois années. Je ne l'oubliai pas davantage ce jour-là, et présentai ce qui pouvait mettre en balance la résolution de dissoudre l'Assemblée : le résultat décevant du référendum sur l'Europe. Dans les semaines qui avaient suivi cette consultation, un certain flottement s'était produit dans l'opinion à l'égard du gouvernement, et d'abord du chef de l'Etat qui, aux yeux de chacun, en avait pris l'initiative. Je répétai que ce mouvement n'avait eu, à beaucoup près, ni l'amplitude ni la signification que Georges Pompidou lui avait attribuées. Lui-même, en annonçant ce référendum, s'était gardé de le dramatiser en quoi que ce fût, ne liant à aucun moment son maintien à l'Elysée à un succès massif du « oui ». Quoi d'étonnant, dans ces conditions — certains exégètes l'avaient fait remarquer — qu'un grand nombre de Français se fussent désintéressés d'un sujet qui ne les passionnait pas et dont le sort leur paraissait connu d'avance ?

Enfin, j'observai qu'après le raz de marée gaulliste de 1968, la consultation suivante marquerait un reflux de la majorité. Il ne fallait pas que ce phénomène pût être porté au débit de Georges Pompidou. Ce risque, négligeable en cas d'élections au terme normal du mandat législatif, ne l'était pas s'il s'agissait d'une dissolution, c'est-à-dire d'une décision prise par le chef de l'Etat. Aussi conviendrait-il de prendre toutes précautions. La plus sûre me paraissait être que le Premier ministre jetât dans la campagne électorale suffisamment d'énergie et de conviction pour qu'il fût avéré que, si quelqu'un devait être atteint par le recul de la majorité, ce serait lui et personne d'autre. Encore convenait-il de ne pas exagérer l'importance de ce recul. Je l'estimai à une soixantaine de sièges, quatre-vingts au plus. Je conclus en soulignant que, sur tous ces points, ce n'était pas à moi de juger, mais à Georges Pompidou. J'attendais sa décision. A l'avance, je l'acceptais.

A cet instant, j'enregistrai un changement d'attitude de Georges Pompidou. Tout en conservant une intense concentration, il laissa paraître une fugitive détente à laquelle, sur l'instant, je ne trouvai pas d'explication. C'était à peine perceptible : comme un soupir de l'âme. Mais c'était. Je compris par la suite qu'il avait été tant et tant prévenu contre mes menées personnelles que, constatant qu'elles étaient imaginaires, il avait ressenti un vif soulagement. J'en fus alors bouleversé.

Georges Pompidou me remercia chaleureusement de ne m'en être pas tenu à mon échelon de Premier ministre, mais d'avoir envisagé la situation du point de vue du chef de l'Etat, pierre angulaire du régime. Il brossa ensuite un tableau des événements récents. Il le fit dans des termes dont aucun ne laissait deviner sa conclusion. Je dus attendre la dernière phrase pour connaître son choix. Du reste, j'eus, tout au long de cette conversation, la perception que sa résolution n'avait rien d'irrévocable. Ce n'était pas nouveau pour moi. L'homme était ainsi fait. Je l'avais vu agir de la sorte un certain nombre de fois, s'accordant jusqu'à la dernière minute pour extraire la solution d'un problème. Avec la familiarité que donne l'exercice d'un long travail en commun, j'avais accoutumé de considérer que cette disposition d'esprit constituait une des données de ma collaboration avec lui.

Georges Pompidou se prononça enfin. Il préférait écarter l'hypothèse de la dissolution. Il le préférait assez fortement pour qu'il y eût peu de chance de remonter le courant. La raison essentielle en était l'idée traumatisante qu'il s'était faite de l'échec tout relatif du référendum, et du dommage personnel qu'il avait pu en subir. Cette alternance d'assurance et de découragement m'apparut après coup avoir été une manifestation tangible de la maladie. Celle-ci eut pour effet, tout en laissant intactes les facultés intellectuelles de Georges Pompidou, d'altérer progressivement son caractère, ou plutôt son approche des problèmes, qui devint de plus en plus incertaine. Il passait du chaud au froid, et inversement, avec une facilité qui ne lui appartenait pas, qui était celle de l'ennemi logé dans son corps. Etait-ce la maladie ou les remèdes pour l'enrayer ? Je répète que je ne vis rien sur le moment, tout au souci de servir la nation et le chef de l'Etat.

On irait donc jusqu'à l'échéance normale du mandat législatif, dont neuf mois nous séparaient. Restait à savoir quelle équipe ministérielle serait chargée de conduire les élections. Georges Pompidou était-il toujours résolu à m'éviter l'agonie du gouvernement, ce qui signifiait mon départ ? Entendait-il s'en tenir à l'intention récemment exprimée de me garder à ses côtés ? Je pris la précaution de lui dire que je jugerais inconvenant de me prévaloir de cette déclaration, qui datait de deux mois, car j'estimais que, dans ce laps de temps, le président de la République était fondé à changer d'avis, s'agissant d'un homme qu'il avait lui-même investi et auquel il pouvait demander à tout moment de se retirer. Georges Pompidou me remercia derechef et enchaîna. Le long exposé qui suivit me démontra que, sur ce problème, sa religion n'était pas faite. Si bien qu'il m'apparut assez vite que j'allais avoir, moi aussi, un choix à exercer. L'irrésolution que laissaient paraître les propos du président de la République, et dont témoignaient leur longueur et leur balancement, était de même nature que celle que j'avais rencontrée à l'occasion de l'affaire Desgraupes et à propos du vote de confiance. Fallait-il, comme devant ces deux traverses, forcer l'obstacle dans le cas où il se révélerait que Georges Pompidou inclinait plutôt vers mon remplacement ? Devais-je plaider mon entière disponibilité, ma détermination à combattre, la certitude que j'avais du succès, tous arguments qui, s'ajoutant à la facilité de continuer à travailler dans l'amitié, n'eussent pas manqué de faire leur effet ? Minutes décisives où j'eus le sentiment de tenir mon propre sort entre mes mains.

Par une disposition d'esprit que critiqueront bien des habiles, je décidai d'accepter mon départ si la perspective m'en était indiquée.

36

Succession

Georges Pompidou continuait de parler, se réservant jusqu'au bout plusieurs issues. Son verbe tout de clarté, qui faisait de sa conversation un plaisir pour l'oreille comme pour l'esprit, explorait l'une après l'autre les hypothèses, avec ce goût d'expliquer qui lui venait de son passé de professeur. Dans la petite salle à manger de l'Elysée, le soleil entrait à flots. L'air était chargé de promesses suaves. Et moi, j'attendais. Enfin Georges Pompidou prononça d'une voix lente :

— Et finalement, je pense qu'il vaut peut-être mieux tout changer.

Je renvoyai aussitôt la balle. Tout changer, c'était commencer par changer le Premier ministre. Puisque telle était la décision du président de la République, le Premier ministre avait le devoir de faire en sorte qu'elle s'appliquât le mieux possible. Il s'agissait de la forme et du fond : non seulement de la transmission du pouvoir et des dossiers, mais du respect des institutions. Si la décision avait été inverse, j'eusse présenté des noms pour le remaniement ministériel, des thèmes d'action et un schéma de stratégie électorale. En l'espèce, je commençai d'énumérer les aménagements qui devaient permettre au chef de l'Etat de tirer tout le parti de son choix.

Georges Pompidou avait inscrit à son calendrier, pour la semaine suivante, un voyage de quarante-huit heures à Bonn, où je devais le rejoindre dans l'après-midi du premier jour, afin d'avoir une conversation avec le chancelier Willy Brandt en tête à tête. Pareil entretien m'avait toujours été aménagé, dans des occasions analogues, par Georges Pompidou lui-même. Il souhaitait, par ce moyen, rehausser la position du Premier ministre, en raison des dispositions institutionnelles qui, dans les rencontres de ce genre, faisaient de la France le seul pays à être représenté par le chef de l'Etat et non par celui du gouvernement. La deuxième journée devait s'achever par une séance plénière, au cours de laquelle les deux délégations réunies prendraient connaissance de ce qui leur revenait des conversations au sommet, s'accorderaient sur les décisions et conviendraient du communiqué final.

Je proposai à Georges Pompidou de rendre la nouvelle officielle au lendemain du retour de Bonn, au Conseil des ministres. Je suggérai aussi, quoi qu'il m'en coûtât, de ménager un effet de surprise totale. C'était aller contre la manière dont j'avais accoutumé d'user avec les membres du gouvernement comme avec mes équipiers, à qui je n'avais jamais rien dissimulé — exception faite pour la dévaluation — de ce qui concernait les décisions de l'Etat ; pour la seconde fois, j'allais devoir leur mentir par omission. Mais je mesurais tout ce que ce secret apporterait en prestige au président de la République, du fait de la surprise qu'il entraînerait. J'étais également conscient de l'avantage qu'en retirerait mon successeur, à qui j'allais pouvoir transmettre la charge dans les meilleures conditions. Ainsi seraient rompus les usages habituels, selon lesquels les passations de pouvoir prenaient volontiers des allures de parties de cache-cache.

Ce successeur ne pouvait être qu'Olivier Guichard. Nous en étions convenus depuis plus de deux ans, Georges Pompidou et moi. Lorsque j'évoquais mon remplacement, qui surviendrait un jour ou l'autre, nous nous référions à lui, explicitement ou non. Ayant dit : « Je pense que vous avez prévenu Olivier ; il faut que je le rencontre sans attendre », j'entendis mon interlocuteur m'objecter d'un air embarrassé :

— Je ne suis plus certain que ce soit Guichard.

Je marquai ma surprise. Olivier Guichard paraissait s'imposer. Il était gaulliste : on ne pouvait envisager qu'un Premier ministre pût ne l'être pas. Il avait la carrure et l'expérience. Il offrait toutes garanties de loyauté envers le président de la République. Enfin, il maintiendrait les relations de travail dans un précieux climat d'amitié.

Georges Pompidou n'en disconvint pas. Olivier Guichard était le plus apte. Mais, à l'égard de l'U.D.R., le changement risquait d'apparaître mince : Chaban ou Guichard, ce ne serait pas une rupture pour les militants, alors qu'il en fallait une. Il en revint à sa bête noire : ce référendum sur l'Europe qui a décidément marqué le tournant de son règne et décidé de bien des événements.

— Savez-vous pourquoi nous avons été déçus par les résultats ? C'est parce que les gros bataillons des électeurs gaullistes se sont détournés du scrutin. Ils me trouvaient sans doute européen, au mauvais sens du terme, avec l'entrée de l'Angleterre dont on a dit à tort que le général de Gaulle, s'il était encore là, ne l'aurait pas acceptée. Alors, il faut un homme qui soit bien vu par les compagnons. Guichard n'a certes pas eu les mêmes démêlés que vous avec l'U.D.R., mais il ne fait pas figure d'U.D.R. de choc. Et puis, on connaît sa propension à l'ouverture, voire aux contacts avec la partie adverse. Cela ne m'inquiète pas, mais d'autres en sont troublés.

Je fis observer que cette analyse des résultats du référendum reposait sur des bases fausses. Nous avions reçu de l'I.F.O.P. et de la S.O.F.R.E.S. des sondages qui indiquaient qu'à l'exception d'une poussée chez les socialistes, en raison du mot d'ordre qui leur avait été lancé, les abstentions se répartissaient d'une façon égale d'un bord à l'autre du clavier politique, sans que les gros bataillons gaullistes eussent à y voir.

— Pas du tout, rétorqua Georges Pompidou. Vous êtes mal renseigné. J'ai là-dessus un rapport de Jean Charlot, qui est formel. Les choses se sont passées comme je viens de vous le dire.

Fin 1974, j'eus l'occasion de demander à Jean Charlot ce qu'il en était de ce rapport. Il me répondit qu'il y avait été fait allusion au désintérêt relatif des gaullistes à l'égard du référendum, par lequel ils ne s'étaient pas sentis particulièrement concernés. Mais il avait fallu, souligna-t-il, diantrement solliciter les textes et tirer sur le raisonnement pour aboutir à la conclusion qui, en ce jour de juin 1972, s'imposait à Georges Pompidou comme une évidence et comme une contrainte absolue. Si fortes étaient l'une et l'autre dans son esprit qu'il paraissait inutile de discuter.

— Olivier Guichard, reprit-il, ce n'est pas la solution par rapport à l'U.D.R. Le premier objectif de ce remaniement ministériel est de sonner le rassemblement des gaullistes autour de moi. Il faut un homme qui ait la stature et la physionomie de l'emploi. Vous voyez ce que je veux dire.

J'avais beau chercher, il me fallut avouer que je n'apercevais pas cet oiseau rare dans les arbres de l'Elysée. Georges Pompidou, alors, précisa sa pensée. Je dois à la vérité de dire qu'il mit deux bonnes minutes à me livrer le nom de Messmer, ajoutant que ce Premier ministre-ci aborderait avec courage la campagne électorale, et qu'on pourrait toujours le remplacer par Olivier Guichard après les élections.

Pourtant, sur ce point non plus, le choix de Georges Pompidou n'était pas fait. J'imagine, aujourd'hui, avec une compassion fraternelle, combien dans ce domaine comme dans d'autres, il devait être tiraillé entre ses inclinations propres et les pressions qui s'exerçaient sur lui. Pour Olivier Guichard, jouait le sentiment de Georges Pompidou ; contre, le fait qu'il fût mon ami et moi le sien, tare rédhibitoire aux yeux de ses conseillers. Cette amitié portait en elle-même une menace : un tel titulaire de Matignon ne manquerait pas d'agir dans mon sens, et surtout si survenaient des événements graves. La suite devait prouver la justesse du calcul.

Quant à Pierre Messmer, j'entretenais avec lui les bonnes relations qui doivent exister entre compagnons de la Libération, et je l'estimais pour ses titres et services militaires et civils. Il s'acquittait correctement de ses fonctions de ministre des Territoires et départements d'Outre-mer. J'avais toujours tenu pour valables les explications rassurantes qu'il m'avait fournies touchant la création et les activités de l'amicale « Présence et Action du gaullisme ». Je persiste à penser que ces apaisements étaient sincères. Mais il est certain que les conjurés ne tardèrent pas à mesurer l'intérêt que pouvait présenter cette amicale pour affaiblir ma position. La plupart des adhérents n'y voyaient pas malice et n'avaient à mon égard aucune mauvaise intention ; certains ne manquèrent pas d'être entamés par les rumeurs selon lesquelles, entouré de gauchistes, je ne pouvais qu'entraîner la France dans les voies de la perdition.

Ce jour-là, Georges Pompidou résistait encore. Il me dit :

— Si ce doit être Olivier Guichard, je préfère vous garder. Vous êtes rodé. Vous avez surmonté bien des obstacles. Sans doute n'avez-vous pas réagi au mieux contre certaines attaques que je sais injustifiées. Cela même est une preuve supplémentaire de votre intégrité.

Il me dit aussi, dans son incertitude :

— Il faut que je réfléchisse encore. Nous nous reverrons à Bonn. Je vous dirai ce qu'il en est. Venez donc prendre le petit déjeuner avec moi à l'ambassade de France.

Nous passâmes, pour le café, dans ce salon que j'avais connu si différent du temps de René Coty. Là, je perçus à quel point, au fil de la conversation, l'attitude de Georges Pompidou s'était détendue. Sans doute fallait-il le mettre au compte du soulagement qu'on éprouve à avoir franchi une passe difficile. Mais une phrase qu'il prononça me mit en alerte. D'une manière à la fois sobre et touchante, il me dit combien il me savait gré d'avoir admis qu'il pût envisager de se séparer de moi, ce qui lui était pénible, mais combien davantage pour moi, puisque j'avais non seulement à le quitter, mais aussi à laisser le pouvoir.

C'était émouvant. Je répondis d'un élan qu'à coup sûr il n'avait pas imaginé qu'il pût en aller autrement. Comment pouvais-je ne pas me maintenir dans la ligne des institutions, du devoir et aussi d'une amitié qu'il n'avait pas marchandée — moi non plus ?

— Naturellement, répondit-il.

Mais sur un ton tel que, dans un éclair, je compris

tout : le frémissement d'aise que j'avais perçu à l'annonce de mon intention d'accepter sa décision quelle qu'elle fût, et aussi la succession d'attitudes qui, depuis plusieurs semaines, avaient si étrangement modifié nos rapports. Soudain, je m'expliquai les volte-face au sujet de l'engagement de la responsabilité du gouvernement devant l'Assemblée, la faiblesse des arguments utilisés pour me convaincre d'y renoncer, la pression au Conseil des ministres.

J'aperçus la conjuration dans toute son ampleur. En certaines circonstances, surgissent de ces illuminations. C'est là, dans ce salon de l'Elysée où je venais de renoncer au pouvoir, que je découvris pour la première fois la sinistre beauté du piège où l'on avait fait tomber Georges Pompidou pour me perdre. Chuchotements innombrables de la méfiance : « Mais oui, avaient répété à satiété ces voix de la nuit, Chaban doit partir. Oui, c'est une nécessité pour vous. Oui, sa politique est mauvaise. Oui, il nous conduit à la défaite électorale. Mais prenez garde ! Fort de ce qu'il vous a arraché et du vote qu'il a obtenu de l'Assemblée nationale, il est capable de se rebeller, ouvrant une crise dont l'issue serait imprévisible. »

J'avais pour habitude de ne jamais parler de ses collaborateurs à Georges Pompidou. De même, je m'étais fait une règle de ne m'entretenir qu'avec lui des affaires de l'Etat. Cela dit en passant, c'est sans doute une des raisons de leur hargne contre moi. Un messager bien intentionné était venu m'en prévenir en 1971, s'étonnant que je ne passe pas par le cabinet qui faisait face à celui du président. Si j'avais été servile, j'eusse, comme d'autres, flatté les serviteurs pour me faire pousser par eux auprès du maître. Ce jour-là, bien que voyant, sous la lumière d'orage dont j'étais éclairé, les agissements qui nous avaient conduits où nous en étions, je me tus et attendis la suite.

Elle fut chaleureuse et prometteuse, dans des termes qui respiraient la sincérité :

— Vous venez de prouver, une fois encore, que vous êtes dévoué au pays. Je n'ai pas voulu, avant d'avoir pris ma décision, vous énumérer toutes les raisons qui me font pencher dans le sens de votre départ. J'aurais craint de vous offenser. Vous auriez pu croire que je cherchais à me débarrasser de vous en utilisant des formules apaisantes. Je ne vous ai pas traité en politicien.

Je le remerciai au passage.

— La raison qui, en fin de compte, a fait basculer ma décision est celle de votre sauvegarde pour l'avenir. Si vous restiez à Matignon jusqu'aux législatives, non seulement vous auriez à supporter tout le poids d'une campagne très dure, mais il vous faudrait sans doute faire face au regain des attaques contre vous. Les résultats des élections venant par là-dessus avec probablement une perte sensible de sièges, vous risqueriez d'en subir un tort important, et peut-être définitif. Il vaut mieux vous mettre hors d'atteinte. Reposez-vous, retournez à Bordeaux et dans votre Aquitaine. Les élections passées, vous pourrez entreprendre quelques voyages à l'étranger pour affirmer devant l'opinion votre dimension internationale. Nous verrons cela ensemble. Et puis nous aviserons au problème du gouvernement. Si je peux garder Messmer jusqu'aux présidentielles, je le ferai. Sinon, peut-être vous demanderai-je de revenir à Matignon dix ou douze mois avant l'échéance. Mon expérience m'a montré que c'est là qu'on se trouve le mieux placé pour postuler : j'ai été servi par le fait qu'il ne s'était pas écoulé trop de temps entre mon départ de Matignon et celui du général de Gaulle. Enfin, nous reparlerons de tout cela.

Nous nous séparâmes le plus cordialement du monde.

Il restait un peu plus de vingt mois à Georges Pompidou pour accomplir son destin.

37

Deuil

Ayant quitté Matignon, je choisis de seconder l'action de Georges Pompidou.

Je fis ce choix contre des avis fondés sur l'absence de tout projet de société de la part du nouveau gouvernement. Il me fallait prendre mes distances vis-à-vis du président de la République comme lui-même l'avait fait vis-à-vis de Charles de Gaulle. Ainsi, armé de la nouvelle société, j'incarnerais le changement nécessaire, le moment venu.

Que ce moment dût venir, je n'en doutais pas. J'avais la conviction que mes trois années à Matignon, en éprouvant et prouvant ma capacité de gouverner, me qualifiaient pour la magistrature suprême. Cette magistrature ne devait pas échapper à un gaulliste afin que fût poursuivie l'œuvre entreprise. Les circonstances me poussaient en avant : sous mon gouvernement, la France avait connu une forte expansion économique sans hausse des prix ; la situation sociale s'était détendue ; certaines réformes avaient été engagées ; depuis, l'opinion publique me marquait une faveur persistante. Cette analyse était partagée, dans le cercle de mes intimes. J'avais donc le devoir de me préparer.

Mais je me refusai à entrer en dissidence pour

trois raisons, dont chacune aurait suffi. Une telle rupture me semblait injustifiée, déloyale et inopportune. Injustifiée : si nous différions parfois quant à l'énoncé des problèmes sociaux, les méthodes et même les solutions, il n'en demeurait pas moins que, sur les institutions et l'indépendance nationale, la politique menée allait dans le bon sens ; la mutation de la société pourrait être reprise dans une France entre-temps maintenue debout. Déloyale : si des divergences s'étaient fait jour, j'avais néanmoins accepté de poursuivre ma tâche comme Premier ministre pendant trois ans ; en faire état, après mon départ, pour m'en prendre au président de la République me paraissait immoral. Inopportune : Georges Pompidou, en m'invitant lui-même à me préparer et en suivant cette préparation, se posait en mentor dont le poids serait décisif si l'unité de notre camp, indispensable au succès, venait à être mise en cause.

Dans ces conditions, nos relations étaient essentielles. Elles furent troublées, comme précédemment, par les menées de mes adversaires. Après avoir obtenu ma mise à l'écart de Matignon, il leur restait à me barrer la route de l'Elysée.

La première année, je vis Georges Pompidou chaque fois que j'en exprimais le désir, et dans des délais très brefs. Nos conversations portaient sur les dossiers de l'Etat, comme sur les hommes. Elles avaient trait aussi à l'organisation de mes voyages à l'étranger, et d'abord de celui que je fis en Chine au mois de juin de la même année.

Ce fut précisément mon retour d'Extrême-Orient qui, je l'ai déjà évoqué, fut l'occasion d'une première anicroche. J'avais pu constater que le régime maoïste était parvenu à ordonner ce peuple innombrable.

J'avais pu vérifier aussi à quel point il eût été absurde de prétendre transposer en France les solutions chinoises. Outre l'intérêt que pouvait présenter ma documentation, il avait été convenu que je ferais publiquement des relations de ce voyage en vue de sa meilleure exploitation. J'avais préparé, à cet effet, une série de communications destinées aux mass media. La première devait avoir lieu à la télévision, trois jours après mon retour. La courtoisie comme l'efficacité me commandaient de réserver au président de la République la primeur de mon compte rendu. Je fis donc demander une audience par Marie-Louise Gougeard, ma collaboratrice de toujours, en insistant sur l'urgence. Cette hâte, pourtant explicable, fut interprétée au-delà de toute vergogne. Pour qui se prenait Chaban ? Dans quelle entreprise voulait-il entraîner le président ? Fallait-il que celui-ci fût à sa disposition pour l'aider à faire sa publicité ? Je dus attendre une quinzaine de jours pour rencontrer Georges Pompidou ; il me suffit d'une phrase pour dissiper l'équivoque ; le résultat attendu de mon voyage n'en fut pas moins fort amoindri.

C'était là menue monnaie. Autrement importante était la mise en place des hommes ; effectuée avec le plus grand soin, elle devait avoir des conséquences décisives en 1974. La substitution de Pierre Messmer à Olivier Guichard écarta de Matignon un Premier ministre qui n'eût pas manqué de jouer un rôle primordial aux heures capitales : en invitant le gouvernement entier à soutenir ma candidature ; en conviant lui-même l'U.D.R. à en faire autant ; en bloquant dès le lendemain de la mort de Georges Pompidou les manœuvres indécentes qui m'obligèrent à me déclarer contre ma répugnance, le jour qui devait être consacré au recueillement, celui de l'enterrement d'Orvilliers ; enfin, en maintenant le premier tour des élections au 28 avril, ce qui aurait rendu impossible, faute de temps, les menées au sein de l'U.D.R. Devant une action aussi déterminante, qui incombait en effet au Premier ministre gaulliste de l'heure, qui eût pu se dresser ? Quant à moi, je serais resté au plan qui devait être le mien, au-dessus des partis, comme nous avions fait en sorte que ce fût le cas de Georges Pompidou en 1969.

Peu avant sa disparition, le 18 mars 1974, je crus pourtant que, face à de tragiques perspectives, cette substitution d'hommes ne compromettrait rien. Ce jour-là, nous déjeunions à trois, à Matignon, pour nous entretenir des problèmes de l'heure. L'atmosphère était confiante et cordiale, comme il convenait entre compagnons de route familiers des hautes charges de la nation. Vers la fin du repas, le troisième convive, assombri par une anxiété soudaine, apostropha Pierre Messmer :

— Et si Georges ne pouvait pas finir son mandat. Que pensez-vous qu'il faudrait faire ?

La réponse fut immédiate :

— Ce n'est pas à moi qu'il faut poser cette question, mais à Jacques Chaban. Il nous dira ce qu'il faut faire et nous serons à sa disposition.

Je ne croyais pas du tout à une issue fatale. Je n'en partis pas moins entièrement rassuré : en cas de malheur, le dispositif était en ordre et fonctionnerait.

Une autre manœuvre fut effectuée au lendemain des élections de mars 1973. Une des pièces principales des remaniements ministériels qui suivirent fut le remplacement à l'Intérieur de Raymond Marcellin par J. Chirac. Raymond Marcellin était pourtant tout dévoué à Georges Pompidou, mais il était connu aussi pour sa loyauté à mon égard. Or, la place, Beauvau est un centre vital pour toute élection ; la suite devait en apporter une nouvelle preuve.

Tandis que cette opération se charpentait au fil des mois, une autre prenait corps, et d'autant mieux que ma route était semée d'embûches. Celle-ci était légitime. Elle visait à porter M. Giscard d'Estaing à la présidence de la République. Quand ces deux entreprises n'en firent-elles plus qu'une ? Les protagonistes le savent. Certains indices donnent à penser que ce ne fut pas en dernière heure. Pour s'en tenir à un seul de ces faits, on peut retenir celui qui eut une vingtaine de témoins, le 23 mai 1973.

Le bureau politique de l'U.D.R. avait été moins invité que convoqué à déjeuner à l'Elysée, à trois jours de distance, ce qui était insolite. Dans ce bureau, présidé par Roger Frey, figuraient les anciens Premiers ministres, d'où ma présence. Nous trouvâmes un Georges Pompidou sombre. Dès les hors-d'œuvre, le motif de cette rencontre se dévoila. Il s'agissait, pour le président de la République, de donner un coup d'arrêt à la désaffection, en tout cas au désenchantement dont il était l'objet à l'U.D.R. et jusque dans les rangs des députés. Un des éléments en était certaine phrase qu'il avait prononcée au cours d'un déjeuner offert au groupe des républicains indépendants ; M. Giscard d'Estaing y était cité comme un des trois ou quatre personnages susceptibles d'avoir un « destin national ». La rumeur avait été aussitôt répandue qu'il s'agissait d'une sorte d'intronisation et que Georges Pompidou venait de se choisir un successeur. Habilement exploité par les uns, ce bruit déplaisait aux autres, et d'abord à l'U.D.R. La deuxième raison de la grogne était l'idée qu'avait avancée Georges Pompidou de ramener de sept à cinq ans la durée du mandat présidentiel ; des voix, parmi les plus autorisées, ne se privaient pas de dire que cette réforme était hasardeuse et que les risques qu'elle comportait pourraient, dans certaines hypothèses, aller jusqu'à remettre en cause l'équilibre de la Ve République.

La tempête fut soudaine. Nous eûmes droit à une diatribe d'une rare violence contre ceux qui se permettaient de mettre en doute le gaullisme de Georges Pompidou. Comment oser s'attaquer à un homme qui n'avait cessé de faire preuve du plus entier dévouement à l'égard du général de Gaulle ? Qui l'avait servi dans des tâches obscures aussi bien qu'à des postes éclatants ? Qui, pour devenir Premier ministre, avait accepté à son corps défendant de détourner le cours de ses activités. Qui n'avait jamais recherché le pouvoir, ce qu'on ne pouvait pas dire de certains ? Sur sa lancée, il foudroya ceux qui, non seulement dans l'U.D.R., mais hors de l'U.D.R., ou l'ayant quittée, osaient douter de sa fidélité aux grands principes. Il n'avait à recevoir de leçons de gaullisme de personne.

Placé à la gauche du président de la République, j'avais tenté le plus discrètement possible d'apaiser sa colère et d'obtenir qu'il atténuât la dureté de ses propos. Sans succès. Enfin, il se tut et un silence pesant s'établit. Glissant un œil vers Georges Pompidou, je constatai qu'il était comme rentré en lui-même. La conversation reprit sans lui et se rétablit tant bien que mal sur des sujets divers. Elle flottait au gré des propos que chacun lançait pour meubler les silences.

Soudain, Georges Pompidou reprit la parole avec une violence renouvelée. Cette fois, il s'agissait de la rumeur concernant M. Giscard d'Estaing. Comment pouvait-on le soupçonner d'envisager pour successeur un homme qui était aux antipodes du gaullisme et n'avait cessé de le manifester ? Un homme qui, de surcroît, avait joué un rôle décisif dans la campagne du référendum de 1969 et, par conséquent, le départ du général de Gaulle ? Alors que lui, Georges Pompidou, au moins à deux reprises et par lettre, avait conjuré le Général de renoncer à cette consultation, qu'il jugeait vouée à l'échec.

Suivit, sur un ton toujours plus excédé, une digression consacrée à la soi-disant machination qu'on l'accusait d'avoir montée contre le général de Gaulle en annonçant, le 17 janvier 1969, à Rome, qu'il briguait l'Elysée. En fait, ce n'était un secret pour personne qu'il avait décidé d'être candidat à la présidence de la République le jour où le Général cesserait ses fonctions. Il l'avait dit cinquante fois à Paris, depuis qu'il n'était plus Premier ministre. Mais sa bonne foi avait été surprise par un journaliste en poste à Rome, qui, étonné par ces propos, leur avait donné un relief injustifié.

Puis l'orage revint sur la rumeur, et s'acheva par un coup de tonnerre :

— On me dit : « Giscard est intelligent ! Giscard est capable ! Giscard est habile ! » On me dit : « Giscard est jeune ! »

Un temps. Chacun retenait son souffle. Puis :

— Et Chaban ?

Un silence tendu pesait sur les convives. Pour rompre les chiens, je lançai, en m'efforçant à sourire :

— Sur l'état civil, je suis battu en effet. Mais sur cent mètres, ce serait peut-être autre chose.

Personne n'eut seulement l'ombre d'un sourire. Les nez restèrent plongés dans les assiettes.

Ainsi s'acheva ce déjeuner. J'y découvris que les acharnés de l'entourage s'étaient résolus pour m'écarter à jouer contre le gaullisme ; le « on me dit Giscard... » était révélateur. En revanche, j'y trouvai confirmation publique des dispositions d'esprit de Georges Pompidou. Sans surprise d'ailleurs. Trois mois plus tôt, l'élection du président de l'Assemblée nationale nous avait fourni l'occasion d'ajuster notre tactique. En 1969, à mon entrée à Matignon, Achille Peretti m'avait succédé au perchoir. La fidélité à l'amitié n'est pas la moindre des qualités de ce Corse dont j'avais pu apprécier, dans la Résistance, l'efficacité redoutable face à l'ennemi. Le jour de son élection, il m'avait dit : « Ce fauteuil, tu le reprendras quand tu voudras. » Il tint parole en mars 1973 en indiquant qu'il serait candidat sauf contre moi. Certains, dans mon entourage, me pressaient de revenir à cette charge. Il me semblait préférable de garder davantage encore de hauteur, en conservant entière ma liberté d'action. De plus, revenir sur mes pas me paraissait à contresens du mouvement engagé. Enfin, ayant été tellement vilipendé à propos de l'indemnité présidentielle et des impôts, j'étais tenté de confondre mes détracteurs.

Je me concertai avec Georges Pompidou. Il opina dans mon sens en ajoutant des motifs d'un poids particulier : la nouvelle Assemblée voudrait s'affirmer, et peut-être en prenant des libertés avec les règles et usages constitutionnels ; son président risquerait donc d'entrer en conflit avec l'Exécutif, c'est-à-dire le président de la République. Par ailleurs, il serait plus difficile de procéder à mon rappel à Matignon courant 1975, pour s'en tenir à cette hypothèse, s'il fallait pour la seconde fois ôter à l'Assemblée son président, de surcroît le même. Nous étions donc d'accord. Nous convînmes pour conclure d'un message que je lui ferais passer dans les quarante-huit heures, en inversant les termes afin que nous soyons seuls à en comprendre le sens. Dans les jours qui suivirent, je voulus entretenir l'incertitude sur ma décision, vis-à-vis du monde politique et aussi de l'opinion, afin d'en tirer tout le parti possible. Une « fausse manœuvre » fit qu'Edgar Faure se déclara quarante-huit heures plus tôt que convenu. Il apparut ainsi — et ce fut répandu à l'envi — que j'avais dû m'effacer devant lui, alors qu'il m'avait donné l'assurance qu'il ne se présenterait pas contre moi. Il fut même soutenu que le président de la République m'avait fait écarter. Péripétie. L'important était qu'entre Georges Pompidou et moi tout fût en ordre.

Les Assises de l'U.D.R. à Nantes, en novembre de cette même année 1973, fournit un nouveau terrain de manœuvres aux uns comme aux autres. Alexandre Sanguinetti, nouveau secrétaire général, succédait à Alain Peyrefitte entré au gouvernement. Comme le général de Gaulle, Georges Pompidou jugeait qu'il y avait incompatibilité entre ces charges. Je m'entretins avec le nouveau secrétaire général des schémas de discussion que je proposais pour ces assises : ils traitaient de problèmes de société et développaient le thème de la participation. L'ensemble me paraissait susceptible de fournir un contenu, une dynamique, une force de propositions souvent négligés dans de telles réunions plénières, quand ils n'étaient pas passés sous silence par des commentateurs plus avides de savoir si l'U.D.R. restait ou non dans l'obédience du chef de l'Etat.

Alexandre Sanguinetti se déclara partisan de cette orientation des travaux. Je lui indiquai que j'allais avoir l'occasion d'en entretenir le président de la République. Je ne cachai pas à Georges Pompidou que cet ensemble était marqué du sceau de la nouvelle société, sans la nommer ; il suffirait de le faire le moment venu si l'U.D.R. s'engageait sur ce chemin ; ce qui n'avait pu être réalisé en 1970 pourrait s'accomplir par la suite. Il tomba d'accord sur cette orientation de l'U.D.R. Je lui demandai de bien vouloir le confirmer à Alexanre Sanguinetti qu'il devait recevoir incessamment. Quelques jours plus tard, ce dernier, venu m'informer de son entretien à l'Elysée, me dit combien il avait été encouragé à marcher dans le sens dont nous étions convenus.

A Nantes, les événements ne se déroulèrent pas comme prévu. Les militants avaient pris au sérieux la petite phrase de Georges Pompidou, qui pouvait laisser entendre qu'il envisageait avec faveur, pour la présidence de la République, une candidature inacceptable à leurs yeux. En outre, ils lui tenaient quelque rigueur d'avoir proposé de réformer la Constitution. Tout cela n'avait rien de profond. Il eût suffi que Georges Pompidou se présentât en personne pour faire l'objet d'une interminable ovation. Ses seules apparitions furent celles qui ponctuaient le spectacle audio-visuel par lequel s'ouvrit la première séance ; il y figurait ainsi que le général de Gaulle, et à l'applaudimètre fut sensiblement distancé, ce qui n'avait rien de surprenant devant une pareille assistance.

Il se trouva qu'après avoir reçu à mon arrivée un accueil des plus chaleureux, je fus soutenu, pendant et après mon discours par de longues clameurs. Cet enthousiasme s'adressait partiellement à ma personne et aux idées que j'exposais. Il signifiait aussi que les compagnons à la croix de Lorraine, inquiets de l'état de santé du président de la République, cherchaient un recours et pensaient l'avoir trouvé. Cet élan envers moi n'impliquait aucune hostilité à l'égard de Georges Pompidou.

Rapporté par la presse, il fût passé à peu près inaperçu de l'opinion, si quelques officieux ne s'étaient empressés d'alerter les conseillers de Georges Pompidou, qui s'inquiétèrent et rallièrent Nantes.

En quelques heures, l'affaire devint une dramaturgie selon laquelle les Assises se prononçaient pour moi contre Georges Pompidou. On se crut obligé de dépêcher à la tribune un thuriféraire brouillon. Pour un peu, le nom du président de la République eût été mal accueilli : un comble. J. Chirac, à son tour, essaya de remonter le courant. En vain. La présence voyante de collaborateurs de l'Elysée avait donné l'éveil aux journalistes et déclenché le processus redoutable des supputations malveillantes.

Au retour, je perçus divers effets. D'un jour à l'autre, et sans fixer une nouvelle date, le secrétariat de l'Elysée décommanda un déjeuner familial qui avait été convenu avant les Assises nantaises. Puis notre fidèle messager vint m'apprendre que Georges Pompidou était en fureur contre moi, qui l'avais attaqué et fait désavouer à Nantes, à propos de la révision de la Constitution. Je trouvai l'histoire d'autant plus corsée que, sur ce chapitre, j'avais, quelques semaines auparavant, ramené le calme au sein du groupe parlementaire en soulignant que le président de la République, gardien des institutions, était le mieux placé pour en parler, qu'il fallait éviter toute querelle doctrinale et lui faire confiance. Quant au reste, il suffisait de lire mon discours aux Assises, qui ne comportait rien de différent de ce dont nous étions convenus et dont un passage sur l'Europe était destiné à faciliter la tâche du Président. J'avais fait envoyer un exemplaire de ce discours à l'Elysée, puis, comprenant aux échos qui m'en revenaient qu'il n'avait pas été lu, un second — sans davantage de succès apparemment. Je fis parvenir le troisième en main propre, ce qui fit dire à Georges Pompidou qu'il ne comprenait pas comment il avait pu être aussi mal informé.

Au moment où j'allais reprendre contact avec lui, éclata « l'affaire » du *Point*. J'étais à Bordeaux, un dimanche, lorsqu'on m'apporta ce numéro dont la couverture reproduisait le visage du Premier ministre, surmonté d'un bandeau comminatoire : « Messmer doit partir. » Le ton de l'article était beaucoup moins agressif ; tout était dans l'invite. Il me fut ensuite rapporté que Georges Pompidou, s'entendant dire : « C'est encore Chaban qu'on va accuser », avait répliqué : « Vous le connaissez mal si vous le jugez capable d'une pareille bêtise. » Pourtant, les compères firent tant et si bien que le doute s'insinua ; on ne m'accusait pas d'avoir provoqué cette attaque, mais d'en avoir été avisé à l'avance sans réagir. Encore une fois, je reçus la visite de Jacques Foccart :

— Georges est persuadé que tu n'es pour rien dans cette affaire. Il désire te voir. Par correction vis-à-vis de Messmer, il ne te recevra pas avant que cet incident ait été clos entre vous.

Mes relations avec Pierre Messmer étaient confiantes. Quoi qu'il m'en coûtât de me défendre, je n'eus pas de peine à lui démontrer que j'étais étranger à une opération en forme de coup promotionnel pour l'hebdomadaire. Mon expérience passée m'avait appris à mesurer l'enflure qu'un titre composé au marbre peut infliger à l'article remis à l'imprimerie par son auteur. Pierre Messmer en avisa Georges Pompidou. Plus rien ni personne ne put s'opposer à ce que nous nous revoyions enfin, pour cette conversation qui devait être la dernière, le 21 février 1974, et que j'ai relatée.

Au cours de cet entretien, Georges Pompidou m'avait parlé de lui-même avec une confiance et un abandon bouleversants. J'en revins pénétré d'une espérance nouvelle. Non seulement tous les brouillards avaient été dissipés entre nous, mais il avait réussi à me convaincre que sa guérison était en cours. Il mettait, à en parler, cette conviction profonde qui, sans doute, est une grâce d'état. Les médecins, m'affirmait-il, ne connaissaient toujours pas la nature exacte de son mal. Quant à ses souffrances du moment et à la démarche pesante qu'elles lui imposaient, elles provenaient de misères physiologiques tenues jusque-là secrètes et qu'il m'apprit. A la vérité, tout le monde errait, mais lui, Georges Pompidou, savait qu'il était en train de s'en sortir.

Il me l'affirma dans un sourire où je décelais, sous le masque de la maladie, l'image de l'homme que j'avais connu.

— Il ne faut pas se tromper de diagnostic, dit-il. Il y a des salauds qui vont s'en mordre les doigts !

Je ne demandais qu'à être convaincu. Je le fus. Les sentiments que je lui portais m'en donnaient une raison essentielle. De plus, j'appréciai que l'échéance ne dût pas venir de sitôt. Ayant accepté en moi-même le devoir de postuler un jour la présidence de la République, je n'étais pas impatient. L'Elysée est une citadelle. Pour avoir vu s'y heurter à la muraille René Coty, le général de Gaulle et Georges Pompidou lui-même, je ne pouvais pas en douter.

Rentrant à mon bureau, rue de Bellechasse, j'y trouvai Pierre Chancogne et deux autres des miens qui. sachant déjà par la radio que l'entretien avait duré deux heures, me guettaient. Je leur appris la grande nouvelle, en reprenant la phrase sur le diagnostic et les salauds. Je les invitai donc à poursuivre sans hâte la préparation des dossiers. Il serait temps d'aviser à les mettre en ordre à la rentrée d'octobre. De même, je ne pris aucune mesure pour mettre sur pied la puissante et complexe organisation nécessaire à la conduite d'une campagne présidentielle. Les conséquences de cette imprévision devaient s'en faire sentir à leur heure.

Un mois plus tard, j'allai passer une fin de semaine prolongée à Ascain pour y préparer une conférence sur la Résistance que je devais faire à l'Ecole polytechnique, devant les officiers de réserve de la région parisienne. Je voulais que cet exposé fût aussi fidèle et signifiant que possible. Ce travail achevé, je regagnai Paris avec ma femme et son fils Antoine, par l'avion régulier du mardi soir. J'étais heureux. Nous venions de passer à Ascain trois journées éblouissantes. La vie nous souriait. A Orly, j'aperçus de loin mon fidèle collaborateur de Matignon, Pierre Pascal, posté près du portillon qui donne accès au hall d'arrivée. Je pensai sur l'instant qu'il était venu là par pure coïncidence. A la même seconde, quelqu'un m'agrippa par la manche et m'adressa une phrase à laquelle je ne compris rien ; elle se référait à un événement dont j'étais censé être informé, mais que j'ignorais. La vérité se dévoila lorsque Pierre Pascal s'avança :

— Je n'ai pas voulu que vous l'appreniez par la radio. Le président Pompidou est mort ce soir à neuf heures.

En un éclair, ma peine me fit mesurer l'étendue de son mal, de ses souffrances, de son courage. Au même instant, ma femme me prit le bras et murmura : « Pauvre Claude » ; le jeune Antoine s'écarta et pleura. Puis je fis quelques pas seul, insensible à la foule. Un tumulte résonnait en moi, où concouraient la stupeur, le chagrin, l'angoisse, le sentiment d'une fatalité qui unissait au mien le destin de Georges Pompidou. Je me surpris à penser : « Eh bien ! Voilà. Ce n'est plus de répétitions qu'il s'agit, c'est la pièce même qu'il va falloir jouer. » Une chose est d'avoir mille fois envisagé de telles perspectives, une autre d'avoir à les aborder. L'obstacle était là. J'en éprouvai au creux de la poitrine comme un vide, tel que je n'en avais jamais connu.

Combien dura cet étroit passage ? Le temps de franchir quelques dizaines de mètres. Selon un témoin, mon pas s'était alourdi, ralenti. Puis la réponse jaillit du fond de moi-même. Il n'était pas question de me dérober. Je relevai mon regard et repris conscience des êtres et des choses. A ma droite, j'aperçus le grand tableau où s'inscrivent les départs. Je me redressai et gagnai la sortie à grandes enjambées.

Notre premier mouvement fut d'aller quai de Béthune. Nous y renonçâmes, convaincus que ces premières heures appartenaient à Claude et à leur fils. De la maison, j'appelai Pierre Messmer à Matignon et lui proposai de l'y rejoindre. A ma surprise, il me répondit que le lendemain matin suffirait. Tôt, je le retrouvai. Ce n'était plus le même homme. Non seulement il ne me demanda pas ce qu'il fallait faire et ne se mit pas à ma disposition comme il l'avait annoncé au cours du déjeuner du 18 mars, mais après s'être enquis de mes intentions — que je lui précisai sans ambiguïté — il me déclara qu'il envisageait d'être lui-même candidat ; ce à quoi j'objectai que ses chances me paraissaient par trop minces. Tournant décisif. Ces hésitations, soigneusement alimentées, entraînèrent le report d'une semaine de la date du premier tour — à l'étonnement du président Alain Poher, dans son intérim élyséen. Ce report permit les divisions au sein de l'U.D.R. et me contraignit à m'y plonger. La route était libre pour un homme qui avait tout subordonné, jusque-là, à la préparation de sa candidature. La promesse du retour au système proportionnel pour les législatives fit le reste auprès des centristes modérés. La grande vague des conservateurs retrouva son flux d'avril 1969. La pièce était jouée.

Épilogue

Le temps a passé, laissant intacte la détermination et ramenant la sérénité. Dès le lendemain de l'élection présidentielle, je conjurai les députés U.D.R., dont beaucoup s'y refusaient, de voter pour le nouveau gouvernement. Certains m'y trouvèrent quelque mérite. Je n'en eus guère, professant que l'intérêt du pays passe avant les rancœurs, fussent-elles justifiées, et les condamnations même fondées. Le peuple avait tranché, chacun devait lui en donner acte. Ouvrir une crise politique en juin 1974, alors que la France venait de se prononcer par un aussi faible écart, lui eût imposé de courir un risque incalculable. Ce ne pouvait être de mon fait.

Par la suite, j'ai continué à ne pas compliquer la tâche de ceux qui ont en charge les responsabilités nationales. Même si par leur nature certains objectifs, méthodes et parfois moyens diffèrent des miens. La France de Giscard d'Estaing ne saurait être la France de Chaban. Mais c'est Giscard d'Estaing qui a été élu. J'ai dû le rappeler maintes fois à des correspondants, parmi les millions de ceux et celles qui se sont rassemblés sur mon nom, et envers qui j'ai une obligation que j'entends respecter.

Au reste, l'alternative actuelle est sans issue.

L'union de la gauche se trouve en contradiction avec elle-même sur l'essentiel. Il est fâcheux qu'il ait fallu le Portugal et ses convulsions pour le rappeler aux Français. Ils l'oublieront d'ailleurs. Aux élections, cette alliance boiteuse, parée de nouvelles couleurs et audacieusement menée, retrouvera ses chances. D'ici là tout peut arriver. Notre société est fragile et notre pays, comme je l'avais craint et dénoncé, se divise en deux camps irréductibles l'un à l'autre. Il est vital de reprendre la lutte contre les blocages qui persistent : administratifs, économiques, sociaux. Le changement indispensable doit être profond, et non pas superficiel.

Plus que jamais le temps est venu de la participation de chacun au choix de son destin, comme est venu celui de la concertation, fruit de la tolérance et de la franchise. Il s'agit pour qui gouverne de donner sa confiance au pays, afin qu'en retour il la donne. Cet échange repose sur le respect des autres, qui s'exprime d'abord par le souci de la vérité. Il faut traiter les Français en adultes, et ne pas leur cacher les obstacles : si une crise menace de durer, cela doit leur être dit. Il faut aussi les appeler à l'effort et les convaincre de l'énergie comme du sentiment qu'on apporte à lutter contre les inégalités. Celles-ci, qui ne sont jamais admissibles, peuvent en période d'expansion sembler moins lourdes parce que la situation de chacun s'améliore dans l'absolu, même si elle se dégrade relativement. Mais quand souffle la crise, les inégalités se développent de toutes les manières et deviennent intolérables. Alors s'impose la mutation de la société, même à ceux qui s'en souciaient peu. Alors s'impose une nouvelle croissance, à définir en termes de répartition et de qualité davantage encore que de production et de quantité. Alors s'impose la justice, fille de la fraternité. Quant à la liberté, qui passe par la responsabilité, elle se mérite. Toutes deux, justice et liberté, ouvrent la seule voie du salut commun, qui s'écarte du libéralisme cruel comme du morne collectivisme. Il y faut de la raison et il y faut du cœur.

Beaucoup est dit de ce que je voulais dire. Ce livre m'aura permis de mieux savoir qui je suis, ce que je veux, ce que je peux. Le dialogue interminable que tout homme entretient avec soi, au fil des jours et des nuits, il faut pouvoir au moins une fois le ramasser pour en extraire l'essence. Je n'en avais jamais eu l'occasion. L'action vous détourne de vous-même, quand elle se fait si impérieuse, si brûlante, si dévorante. J'ai pris le temps de me rassembler.

Ma détermination et ma sérénité ne doivent pas tout au temps qui passe. Elles se nourrissent aussi de ce Pays basque, dont nous devons protéger l'identité. Des pentes d'Ascain où s'adosse ma maison le regard embrasse un paysage de vallons d'un vert intense, qui doucement se déploie jusqu'à la baie de Saint-Jean-de-Luz et la montagne de Bayonne. Ce matin, le phare de Biarritz a cessé d'atteindre le mur de son éclat fugitif. Le soleil dissipe la brume, qui s'écoule et se perd dans les fonds. L'océan multiple est ramené à une superposition de bleus, répondant au bleu du ciel à demi-couvert, où naviguent de grands nuages qui respirent le large. Le chien aboie. Les pottoks paissent dans les hautes fougères et leurs cloches écartent les moutons qui s'y perdent. La maison s'éveille. Mes petits-enfants s'appellent et se répondent par des cris d'avant le babil ; en cette fin d'août, les jeunes ménages qui nous les ont confiés ne sont pas encore venus reprendre leur nichée. Sur tout et tous, Micheline veille, imprimant à l'existence une harmonie ineffable. Ici tout est bonheur parce que tout n'est qu'amour : cet amour où elle et moi trouvons chaque jour le sens de nos devoirs envers les autres. Dans ma piété filiale, et fort de ce que j'ai déjà fait, je reste cet homme en mission qui ne se retire pas du jeu de la France.

Il en sera ainsi, je le sais, aussi longtemps qu'à l'aurore renaîtra mon ardeur.

Table des matières

ACHEVÉ D'IMPRIMER LE
30 SEPTEMBRE 1975 SUR LES
PRESSES DE L'IMPRIMERIE
HÉRISSEY, A ÉVREUX (EURE)
POUR LE COMPTE DES ÉDITIONS STOCK
14, RUE DE L'ANCIENNE-COMÉDIE
PARIS-6e

Imprimé en France

Dépôt légal : 4e trimestre 1975
No d'éditeur : 3095 — No d'imprimeur : 17027
54-14-2045-01
ISBN-2-234-00367-9

H/54-2045-0